扬帆科技海洋

优秀科技人才创新纪实

白春礼◎主编

科学出版社

北京

图书在版编目（CIP）数据

扬帆科技海洋：优秀科技人才创新纪实/白春礼主编．—北京：科学出版社，2010.6

ISBN 978-7-03-027453-3

Ⅰ．①扬…　Ⅱ．①白…　Ⅲ．①科学工作者-生平事迹-中国-现代　Ⅳ．①K826.1

中国版本图书馆 CIP 数据核字（2010）第 081578 号

责任编辑：胡升华　张　凡／责任校对：刘小梅
责任印制：赵　博　／封面设计：无极书装

科学出版社 出版
北京东黄城根北街 16 号
邮政编码：100717
http://www.sciencep.com
北京厚诚则铭印刷科技有限公司印刷
科学出版社发行　各地新华书店经销
*
2010 年 6 月第　一　版　开本：720×1000　1/16
2025 年10月第六次印刷　印张：14 3/4
字数：300 000

定价：98.00 元

（如有印装质量问题，我社负责调换）

编委会

序 Preface

白春礼

《汉书》有云：士者，国之重器；得士则重，失士则轻。人才关系着国家经济社会发展和科技事业发展的未来，也关系着中国科学院各项事业发展的未来。纵观世界科学技术发展历史，一位杰出的领军人才，往往能够带动一项重大技术的突破，乃至一个学科、一个产业的兴起。面向2020年，中国要全面实现现代化，要加快建设创新型国家的步伐，建设一支宏大的一流创新人才队伍，培养和造就新一代杰出科学家和科技领军人才更是当务之急。

中国科学院始终把建设一流的科技创新人才队伍作为首要任务来抓，并以此推动各项事业的蓬勃发展。尤其是实施知识创新工程以来，以人事制度改革为突破口，积极探索灵活有效的用人制度、公平合理的分配制度，极大地调动了科技人员的创新积极性。同时，加强对科技人才成长规律和影响人才成长环境等方面的研究，不断创新人才工作机制，努力营造有利于人才成长和发挥作用的良好环境，并根据人才不同发展阶段的需求和不同类型人才的特点，采取不同的支持和培养方式，先后实施了“百人计划”、“西部之光”等一系列凝聚和培养人才的政策措施。通过“百人计划”共支持1846人（其中“引进国外杰出人才”计划吸引和支持海外高层次人才1292人），他们中已有41人当选为“两院”院士，161人走上了所局级以上领导岗位，73人成为“973”计划项目的首席科学家，371人作为负责人承担了国家“863”项目。通过“西部之光”支持西部地区各类青年科技骨干达1270人，为西部地区吸引、培养和稳定了一批扎根西部、甘于奉献的青年科技人才。

10多年来，中国科学院坚持在公平竞争中识别人才，在创新实践中培育人才，在事业发展中凝聚人才，在工作生活中关爱人才，全面推进创新人才队伍建设。不仅造就了一支规模适当、结构合理、素质优良且富有创新活力的人才队伍，还涌现出一批能面向国家战略需求和世界科学前沿、勇攀科技高峰的杰出科技英才。他们为国家的经济社会发展和国家安全作出了突出贡献，成为新世纪我国科技领军人才的杰出代表。从他们身上可以领略到科学家的风范和国之重器的风采，其中有：美国科学院院士蒲慕明先生，他不仅治学严谨，还融合中西科技创新文化，把科研和培养青年人才有机地结合起来，并在科研体制改革创新中作出了重要的探索；张亚平、潘建伟、杨学明等海归学者，他们不仅能迅速融入国内的创新队伍，而且能带领创新团队，奋斗在学科最前沿并取得令世界同行啧啧称赞的骄人成就；刘维民、颜永红等优秀人才，无论条件怎样艰苦，他们始终能保持坚韧不拔的意志和创新激情，为满足国家战略需求、解决关键技术问题而冲锋陷阵；陈亚宁、李新荣等青年才俊，他们带领各自团队，扎根西部，致力于解决生态环境治理等科技难题，为区域经济社会发展和加快建设小康社会而默默地奉献着。

《国家中长期人才发展规划纲要（2010—2020 年）》即将颁布实施，新一轮加快人才队伍建设的热潮正在掀起！培养和造就新一代科技领军人才的号角已经吹响！中国的科技工作者，尤其是青年科技人才应该站在时代的前列，坚持正确的创新价值观和人生观，崇尚爱国奉献、创新为民的精神，潜心致研治学，为提高国家的自主创新能力多作贡献。为此，我们收集了 25 位优秀科学家代表的科技创新故事和感人事迹，供广大青年科技工作者参考学习。祝愿大家在这些事迹的感召下，百尺竿头，更进一步，在创新实践中早日成才成家。

2010 年 4 月

目 录 Contents

方晓红：探索纳米生物世界的精彩

方晓红，1968 年 8 月出生于湖南省，1990 年毕业于武汉大学化学系，获学士学位。1993 年和 1996 年分别于北京大学化学系获硕士学位和博士学位。1997 年 4 月至 1998 年 3 月在加拿大滑铁卢大学化学系做博士后。1998 年 4 月至 2001 年 12 月先后在美国佛罗里达大学化学系、生物技术中心及生物/纳米技术交叉研究中心做博士后、研究助理。2001 年 4 月入选中国科学院“百人计划”，2001 年 12 月回国工作，任中国科学院化学研究所分子纳米结构与纳米技术重点实验室研究员，博士生导师。

刚步入“不惑之年”，最近方晓红又获得佳绩：她与中国科学院植物所的研究员林金星等人合作的研究成果“碳纳米管用于植物细胞的分子输运”，发表在 *Nano Letters* 上。这个工作发现，表明碳纳米管可通过植物细胞壁进入植物细胞，并将小分子和 DNA 输送到不同的细胞器。这是一个纳米材料用于植物学研究的新方向。

该论文一经发表，不仅被 2009 年 3 月的《自然中国》评为一周亮点，而且作为亮点文章被 2009 年 4 月《自然亚洲》采访报道。此外，方晓红还收到了 Wiley-VCH 出版社的邀请，希望她为 *Nanomaterials for the Life Sciences* 丛书撰写相关章节。

方晓红是中国科学院化学研究所的研究员。她研制用于 DNA、蛋白质实时检测的新型荧光探针和成像方法，以及操纵生物单分子和研究生物分子的相互作用等，如今她又打开了纳米生物技术的另一扇门。

方晓红曾获得“中国科学院十大杰出妇女”荣誉称号，和她各式各样大大小小的科研奖项相比，这一荣誉似乎并不引人注目，但她本人却异常地珍惜。因为这一表彰，是对她作为一名女性科学家的肯定。

如果说古代的花木兰能够“耍刀舞枪”，在疆场上像男子汉一样英武杀敌，那么方晓红这位科学家中的巾帼英雄，却能够灵巧地使用显微镜等现代仪器，游刃有余地探索纳米生物世界的精彩。

1. “谁说女子不如男”

1968 年，湖南大学校园中的家属区里，父母给方晓红起了个印上了时代烙印的名字。他们盼望女儿容貌可人，更希望她长大后能够品格出众、才气过人。

从小到大，方晓红一直都记得母亲对她说过最多的一句话，那就是：“谁说女子不如男!”

方晓红出生于知识分子家庭，父亲是高级工程师，母亲是大学英语教授。而这辈子对她影响最大的人，莫过于她那才华出众的母亲——新中国第一批接受现代高等教育的女子，出身于书香门第。在方晓红的印象中，母亲“为人很要强，很有女权意识”，“在我们家十分公平，如我姐姐和妹妹随父亲的姓，我随母亲的姓。”

早在少年时期，方晓红学习好就是出了名的，班里的同学常叫她“小先生”，但她并不是那种书呆子，她爱好文体活动，小学时她是学校文艺表演的骨干，到了中学和大学，跑步、乒乓球、羽毛球、排球、篮球、足球，几乎所有那个年代普及的体育项目，她都不落人后。

而在母校——武汉大学，方晓红曾创造了系运会的三项体育纪录，并在校运会上勇夺三甲。大学四年的快乐时光，方晓红是系里的女排队长、女足队长，带领球队获得学校女足冠军。校篮球队和田径队的教练也曾找上她，希望她能加入校队，而校队中几乎清一色是体育特长生。

方晓红参加的诸多体育活动，并没耽误她拿下“年级第一”的学习成绩。从小学到读博士，由于成绩优异，方晓红一路都是保送。她唯一参加过的考试，就是“小升初”的“初考”。没有任何悬念，她毫不客气地拿下了当年长沙市第一名。

总结自己的“成功经验”，方晓红认为自己从小“学习并不刻苦，但很专注”，她在读书写字做作业时，母亲走到她身边时她常常觉察不出来。“父母认为我就该去做学问。”幸运的是，她自己也是这么想的。

“从小就认为科学家是个很高尚的职业，特别是做个女科学家，这就是我的理想，一直都没变过。”方晓红说。

多少年后，方晓红成为我国一流的纳米生物学专家。

2. 学会用红与蓝两支笔

1986年，方晓红高中毕业。尽管不像绝大多数同龄人那样经历了高考的锤炼，但她对自己的科研人生已经有了初步而认真的规划。

由于家就住在湖南大学里，那些享有国际声望的大科学家，在十几岁的方晓红看来，都十分亲切熟悉，几乎就是邻里街坊，他们当中也有许多人，是一路看着这个聪明的邻家小女孩成长的。

1986年夏天，方晓红在母亲的陪伴下，来到了邻居中国著名化学家俞汝勤家中。俞汝勤教授深入浅出地给她讲起了故事：化学家曾经用化学分析的办法，找出了一个纠缠中国某地多年的地方病病因——当地的水源中缺乏硒元素，“分析化学需要十分全面的知识结构，如果你对分析化学感兴趣，那你就去武汉大学吧”！

听从俞汝勤教授的建议，方晓红选择被保送到武汉大学，学习化学系分析化学专业。这是中国化学领域数一数二的课堂，尤其是分析化学，汇聚了一批富于创新与活力的中青年教师，他们编写了全国分析化学统一教材。

方晓红至今还记得俞汝勤教授当年和她说话时的神情与语态。这位几年后成为院士和湖南大学校长的俞汝勤先生，是她早年步入化学科学殿堂的引路人。

四年的武汉大学本科学习，方晓红又领先于同学一步：大三时就进入了实验室，跟着博士、硕士“前辈们”做了一个暑假的电化学分析实验。两个月之后，方晓红作出了她的科研道路上重要的一次选择：在分析化学的光、电、色三个方向中，她选择了色谱分析。

方晓红常常说自己是幸运的，不仅是因为一路走得很平顺，更重要的是一路都能遇上名师们的指点。而北京大学化学系的孙亦樑教授，成为她科研人生的又一位恩师。

孙亦樑教授是中国老一辈化学家，在方晓红的印象中，他“非常具有大家风范和北大学者所特有的批判精神”。她还记得第一次面试时，孙亦樑教授说的话：“今后你们从这个实验室出来，就是要做学术带头人。一定要有信心，特别是女生！女生不比男生差，好像我，我就不如我夫人嘛。”

初次见面，这位慈祥的长者就让她备感亲切，而第一次上课的情景更令她难忘。当时北京大学要求，凡是外校考入的研一学生必须重修专业课，在她选择的色谱课上，孙亦樑教授特别提出自己门下的学生，平时要准备好两支笔：一只红笔、一只蓝笔。红笔划出书上的重点，蓝笔划出书上“有问题”的地方。

“我在武大期间学过一次色谱课，但我从来就没有想到，那些我曾视为经典的书里也有错误和漏洞！我读了十几年的书，居然平生第一次发现，在那些教科书上也有不对的地方！”红与蓝，两支笔，触动了方晓红那根从未被触动过的神经——怀疑和批判的精神。只有怀疑才会有创新。怀疑，是科学家的生命。

“他常常这样鼓励和启示我们，让我们树立信心，让我们主动钻研、自由探索，这对科研人员来说很重要。”方晓红说。现在的她，已经成长为导师期许中的学术带头人，她也常常用导师当年的话来鼓励她的学生：“学术带头人应该是你们的目标。一定要有自信，要有怀疑和批判的精神。”

很多年之后，孙亦樑先生八十大寿时，每个学生都在纪念册上写了一句话，方晓红就写下了这个故事。“我在孙亦樑先生的言传身教下，懂得了什么是真正的学习，应该怎样去创新，这对我今后的科研帮助很大。”方晓红说。孙亦樑先生可能已经不记得这个细节，因为怀疑和批判在他身上，是自然而然的品质，但对方晓红来说，红与蓝两支笔，却改写了她的科研人生。

3. 一位我行我素的“准妈妈”

出国留学深造，几乎是所有青年学子的必然向往。在北京大学这个出国风气十分浓厚的环境中，方晓红成了异类——在身边几乎所有的同学都在背单词，准备考托福、GRE时，她却在实验室中自得其乐。硕士即将毕业时，方晓红忽然发现，她这一届所有的同学全都在忙出国了，偌大的一个实验室，居然只剩下她这个“孤家寡人”！不少同学都劝过她加入出国的行列，一起递交出国申请，而她的回答总是让他们“大跌眼镜”：“花这么多时间背单词，太不值得了！我还不如泡在实验室里，把实验做好了再说！”

其实，方晓红对自己的科研人生早有规划。时间对她来说太宝贵了，最好的方式就是博士后期间联系出国。

博士毕业之后，方晓红放弃了留校工作的机会，她给以毛细管电泳为研究方向的国际知名实验室发去了自己的简历，最后选择去了加拿大滑铁卢大学化学系。一年之后，她被转到美国佛罗里达大学，进入国际一流的分析化学实验室。佛罗里达大学化学系的分析化学专业在全美享有盛誉。

当时，作为纳米科学和生物科学的交叉产物，纳米生物正是一个新兴的前沿科学方向。方晓红的导师谭蔚泓教授联合了学校化学系和生物技术中心的教授，创建了纳米/生物交叉研究中心，在谭蔚泓教授的鼓励和指点下，方晓红开始转入一个全新的方向——纳米生物学。

这并非方晓红从前熟悉的色谱分析领域，但这一转变在她自己看来，却是“歪打正着”。在留美三年多的时间里，她收获了人生中的几大成就：发展了用于 DNA 和蛋白质实时分析的新型分子探针和生物医学分析方法；发展了单分子成像的新方法；除此之外，生下了她那可爱的女儿。

与许多“高龄产妇”不同，已过而立之年的方晓红，怀孕期间依然我行我素，用她自己的话来说就是，“一到实验室我就比较玩命”！她每周只能抽出一个小时左右时间，去超市买一次菜，一次性把所有的饭菜都做好，放在冰箱的冷藏室。她的午饭是从家里带来的饭盒，晚饭则是冰箱里那些已经做好的饭菜，热一热就吃。

她几乎不记得自己是个“准妈妈”。只是有一次，她和往常一样在实验室里“玩命”，忽然想起来下午要听一个讲座，一看表，只剩下十分钟了。她赶紧把饭盒热一热，匆匆忙忙扒着吃了几口饭，忽然心里一阵恶心，此时，她才意识到：“也许我不该这么紧张地过日子，对肚子里尚未出生的孩子不公平。”那是她第一次心中感到对孩子的愧疚。

怀孕期间，方晓红的“单分子的荧光信号图像”实验进入到关键阶段，她需要捕捉到 DNA 分子的杂交信号。这属于仪器能够检测到的极限，虽然仪器能够捕捉到信号，但是由于具有很多环境噪声，多次试验总是无法捕捉到清晰的图像。为此，将近半年的时间，她几乎天天泡在实验中，她试着调试了许多参数，改变了许多实验条件，但得到的图片依旧是黑白相间的噪声，就像是马赛克瓷砖。

“那段时间，一走进铺满瓷砖的卫生间里，我就自然而然地产生条件反射，整个脑子里所充斥的，都是那些黑白马赛克的分子照片。”方晓红说。几个月之后，她把激光强度调大，终于获得了清晰的图片。那时她的喜悦，一点也不亚于即将做母亲的快乐，“做实验就是要坚持，要有耐心”。

怀孕并没影响方晓红做实验。她那可爱的女儿出生之后，也只占用了她 40 天的时间。而且还是在特地赶赴美国的父母的“强制留守”下，方晓红才按照中国人的习俗，坐满了“月子”，然后就重返实验室工作。

为了方便工作，他们全家搬到离实验室很近的住房里。在实验室里的方晓红，因为常常不能给女儿按时喂奶，只好早上或中午有空时将奶吸出来之后放在冰箱里，留给女儿。女儿出生第四个月就开始断奶。看着襁褓中的外孙女和拼命工作的女儿，有一次方晓红的母亲急了：“你这哪里像做妈妈的人，你干脆不要这个女儿好了!”女儿出生才 7 个月，就由外公外婆带回国内照顾。

“现在想起来，我对女儿挺愧疚的。”方晓红或许并不是一位合格的妈妈，但她是一位真正的科学家。

4. 把 200 万元花完的“魄力”

2001 年，方晓红选择了回国。这回她又成了“孤品”——几乎所有出国的同学无一回国，她又是个例外。

用方晓红自己的话来说，回国就跟回家一样，是自然而然的事情。方晓红请美国导师谭蔚泓为她写了一封推荐信，她回国只有一个目标——中国科学院化学研究所分子纳米结构与纳米技术重点实验室。理由很简单，那就是她的方向转移到了纳米生物交叉领域，纳米技术与生物的结合对当时的中国而言是一块“短板”，而化学所由白春礼院士亲手创立的纳米实验室，在国内外都享有很高的声誉。

中国科学院的“百人计划”对方晓红来说，无疑是一个具有生命力的平台。尽管 200 万元的启动经费并不算多，但回国伊始，方晓红要组建实验室、购买设备、组建团队，没有经费会困难重重；另外，中国科学院研究员可以立刻招收自己的研究生，这对很多学者而言无疑具有莫大的吸引力。

而化学所给予方晓红的支持，远不止“百人计划”这一项优厚政策。

方晓红的实验，需要用到“原子力显微镜”，这种显微镜达到了原子大小的分辨率，能够直接观测到纳米尺度上的各种现象。同时，要开展细胞中直接观测单个生物分子这一具有挑战性的前沿研究方向，还要建一套成像灵敏度极高的荧光显微镜，而这些设备，也意味着一大笔的经费。

白春礼院士亲自到场，听取了方晓红来到化学所后的第一次报告。方晓红对白春礼说：“您实验室中的原子力显微镜，用于研究生物分子间的相互作用是一个新方向，对我今后的工作肯定用处很大。”白春礼当场表态：“这个仪器今后就由你用了，你有什么想法都可以自由操作。我们实验室会尽力支持你!”

在方晓红的心目中，白春礼院士是个大科学家，“十分平易近人，和我们没有丝毫的距离感”。刚到化学所时，她还在担心自己的 200 万元经费，除去购买仪器、生物试剂等花销之后，恐怕就所剩无几，她对白春礼开玩笑地说：“要是这些钱不够了，我就得向实验室借啊!”白春礼笑呵呵地回答她：“没关系，我的经费都可以借给你。”

除了白春礼院士的热情支持外，实验室的老师也给她提供了很好的条件，尤其是在她回国工作前就帮她招收了研究生。她还记得在那段时间里，常接到王梅祥所长的电话，“他问我工作中有什么困难。有次我告诉他说，我的200万元启动经费已经用完了，他居然在电话那头啧啧称赞：‘好！有魄力’”！方晓红发自肺腑地对《科学时报》记者说：“我很感谢他们的理解支持和鼓励。因为这些对一个新人是很重要的。”

后来，方晓红还知道了一件事，化学所把有限的生活住房，都给了他们这些回国的“百人计划”入选者，且不按原来的顺序“排队”。王梅祥所长带头不要房子，许多管理人员也主动提出了放弃。“在化学所上上下下，让我感动的事情太多了。”方晓红说，“我融入了这个愉快的集体，觉得当初到这里工作的选择没错。”

5. 首席科学家就是要愿意给团队打工

方晓红回国后的第一项工作，就是用原子力显微镜测量单对DNA-蛋白质分子的相互作用力。原子力显微镜用于DNA-蛋白质分子相互作用的研究，一般是通过成像的方法，而方晓红却创造性地通过原子力显微镜测力，研究其相互作用的性质，这是项具有原创性的工作。方晓红的课题组，测量出被誉为“化学抗体”的蛋白质新型配体——DNA核酸适体与蛋白质的结合力大小，并将它与天然抗体相比较。这项成果使她被邀请在2004年全球最大的国际学术会议之一——美国匹兹堡会议上作报告。

在这个群英汇聚的大会上，最早发现核酸适体这种分子识别中明星分子的Larry Gold教授也在会场，他在听了方晓红这位中国学者的报告后，颇感惊讶。这位从未来过中国的Larry Gold教授会后特地找到方晓红，说：“你在中国用了不到三年时间，就能做出这样的成就很不简单。中国令我刮目相看——这个国家的科研投入很大，科研水平相当高！”

Larry Gold教授怀着十分的真诚和善意，一定要亲自邀请这位中国女科学家吃饭。这件事让方晓红体会到了做中国科学家的幸福感，“这个评价不仅仅是对我本人，而是对我们整个国家的”！

凭着出色的科研成绩，方晓红已不止一次为中国科学家赢得赞誉。2003年10月，在第六届中美前沿科学研讨会上，她受邀作为化学领域的中方代表，作了单分子探测方面的报告。第二年，她出任2004年第七届中美前沿科学研讨会的中方主席。此后的几年中，她先后在各种国际学术会议上作邀请报告20多次。

2007年，以方晓红为首席科学家，一个国家重大科学研究计划项目启动——“生物单分子和单细胞的原位实时纳米检测与表征方法”项目，经费为2900万元，目标是：发展新技术和新方法，建立活细胞状态下单分子单细胞检测技术平台；实现单个细胞的高灵敏度、高选择性、多指标的检测，为基于细胞水平的疾病早期诊断技术提供基础；为促进我国纳米生物学和纳米医学的快速发展提供技术保障。

“所谓原位实时，即活细胞状态下的检测与表征，在这个研究领域，我们是国内开展工作最早的小组之一，我便自然牵头申请这个‘973’项目。但刚开始申请时，心中多少有些忐忑不安，担心自己能否胜任首席科学家。白春礼副院长就鼓励我：‘你领衔当然最合适不过了！这对你今后更好地成长，也是一个很好的锻炼机会！’”方晓红谦虚地说，“过后我也就释然了，所谓‘首席科学家’，不就是要愿意为给整个团队打工吗?!”

“在纳米生物这一交叉研究领域，研究团队的合作非常重要。在我们这个团队里，汇集了来自化学、生物、物理、医学等不同学科的年轻学者，我愿意尽自己的努力，使大家充分发挥团队的力量，争取在这个国际前沿取得突破。”

在这个项目的支持下，2009 年方晓红不仅领导自己的课题组在细胞膜蛋白的活细胞单分子成像方面取得了突破性进展，研究成果在《美国科学院院刊》上发表，而且她的“973”团队也以一系列创新性成果获得项目专家组全优的中期评估。

方晓红把自己最多彩的青春年华，都交给了那些最烦琐的实验。而当成功和荣誉来临时，她几乎从来不向别人讲述自己是如何呕心沥血地度过那些不眠之夜的，她只对科学本身保持兴趣，而科学所带来的身外之物，她不是那么挂在心上。

6. 发起创办“百人学者论坛”

2003 年，中国科学院人事教育局为拓宽“海归”的视野，组织并举办“百人计划”国情研讨班。“我们从海外回来的、各个学科领域的研究人员坐在一起讨论，容易碰撞出新思想的火花。所以我们希望能够形成一个经常性的组织，希望能够延续这种自由研讨的模式和相互启发的机会。”方晓红介绍说，“在北京怀柔的中国科学院干部管理学院，大家晚上在食堂吃饭时，话题一开始就引起了共鸣，围绕它展开了热烈讨论。”

成立一个“百人计划”入选者俱乐部，不定期办一些小型学术研讨会，同时每年进行一次大规模的年会，这个建议经方晓红和中国科学院研究生院几位老师提出之后，各方面都很有极大的热情。中国科学院研究生院的党委书记邓勇首先给予支持，批准提供了一间办公室，并提供了一些活动经费。

“我们给人事教育局写了个报告，希望批准成立“百人学者论坛”，英文就取名为 Science 100。这里的‘100’，不仅是针对已入选的‘百人计划’们，还有涵盖所有学科的意思。人事教育局很快就给了我们批复，让我们不仅充分凝聚‘百人计划’入选者，为大家提供一个能经常交流的平台，还希望我们在研究生教育中发挥作用。”方晓红介绍说，“我觉得做这件事很有意义，就义不容辞地挑起了头，我们组织的学术研讨和通常的学术报告有所不同，是一种很自由的讨论，有时候甚至是针锋相对的争论；我们也组织为研究生院暑期学校作讲座和报告；还专门办了一个网站。”

中国科学院研究生院的学生记者团，采访了参与这一活动的很多青年学者，撰写了他们的科研人生成长经历，并把文章挂在“百人学者论坛”的网站上，网名为 science100. gucas. ac. cn。

“百人学者论坛”的学术年会 2006 年在广州、2007 年在西双版纳、2008 年在成都的举办，都获得了极大的成功，方晓红担任论坛的理事长。

“百人学者论坛”促进了不同领域科学家之间的学科交叉，方晓红本人在科研上也得到了不少收获。她的研究工作中有很多合作者，本文开篇提到的中国科学院植物所研究员、百人论坛理事林金星便是其中的一位。“百人学者论坛”的很多活动，让他们有了更多交流的机会，促进了双方跨学科合作。

纳米科学领域的科学家，大多很关注纳米技术在医学领域的应用，很多科学家都在研究纳米材料与动物细胞的相互作用，而植物所林金星提出的问题，是如何让植物学的研究也受益于这些先进的纳米材料和纳米技术。

“我们首先想到纳米材料中的碳纳米管，因为碳纳米管具有穿越动物细胞的细胞膜和生物屏障的特异性能。我们的实验发现碳纳米管也能够穿过植物细胞壁，当然我们还需要进一步了解，为什么碳纳米管携带的分子在细胞中会有不同的分布。”方晓红介绍说，“我们的合作很愉快，除了在 *Nano letters* 上发表的论文，还在 *Journal of Biological Chemistry* 上，发表了利用另一种纳米材料量子点研究钙调蛋白对植物胞外信号传递影响的研究论文。这些工作，开辟了纳米材料在植物分子生物学中的一个应用前景。”

2004 年度的“百人计划”结题时，方晓红被评为“优秀”。如今，她通过参与组织“百人学者论坛”，正在让更多的优秀科学家联手，活跃于一个开放的学术舞台。

王文：从“物种起源”到“基因起源”

王　文，1989 年毕业于武汉大学生物系，1992 年在中国科学院昆明动物研究所获得硕士学位，1996 年于昆明动物研究所获博士学位。1997 年 8 月至 2002 年 7 月在美国芝加哥大学生态与进化学系做研究助理暨博士后研究。2004 年获得国家基金委杰出青年人才基金。2004 年入选国家首批“新世纪百千万人才工程”。2005 年起任中国科学院昆明动物研究所副所长。2007 年作为首席科学家获得了“973”项目的支持。2008 年获得“中国科学院王宽诚西部学者突出贡献奖”和“谈家桢生命科学创新奖”。在基因起源和进化基因组学研究方面取得了一批重要成果。

2009年春节刚过，记者见到了中国科学院昆明动物研究所（简称昆明动物所）的研究员王文。在流水潺潺、绿叶葱茏的云贵高原上，他对尚未揭开的生命奥秘的探索，让生命变得如此厚重而丰盈。

基因，这个生命最终秘密的载体，在生命和物种的起源中，究竟是如何产生的？新基因是怎样把一个新的分子功能加进一个自然界长期演化历史形成的功能系统及其基因控制网络中，并进而改变这一系统功能的？

最近产生的新基因都给物种带来了什么样的功能？新物种的产生或物种的生存与新的基因产生相关吗？

我们之所以成为人，是因为人类的祖先在走出非洲后的短暂进化中，产生了独有的新基因，并由此产生智慧并创造了灿烂文明吗？

这些，是王文这样的生命科学家，在他的科学圣殿中始终上下求索的问题。

王文是中德马普青年科学家进化基因组学小组组长，一直从事分子进化和进化基因组学研究，而新基因及其新功能的起源和进化问题，是他现在的主要研究方向。

"我们现在还不知道这些重要问题的所有答案。但是，至少我们现在知道，这样的问题并不是不可以研究的。"王文说。对基因这一生命最基本单位的起源、意义和应用前景的研究，将开启一个动人心弦的新世界。

1. 站在巨人的肩膀上

1989年，王文毕业于武汉大学生物系，由此开始了他与生命科学的一世情缘。本科毕业之后，他选择了云贵高原的中国科学院昆明动物所，师从中国著名遗传学家施立明院士。施老在中国特有动物的染色体进化和分子进化，包括麂属一新种的发现方面，都有深刻的造诣；同时，他还亲自推动建立了具有我国资源特色的野生动物细胞库。

王文常说，科学家都是站在巨人的肩膀上，而现代科学家更应站在当前科学前沿巨人的肩膀上。"我觉得自己很幸运，往往能够在恰当的时间遇到了恰当的人。"除了牵引他入门的施立明院士外，他的美国导师龙漫远也成为他生命中遇到的"恰当的人"。

1997年，在施立明院士的推荐下，王文获得了前往美国芝加哥大学做博士后的机会。在这里，他遇到了影响他一生的导师、美国著名华裔教授龙漫远先生。

"他是一位纯粹的科学家，追求深邃的科学真谛，并非工匠型的学者。"这是王文对龙漫远教授的评价。生命科学在经历了20世纪跨越式的发展之后，这个领域中大的科学问题已经基本为人类求解。龙漫远教授的导师、哈佛大学细胞生物系主任、诺贝尔奖得主沃尔特·吉尔伯特教授，曾对这位华裔学生说：

“在生命科学领域，英雄的时代已经结束。”

纯粹的科学家不会停止对生命科学的求索。龙漫远教授对王文说：“你知道新的基因是如何产生的吗？从支原体的500个基因，到酵母的5000多个基因，从果蝇的13 000多个基因，再到人类的2万多个基因——在历史场合中，基因是不断产生的。这些新基因是如何产生的？”“这个问题我们生物学家必须回答。因为它能帮助我们在一个更高的层次上，充分理解生命现象。”

王文至今还记得第一次见到龙漫远教授的情景：龙漫远刚到芝加哥大学任职，在龙漫远的临时办公室里，到处是乱糟糟的、尚未开箱的仪器，他们就在大包装箱边上谈话。由于龙漫远是四川人，谈话时他还常常时不时地蹦出点四川话。

龙漫远的经历充满传奇，他40多岁才开始读博士，起步很晚，之前还经历过“上山下乡”那段特殊的历史磨炼。他在美国攻读博士期间，发现了“精卫基因”。

“精卫基因”的奇特之处，在于年轻的生命和奇异的结构。生命的进化，常以百万年为基本的年龄单位（一岁）。此前发现的基因，年龄都在100岁到3000岁之间，而“精卫”的年龄大约只有两岁。精卫基因，第一次为人类提供了考察基因起源状况的机会。一位美国学者打了个比方，说“精卫”等年轻基因就像宇宙之超新星爆炸的产物。

在传统的认识中，这个基因是个“已经死亡”的基因。但龙漫远教授发现，这个基因并非早已“死亡”，而是具有其特定功能。龙漫远鼓起勇气挑战阿系伯纳——这是位声名远扬的剑桥遗传学先驱。龙漫远告诉阿系伯纳，他犯了一个大错，他们所观察到的不是一个假基因，而是一个新的功能基因。这预示着我们将要探索一个过去从未探索的问题：基因是怎样在自然界产生的？这成为他1993年发表在*Science*上的第一篇论文。

龙漫远将自己发现的这个基因命名为“精卫”。炎帝的女儿在东海溺毙，后来变成美丽的小鸟精卫，每日衔西山木石以填东海。这不就是那个经反转录形成的基因死去复生，形成新的基因结构，给物种以新的功能的写照吗？精卫鸟以善良的愿望拯救他人于东海，“精卫基因”则以新的功能帮助一个物种适应新的生存环境。

*Science*通常只报道自然科学方面的重大突破成果，但即便如此，1993年，在这份权威杂志那本来已十分拥挤的版面内，多出了一段几千年前中国古老的神话传说。

在芝加哥大学那幢哥特式的欧洲大理石楼房里，龙漫远带着王文这位中国博士后，共同迈向了一个新的疆域——基因的起源，这成为这两位黄皮肤黑头发的中国科学者的共同志向。

2. “猴王”与“斯芬克斯”

探索基因的起源，绝非易事。一个新的科学命题，需要新的方法论，他们需要发现更多的年轻基因的体系。

如何寻找这些年轻基因的体系？龙漫远和王文的想法是用高通量荧光原位杂交的办法。但在芝加哥大学生命科学院的许多资深教授看来，这几乎是个不可能完成的任务。人类在生命进化领域的研究，长期以来习惯于用分析与比较的精细研究方式，这种方法在低通量的单个案例的研究中不成为题，但“高通量荧光原位杂交”方法在当时的一个小实验室里恐怕很难实现。

对于许多教授善意的提醒，王文很清楚，如果选取一些容易的课题，他完全有可能创造一个“多产”的研究纪录，用更短的时间，发表更多的论文，这对一位博士后来说是个很实际的选择。

寻求容易的课题是一个诱惑，但对一个纯粹的科学家而言，他们常常这样告诫自己：“你不能在科学这块美丽的木板上钻许多小孔，那不是科学发展的途径，也不是一个真正的科学家应该走的路”。

对一个登山者而言，半途下山不是一种光荣。大山立在那里，作为登山者，你怎么可以无动于衷，甚至想当逃兵呢？

有了这些科学探险者的决心，王文便开始了他们背水为阵的智力和意志的角逐。

整整两年时间中，龙漫远和工文经历了一个个艰难的摸索过程。“我们遇到了前所未有的困难。一个月，两个月，半年，一年……我们停在那里，我们用尽了所有的办法，但几乎都没有用。”有人劝他们改课题。可他们心里知道，这场战争还没有到最后一刻，“两军相逢勇者胜”，龙漫远和王文，他们最终选择顽固地坚持下去。

第三年初，转机才开始出现。作为博士后研究人员的王文，首先发现了精卫母基因“炎帝”的完全外显子-内含子结构，同时还发现了果蝇的近缘种中存在新基因的信号。

紧接着，王文找到了他生命中发现的第一个基因——迄今发现的第一个年轻的 RNA 基因——Sphinx（斯芬克斯）基因。

“刚开始发现的时候，只知道这是一个非蛋白编码的年轻基因，并不了解它具有什么功能，后来经过深入研究才证实，这个就是同性恋基因——它与人类寻找千年的‘龙阳断袖’的谜团密切相关。”

在古希腊神话中，“Sphinx”是一种具有人头、狮身、天使翅膀的怪物。传说天后赫拉派斯芬克斯坐在迪拜城附近的悬崖上，拦住所有过往的路人，用缪斯所传授的谜语问他们，猜不中者就会被它吃掉。

分子生物学家在他们的事实与问题的世界里，保留着一个因工作所需但又可以与温情脉脉的人文科学相关的特权：给他所发现的每一个基因命名。

王文他们将其命名为“Sphinx”，因为它由预先存在于基因组中的两个基因嵌合而成，是世界上首次发现的年轻 RNA 基因，其产生距今不超过 200 万年——也就是两岁。

王文发现了更令人惊异的现象：位于四号染色体上这个基因竟然存在着高度的变异。20 世纪 30 年代以来的 70 多年里，人们一直认为四号染色体不进行重组，它是遗传学上的一个“黑洞”，因为从理论上来说，在不进行重组的染色体上，没有一种变异能够逃脱自然选择无情的筛选。因此，这个发现无疑是虚空中隐隐闪烁着的光芒。

王文的研究还表明，斯芬克斯基因的形成过程受到正选择的驱动。那么，这个不能编码蛋白质的基因会具有怎样的功能呢？这为研究者们提出了一个谜题。

幸运的是，正如俄狄浦斯解出了“斯芬克斯之谜”一样，后来的功能实验由龙漫远教授和他的学生戴红震完成，他们在经过六年的不懈努力之后，终于接近斯芬克斯基因之谜。他们发现，在敲除了斯芬克斯基因后，虽然单个的雄性果蝇在形态上并无变化，但是当把这些缺失斯芬克斯基因功能的雄性黑腹果蝇放在一起时，它们就会发生明显的相互性吸引，也就是出现了同性恋行为。

王文建立的新基因搜寻体系很快产生了令人惊喜的收获。通过系统搜寻，他们鉴别到了数十个年轻基因，包括 2004 年发表的猴王（Monkey king）基因——他们第一次阐明了基因分裂是如何实现的，此前生物学界早已有“基因分裂”的猜想，但科学家一直没有找到直接的证据。

3. 建立“马普小组”的诱惑力

王文在这个前沿领域所取得的成果，吸引着中国战略科学家的眼球。王文读研时的中国科学院昆明动物所，早有招纳这位青年将才回国之意。时任所长的季维智，也利用机会前往芝加哥“游说”王文回归。

王文有着深厚的中国情节，在美国的六七年间，他甚至连绿卡都没有申请。“历史书籍看多了，自然就会有对国家强盛的执著之心。”回国对王文而言，是他生命的必然选择。他曾这样对朋友说：“回国后，即使再遇上一次‘文革’，我也认了。”

王文等待的是一个合适的契机。在他看来，中国科学院“百人计划”对海外学子虽然是个福音，但因为时间结点比较严格，并不适用于他的研究领域。而“马普计划”的实施，则成为促使他回国的直接动力。

2001 年，季维智再一次前往芝加哥。在王文家中两位老友相见，没有刻意的寒暄，也没有浮泛的客套，季维智见面就说：“我给你找了一个更好的人才支持计划，回国建立‘马普小组’。”

基于德国马普学会与中国科学院1999年2月签署的协议，马普学会在中国科学院的研究所建立伙伴小组，马普学会和中国科学院批准了建立德中青年生物学家“马普小组”。马普学会副主席应邀参观昆明动物所时，对这个位于西南边陲地区的研究所取得的科研成就深感惊讶。几乎没有任何犹豫，他当即同意资助建立中德青年科学家“马普小组”。从德国马普学会和中国科学院那里，这个小组每年将拿到100万元左右的科研经费支持，同时，将获得宽裕的时间，只要在前三年中取得不错的成绩，就能获得延续到五年的持续支持。

王文认为这是最适合他的人才支持计划。对生命科学来说，五年是一个产出周期。“现在我已经进行了五年半，很多重要结果正在产出。”

在这个计划的支持下，王文的回国毅然而决然。

王文不是不知道在国内搞科研的种种现实问题，诸如资金、政策环节的配套、一些人的浮躁和急功近利的心态等，但面对“马普小组”的人才支持政策，王文还是为之怦然心动，而且从骨子里剖析，他也是一个适应中国大环境的人。

王文坦言，“我在美国最大的困难之一，在于对西方文化的了解不够，我不了解他们的《圣经》，我不会喝鸡尾酒、不喜欢喝咖啡。很多科学创意和火花，都是在闲谈中出现的，但更多的时候我和美国人只能交流纯粹的科学问题。回国之后，我发现自己比起我的那些同行甚至至今还留在国外的同行取得的成就要多。因为在国内，我可以跟最优秀的科学家实现真正的交流，很容易碰撞出火花。”

4. 如“猴王”变换的新基因

在回国的短短七年间，王文如鱼得水，完成了新基因起源进化的全貌绘制，阐明新基因起源的普遍模式和规律，并全面评估了新基因起源的各种机制及角色。

过去的五年间，在王文的带领下，马普青年科学家小组与国际一些研究小组合作，已陆续报道了包括“猴王”、“Hun”、BSC4等在内的一系列新近产生的新基因。这些研究成果表明，新基因的起源是一个重要的生物学现象，但全基因组水平具体有哪些重要的新基因起源机制，它们各自的角色是什么，却一直不清楚。——揭开这个更高层次的谜底，成为王文回国后孜孜以求的答案。

2008年，王文团队利用最新发表的12个果蝇种的全基因组序列，将新基因起源的研究提升到阐明全基因组水平模式的高度。他们通过大规模的基因组比较，鉴定了300多个果蝇物种特异的年轻基因。他们通过对这些基因起源机制的分析发现，基因重复是产生新基因最主要的机制，80%的新生基因拷贝由串联重复产生，它们之后又可能转化成散在形式的基因重复。

有趣的是，在这项最新的研究中，发现有12%左右的新基因，是由非编码序列“变废为宝”而来的。这一发现颠覆了该领域长期存在的“进化不可能从头产生”的观点，证明了从头起源是新基因起源不可忽略的重要机制。同时，对所有新基因及其祖先基因的结构比较发现，有30%的新基因通过外显子重排等方式招募祖先基因不具有的序列，形成了新的嵌合基因。这样的结构为新基因提供了立即获得新的结构域和功能的机会，促使它们可以快速在群体内被自然选择固定。这些研究成果表明新基因的起源是一个重要的生物学现象。

对于下一步的研究，王文对《科学时报》记者说，一方面，随着更多的基因组测序，将在其他物种里进行类似的探讨，看看它们是否具有相同的模式；另一方面，将深入研究这些新基因对生物的进化、发育和功能起到的作用，这对生物发育、遗传、进化这三个重要生命科学现象的整合非常有帮助。一个新的基因是怎样出现的，出现以后通过怎样的分子机制实现什么样的功能；这些功能对生物进化有什么样的意义；很多基因参与了生物的个体发育，这些个体发育展现出来的性状或体态有什么进化价值，这些都是今后研究较为重要的方面。

这项重要研究成果已于2008年发表，刊登在国际基因组学知名杂志*Genome Research*（《基因组研究》）上。*Nature Review Genetics* 对其进行了特别推荐报道，*The Scientist* 杂志也对王文进行了专访。

2004年，王文等科学家通过对果蝇的研究，发现了一个年轻的基因，其在100万年的时间里分裂出了四个新的基因。就像神话故事中“美猴王”孙悟空，拔毛吹气变出许多小猴子那样，因此王文团队形象地把这个新发现的基因家族，命名为“猴王基因”。如今的王文也正像“猴王基因”似的，一发而不可收拾地发现了许多新的基因。

5. 因人施教带出的优秀弟子

天津医学院本科毕业的女生李丹，进大学后才发现自己对医学一点兴趣都没有，但是考试随便对付一下都能拿第一，她读了无数旁人看来是杂七杂八无用的业余书籍，无论天文还是地理，世界艺术史、思想史……她都能如数家珍。王文说：“我在实验室也要求学生能读一些历史、哲学、人文方面的书籍，还让他们每个星期写读书报告。李丹原来在天津医学院的时候，可能因为家庭教育较娇惯，经常不好好上课，有时还会对别人发火。但她考研时不仅得了400多分的高分，一些别人根本都没学过的东西，她也能对答如流。我感觉到李丹有才能，就想冒个险，要她过来当研究生。”

“头三年确实很难带她，李丹沉浸在自己业余书籍的世界里，不愿意做人际之间的一些思想交流。我就在实验室里要求大家，要多帮助她、多包容她，多看一些她的长处。现在她的状态已经较好，怎么做科学也初步摸出了一些门道。”王文介绍说。

“李丹当时一定要做一个很古怪的、关于基因怎么死亡的课题，我说你一定要做你就做吧，国际上也有几个人做。结果，虽然她后来做的新基因不是她原来想象中的那样子，但是她能够把千丝万缕的东西理出头绪，现在做的就成了一个崭新的基因调控方式，即同一个基因正负链编码的两个不同蛋白质来相互拮抗调控。如果能够完全做出来的话，会是个很好的成果。”

“当时我们不知道两个基因的功能，作了大规模的芯片分析，李丹却说分析也没用，看不出结果。她停顿了好几个月，也不向我汇报进展，理由是什么都没有做出来，还要汇报什么。一天在食堂吃饭，我端着盘子挨着她坐下之后，耐心地告诉她：正是因为没有进展，才需要交流。不要太过于相信计算机软件，这有可能过滤掉要用的信息。基因分析需要同事之间的交流，不像其他的一些理论学科，自己拿着纸和笔或许就能做出来。”王文笑到，“就这样反复了好几次，我都在恰当的时候、告诉她做恰当的事情，最终她发现我这个老师确比她高明，这样她也就听得进去我的话了。”

李昕是在王文“因人施教”的培养下，科研做得特别好的一位博士。2005年，李昕西北农林科技大学硕士毕业后，在王文门下攻读博士学位，“他非常有兴趣作科研，而且非常刻苦钻研，但他最大的问题也是不活泛、不交流。我就创造各种条件，让他主动也好，被动也好，让李昕能更多地参与人与人之间的交流与沟通。他做博士一年半，就已经有两篇很好的文章发表。”

连王文原来芝加哥大学的“老板”都说，没想到李昕能想出两个棒的科学想法，而且都是非常精巧的思路。“关于基因的反式剪切问题，连国际上的一些科学家都很迷惑，但李昕用了大量的数据阐述了基因怎么反式剪切。在这之前，李昕从来都没有和我交流过，都是他自己看文献想出来的。”王文喜不自禁地说，“李昕的一篇论文，后来也在国外一份影响因子10点的权威刊物上发表了。最重要的是他论文中的思路，如果将来被证明是对的话，都将是今后会被教科书引用的东西，所以，我以前在芝加哥大学的‘老板’对我说，这个学生将来博士毕业之后，希望能去他实验室。”

2008年7月，在导师王文的悉心指导下，博士生周琦等在我国特有的一类保护动物黑麂中，首次证明了哺乳动物新似性染色体的存在，其研究结果发表在国际知名杂志 *Genome Biology* 上，审稿人评价该工作将对哺乳动物性染色体研究产生“重大而深远的影响”(significant and lasting contribution)。

“周琦的父亲是一位富翁，家里非常有钱，他本人完全可以继承父业，当上腰缠万贯的老板，但他却要追寻科学。”王文介绍起自己的弟子，如数家珍般地感到欣慰和自豪，“周琦也是从当初刚做我的学生时，不知道做什么研究课题才好，到现在意气风发，完全能够独当一面地作科研了。”

6. 我们也能先把东西嚼一遍

王文作基因起源，为了验证相关结论是否具有普遍性，所以在自己的实验室里还栽了一段时间的水稻，“因为我们需要最新鲜的样品。验证在一些动物里发现的机制，在植物里也依然有效，就是一个思路的移植。以至于后来人们见到我就问，你们是动物研究所，怎么‘越界’到了植物方面，而且做的研究成果还相当不错。”王文说，“其实，动物和植物的研究，许多切入点是能相通的，都是围绕基因入手。”

“我回到中国工作，遇到的最为幸运的事情之一，就是与中国科学院基因组学研究所和华大基因研究院通力合作，能挖掘到那么多的基因数据。”王文坦诚地向《科学时报》记者相告，“它们作基因组学的分析很厉害，也提供给我做了一些算法。它们利用新一代的测试仪，可以拿到比原来多 100 倍的数据，做了很多以前做不到的东西。”

“我们和它们互补合作，虽然它们不在我们进化基因的领域研究，很多进化基因的东西也不知道，但它们有非常敏锐的感觉，知道我们的一些问题非常重要，很快就能够提供出数据，让我们看是不是最需要。它们说自己就像一个工厂，能够成规模地产生数据，并加以科学的理清和注释。”王文介绍，“2003 年我回国初期，国家自然科学基金委选了一批年轻的科学家，到英国开基因的科学研讨会，我碰到了当时基因组学研究所的研究员王俊，我俩思想交锋，一拍即合，过后有了许多愉快的合作。这也体现了中国科学院能够发挥‘综合性’、开展协同作战的不可替代优势。如果没有它们做这个事情，我的很多工作可能还停留在原始的遗传学阶段，没有它们这个广阔的合作平台，我们可能还得跟在美国人的后面跑。”

“在基因研究方面，美国人为什么能够发很多重量级的文章，原因之一，就是许多最原始的数据在他们手上，他们先把东西嚼一遍，然后再吐出来给我们。”王文底气十足地说，“现在，我们国内的科研力量已经联起手来，也能做到先把东西嚼一遍之后，再吐出来给他们。”

王文和他带领的马普小组，在新基因研究方面已连续攻克几个城池。在北京师范大学组织编写的一本新的生物遗传学教科书里，不久将会出现《新的基因是如何产生的》，这是由王文小组撰写的全新章节。万变不离其宗，这个章节基本划定了今后这个领域研究的框架。

王文介绍说：“未来五到十年，我们希望能够开创一个从进化角度，理解新性状产生乃至人类疾病治疗的新思路，将进化学研究回归到主流。”

150年前，达尔文发表了《物种起源》（*The Origin of Species*），奠定了生命科学发展的基石。150年后，《关于基因起源》（*On The Origin of New Genes*）将在王文的笔下诞生，他将为生命科学开启一个广阔的天地。

王文说他最为欣赏的，是著名科学家吴仲义对其所言："我们科学家要做的东西，就是像李杜诗篇那样能够流传千古的东西。"在王文看来，中国科学家已经埋头跑了几十年的路，只顾着埋头前进、只顾着追上对手，有一天一旦你突然发现你跑到了第一，你会突然感到迷惘——我该往哪里跑？"我们应该常常思考这样的问题。"

最优秀的科学家将与思想家比肩，这也是王文的终生追求。

王曦："离子注入"产业化的心血

王　曦，1966 年出生于上海，1987 年毕业于清华大学，1993 年在中国科学院上海冶金研究所获博士学位。1994 年、1996 年分别赴澳大利亚和德国深造，1998 年回国。现任中国科学院上海微系统与信息技术研究所党委书记、常务副所长，研究员、博士生导师。2000 年创立了上海新傲科技有限公司，从无到有建成了具备国际先进水平的我国唯一的 SIMOX－SOI 生产线，填补了我国 SOI 晶片材料的空白，并以第一完成人身份获 2006 年度国家科技进步奖一等奖，入选 2007 年上海领军人才，荣获 2008 年何梁何利基金会科学与技术进步奖。2009 年当选为中国科学院院士。

王曦的头衔很多：中国科学院上海微系统与信息技术研究所（简称上海微系统所）党委书记、常务副所长、博士生导师；中国内地唯一的离子注入国际委员会委员；2009 年 12 月，他光荣地当选为中国科学院院士。

作为国际半导体材料领域的知名青年科学家，由王曦负责并领衔的“高端硅基 SOI 材料研发和产业化”项目，2006 年获得国家科技进步奖一等奖。

作为上海新傲科技有限公司（简称上海新傲）董事长兼首席执行官，七年间，王曦把名不见经传的“新傲公司”发展成为目前国内唯一、国际屈指可数的 SOI 生产基地，不仅拥有国内唯一的 SOI 生产线，而且总资产也由七年前的 1300 万元，发展到如今的已超过 3 亿元。

像在一夜间，中国就“突然”冒出了一个现代化的高端集成电路硅基片企业——这是美国硅谷的《半导体商业新闻》对上海新傲的“惊呼”；而王曦这位上海新傲的带头人，又是从哪儿冒出来的呢？

1. 从“离子注入”到 SOI

1983 年，王曦从江苏南通考入清华大学。在人才济济的清华园里，王曦因为学业优秀，只用四年的时间，就完成了本来要五年才能完成的学业。提前毕业后，1987 年王曦被保送到中国科学院上海冶金所，也就是今天的中国科学院上海微系统所读研。——即便在精英汇聚的清华，王曦也属顶尖的“稀有人物”。

清华园的学习经历，培养了王曦敢于挑战、踏实严谨的气质。但对清华园的回忆，王曦只是轻描淡写地说：“当时就是比较喜欢学习。”他就是这样一个平和的人，对于今天所取得的诸多瞩目成就，他通常只是淡淡地说：“我想做一些实实在在的事情。”

王曦的主攻方向是离子注入，从大学时期开始至今，他始终在“离子注入”领域耕耘不辍。1996 年作为“洪堡”学者，王曦在德国罗森多夫研究中心接触到了世界上最先进的“离子注入”技术。

使王曦知名的“高端硅基 SOI 材料”制备，“离子注入”是其中的一项关键技术。“离子注入是制备 SOI 材料的工具和手段。我对离子注入有非常深刻的了解，这样我就非常容易地把它应用在 SOI 的材料上。”王曦说。

SOI，是“Silicon-on-insulator”的简称，中文译为“绝缘体上的硅”。国际上公认 SOI 是 21 世纪的微电子新技术之一和新一代的硅基材料，无论在低压、低功耗电路还是在耐高温电路、微机械传感器、光电集成等方面，都具有重要应用价值。

SOI 技术最早被用于军事和航天领域。1998 年，IBM 大规模开展 SOI 技术的民用化，SOI 被广泛用于超速计算机服务器中，同时带动着国际上一批著名的跨国公司进入该项技术的开发。中国的战略科学家们看到：此时加大我国 SOI 技术的应用研究力度，进而实现工业化和商业化，任务迫在眉睫。

“行百里，半九十”，在 SOI 的关键技术上，要实现产业化，更有待于研究力量和队伍的整合，需要领军人物的慧眼和胆识。当年，时任中国科学院上海冶金所所长的江绵恒，正是因为看好了回国不久的王曦，王曦才得以脱颖而出担当了领军人物的重任。

2. 从莱茵河到黄浦江

王曦从德国回来的日子特别好记：第二天，便是 1998 年 6 月 28 日——中国科学院上海微系统所 70 周年所庆的日子。

那一天王曦打出租车到所里，他一上车就系上了安全带，司机见状就问：“你是刚从国外回来的吧?”因为那时国内的人乘出租车，基本上都没有系安全带的习惯。

王曦的小孩 1998 年 3 月在德国出生，回国时才三个月，这么小的婴儿是否合适乘坐国际航班？王曦为此专门咨询了德国的医生，最后，婴儿是放在摇篮车上乘飞机回来的。

其实，王曦无须这么早挈妇将雏回国，他当时在德国洪堡罗森多夫研究中心做访问学者，离回国的期限还有一年。但在 1997 年秋天，研究所的同志给他打电话，说所长江绵恒要来德国，希望能与他在莱茵河畔的 Koblenz 小镇上见面。所长江绵恒与王曦的见面，透露出一个重大的信息：中国科学院就要干大事情了，就要有大发展了，也更需要人才了。

当然，王曦也领悟出来：冶金研究所他的第二导师、中国科学院离子束重点实验室的主任柳襄怀马上就要退休，江绵恒所长在某种意义上是要亲自面试他，看他是否合适回来当这个实验室的主任。

王曦所在的上海冶金研究所，早在 20 世纪 80 年代初就已经开始 SOI 技术研究，这里的基础研究水平始终处于世界先进地位。王曦说，他本科毕业刚进研究所时，所里就有了这方面的一些专利，但研究重点主要针对航天、军工等，所以 SOI 技术也就始终停留在论文水平。加上实验室条件比较差，10 多年的研究成果被束之高阁，中国始终没有制备出可以真正投入使用的产品。

1998 年，王曦回国上岗竞聘，成为中国科学院离子束重点实验室主任，同时出任 SOI 项目的负责人。

3. 从“麻饼”到“三明治”

1998～2001 年，是 SOI 一步一步走出论文、走出实验室的攻关阶段。这一段路程，王曦他们走得异常艰辛。

从这年起，王曦带领着自己新组建的团队开始攻关。回忆起那段日子，他笑着说，那时年轻气盛，“胆子比较大”，并没有太多的顾虑，再加上中国科学院知识创新工程的支持，所以，他马上就着手购买设备，改造实验室。因为工艺时间比较长，为了尽快出成果，他们采用了工程化管理，每个阶段都设定了指标，那段时间王曦和同事们经常通宵在实验室里加班。

王曦回忆说，刚开始时所里虽有一些技术，但并不完全成熟。举例来说，做出的SOI硅片就像个大花脸，这是因为“皮”和“馅”厚度稍有不匀，硅片就会呈现出彩虹般的光泽。而在三年的时间里，他们完成了SOI材料技术工程化研究。

王曦找出如今上海新傲的SOI硅片——果然，表面泛着均匀的粉色。但最初他们的产品可没有现在这么完美无缺。

在建立的生产线上最初做出来的SOI硅片，上面有许多如麻点一般的瑕疵。如果将SOI材料像“麻饼”似的一片片做出来，肯定在国际市场上卖不出去。王曦为此开玩笑地说：难道是因为我们喜欢吃上海的麻饼，才会有这样的结果？干脆我们今后都不再吃麻饼！

经过SOI团队的昼夜奋战，过去的“麻饼”不见了，取而代之的是一个个光润无瑕、晶莹剔透的圆片。王曦把它叫做“三明治”。第一层就是硅，第二层是二氧化硅，第三层还是硅。“通俗来说，我们的技术就是把二氧化硅嵌入在里面。”王曦介绍，“就像三明治一样把‘馅’嵌进去，但是‘嵌馅’是非常困难的一件事情，它是在纳米尺度下的原了组装过程。”

这“嵌馅”的过程，就好比将一颗子弹打到木头里面去：氧离子就像子弹一样，打进硅片里面，在里面形成二氧化硅，期间包含一个非常复杂的化学和物理过程。

“如果嵌得成功，就会呈现出一个光润无暇的圆片；如果不成功，那肯定就是‘麻饼’！”王曦说。

上海新傲这样一个硅片，卖价为250美元，而他们的原材料价格仅为20美元。高技术创造了高附加值，实现了十几倍的利润。

王曦是这个国家科技进步奖一等奖项目的第一完成人，但更令他和团队骄傲的是该项目拥有核心自主知识产权、16项已授权国家发明专利、形成我国首部SOI技术企业标准。2002年中国第一批商业化生产的SOI圆片问世，这让美国硅谷惊呆了！

4. 从科学家到企业家

2001年7月，新傲科技公司注册成立。他们给公司取了一个响亮的名字：英文是SIMGUI，中文是“新傲”。其中，SIM是上海冶金所的缩写，谐音为

2006年，由王曦研究员和他的创新团队共同完成的“高端硅基SOI材料研发和产业化”项目获得国家科技进步奖一等奖

“新”，也有《庖丁解牛》中“新发于硎”的寓意；“傲”，则是因为公司拥有的一项技术叫SIMOX，取“OX”的谐音“傲”，寓意“傲然不群”。

2001年7月25日，由上海微系统所率先发起，联合北京盈富泰克投资发展有限公司和上海中科高科技工业园发展有限公司等，成立了上海新傲科技有限公司。微系统所除了将自己近20年积累的具有自主知识产权的SOI专有技术投入外，特别令人眼睛为之一亮的是，在王曦的带领下，研究所SOI课题组主要技术骨干全部进入了该公司。俞跃辉、张苗、张峰、陈猛、李炜等六位青年博士，毅然集体创业，成为沪上的一道亮丽风景线。

真正开始成为企业家后，王曦发现做企业并非想象中的那么容易，创业也远非想象的那么简单。“当时只是朦胧地感觉到，我们的产品会有市场，却不知道市场究竟怎样好，更没有考虑过市场在哪里。”

从科学家到企业家，要从“技术为上”，到“市场为先”，而王曦本身经历的“蜕变”，验证了这个说法。

八年之后，回过头来看看自己走过的路，王曦说，相比刚刚创业时对“市场”两个字的理解，他今天的理解已经完全不一样了。

“那时纯粹是学术性的概念比较多，对市场只是朦胧的一个感觉。1998年IBM突破了SOI技术，觉得好像整个市场应该很好了。实际上，全世界市场很好，不等于中国市场很好；中国市场很好，不等于中国公司拥有的市场很好，这里面有着巨大的差别。”

王曦说：“很多的科研院所人员办企业，最终就栽在对市场判断这个地方。”

王曦“蜕变”的过程，是相对短暂的。他只用了最初的一年多，就“缓过劲来”。这得益于现任中国科学院副院长的江绵恒，当初是他对王曦彻彻底底地“打脑子”。

这件事令王曦永志难忘。

王曦刚回国时，还没有摆脱浓重的“基础研究情结”。当江绵恒所长问他的Hobby（爱好）是什么时，王曦如实敞露心扉，说他的爱好是基础研究。

江绵恒对王曦晓之以理：根据中国科学院在国家创新体系中的定位，以及研究所未来发展的定位，首先是要做满足国家战略需求的事情，现在开展SOI基础研究工作，必须考虑到今后的工程化和产业化，所以，仅仅爱好SOI的纯基础研究还不行。

“基础研究仅仅是你个人的爱好，可技术转移和产业化问题，却是关系到社会需求、国家战略的大事！”江绵恒对王曦说，“如果你个人的爱好，仅仅是作那些自由探索的基础研究，可能去高校当教授更合适。”

江绵恒再一次为王曦“洗脑”，“洗脑”的上海方言是“打脑子”。

“这句话让我印象很深刻，后来确实不断地在按照他的思路走。”王曦说，“现在我们科学院有句话叫做‘顶天立地’：‘顶天’就是在基础研究方面做得非常杰出，‘立地’就是能够把产品的产业化做得好。这句话我受用终身。”

5. 从“居危思危”到“居安思危”

回想创业初期，王曦不仅承担了技术研发的重任，而且还挑起企业运作的担子。从资金、设备到经营、管理，一切都从头开始，白手起家。除了对市场缺乏全面的认识外，企业还遇到了很多意想不到的困难，如大型设备一时难以到位，资金难以维持企业正常运行。“当时去找银行谈都没有人愿意谈。”

2000年，经过两年的准备，SOI的产业化被正式提上议事日程。但偏偏好事多磨，SIMOX（注氧隔离）技术的关键性设备——氧离子注入机的引进却成了问题，而王曦向生产该设备的美国IBIS公司投去的信件，也如石沉大海般不见回音。

当王曦终于与IBIS公司搭上线时，美国人的傲慢也显现出来，“你们中国人要买我们的设备？有自己的技术没有？”

当时，上海微系统所用的是日本真空生产注入机，工作人员注入10小时才做成1片SOI硅片。而1台氧离子注入机可以在4小时内生产18片完整的SOI硅片。但当美国人在研究所来回走了一圈后，最终面对中国人的执著树起了大拇指，而合作也正式开始。

2001年5月，在王曦等的多方斡旋下，IBIS公司终于开出第一单。双方定于 9 月 15 日签约，上海新傲以最快的速度，把设备像新娘似地“迎娶”回来。

王曦和他的团队克服种种困难，终于走出了创业之初的困境。

如今，上海新傲作为目前国内唯一、国际屈指可数的 SOI 生产基地，不仅拥有国内唯一的 SOI 生产线，而且总资产也由七年前的 1300 万元，发展到如今的已超过 3 亿元。

谁说 SOI 技术离我们还很遥远？谁说 SOI 的产业化离我们还很遥远？实施知识创新工程十年，中国科学院微系统研究所开展科研目标凝练，现在已经成为现实，从而证明了决策者当年选择 SOI 的远见和卓识。

王曦认为自己有两件事情非常关键：一件是十年前选择了回国；另一件是七年前选择了创业上海新傲。

王曦介绍说：“2006 年 11 月，美国推出了基于 SOI 技术的世界最快芯片 CELL－PS3 的游戏机。为了购买这款游戏机，许多美国人排队长达 10 天，这样的激情足以空前绝后，即使在太平洋战争爆发，珍珠港被偷袭的时候，他们也未曾这样排长队去银行兑换现金、抢购生活用品。我相信 SOI 技术和应用 SOI 技术的这款游戏机，将可能带来一场数码时代的革命。”

2008 年上海新傲作出一个重要决定：新购置安排了 87 亩地，将建设公司的两家工厂。2009 年 1 月 3 日，上海新傲北区产业园举行了建设开工仪式。王曦介绍说：公司的目标是建成亚洲除日本以外的第一大外延加工厂，同时为承接国家中长期科技发展规划中的集成电路重大专项 SOI 项目做好准备。通过这个“为凤凰筑巢”的动作，以及下一步的上市募集资金，将公司真正发展成高端集成电路材料供应商，且在亚太地区具有非常大的竞争力。

一幅上海新傲的美好图景，正在王曦的笔下铺展开来。

回想起那些创业初期的日子，王曦最怀念的，就是和其团队共享“周末俱乐部”。每周五晚上，王曦和其团队成员都会聚在一起，吃饭、打牌或者约好了第二天郊游。“周末俱乐部”见证了上海新傲的诞生与成长。

在团队成员看来，王曦这位领导完全没有领导的架子，他的亲和力、平易近人和温文尔雅在圈中“小有名气”。

但谦和儒雅的气质，丝毫也掩盖不了王曦身上那种拼搏进取的气势。

王曦说，尽管非常盼望着有一天能够像德国人那样，喝咖啡、非常悠闲地去度假，但是，“最起码现在还不行”。

所以，现阶段，他最大的爱好就是和儿子聊天，“但时间依然是很少”。

在儿子王泰戈的眼里，爸爸王曦是“整天不管我的，然后有时间最想看见我的人”。11 岁的王泰戈说，“我以后也要做个科学家”。

在妻子董菲看来，最吸引她的是丈夫王曦的责任感。“他是一个很有责任感的男性，对家庭、对事业、对同事、对其他人都是这样子。他非常真诚地待人。”

王曦真诚地对待自己从事了20多年的事业：让中国SOI与国际接轨，以中国制造参与国际高科尖端的竞争。

“居安思危、居危思危”，这是王曦上课讲行业前景时，常常要对学生说的一句话。他总想更多地提醒学生，中国与世界顶尖水平还有差距——实现零的突破只是第一步，瞄准世界顶级才是他的理想境界。

2007年1月，王曦开始担任上海微系统所的党委书记，兼任上海新傲的董事长，这样，他也将主要精力放在了研究所的未来发展上。王曦对《科学时报》记者说：“我们研究所面向国家战略需求、面向世界科学前沿，就是要培植出更多像新傲这样的高技术公司！”

王自发：成就中国自己的“气候”

王自发，1972年12月出生，1993年毕业于南京气象学院，1997年获中国科学院大气物理研究所博士学位。1998～1999年在日本京都大学防灾研究所进行博士后研究，后在日本国立资源环境技术综合研究所作STA博士后研究；2000～2002年任日本全球变动研究所（Frontier Research System for Global Change）招聘研究员。2002年11月入选中国科学院“百人计划”，主持“沙尘输送及其气候环境影响的数值模拟研究”，被聘为博士生导师，现为竺可桢-南森国际气候研究中心执行主任。目前研究方向为大气化学、大气气溶胶、大气环境数值模式设计、沙尘输送及其气候环境影响等。

2008年8月8日晚8点，这个被历史永久记录的时刻，在“鸟巢”直线距离仅有2公里的地方，中国科学院大气所北郊325米高的观测铁塔院内，王自发带着他的“孩子们”，一边留意预测系统，一边上网看电视直播——他们为之倾力工作了整整两年的北京奥运，今天终于顺利开幕了。

铁塔实验室里，正在紧张工作的“空气质量多模式集合预报系统”全部实现了自动计算和自主预报，可靠预报北京未来72小时内各个地区的空气质量。“这套系统是全自动的，一般不会出毛病，但也需要有人盯着，以防万一。”

早在北京奥运开幕前的四个月，中国科学院大气所研究员王自发就交付了“空气质量多模式集合预报系统”，一套在北京市环保局运行，另一套在中国科学院大气所铁塔实验室备份。他和学生分成几个小组轮流值守，三班连倒，日夜不息。尽管这套系统运行稳定，没有出过一次差错，但他们几个月来谁都不敢有丝毫懈怠。

直到8日晚上，北京的夜空被升腾的烟火点燃的那一刻，王自发那一颗始终悬着的心才终于落地。“孩子们都很兴奋，——我管学生叫做‘孩子’——连晚饭都不吃了。我们买了很多零食，开幕式结束后去附近的小店吃夜宵。”王自发说，“我们很久没有这么轻松地吃碗面条了。”

1. “最后一块最难啃的骨头”

2007年，北京奥运筹备工作进入倒计时阶段，而北京空气质量问题却成为“最后一块最难啃的骨头”。《华尔街日报》、BBC等国外主流媒体对北京空气质量的负面报道，以及那些充满忧虑的评论，令所有人都感到了压力。理由很简单，国际上几乎所有的声音，都已经不质疑中国人有能力筹办一届成功的奥运会，但空气质量这个北京的顽疾，却并非仅靠人力在短短的几年内就能根治。甚至我们自己的一些科学家对此都没有十足的底气，“我们一直很担心，当时不仅出台了常规方案，甚至还准备了更严格的应急预案——当北京空气质量出现极端情况时，将只保证北京人民基本的生活需求，其他工业全部停产”。

王自发说，奥运会之前的一段时期，北京空气质量的形势的确很严峻。

首先，近几年北京的可吸入颗粒物尽管已大部分达标，但年均值没有显著下降，2007年还出现了小幅反弹。其次是臭氧，2006年8月，31天中竟有17天臭氧超标。

“此前，国际上并不相信我们有能力进行空气质量的短期数值预报，国际奥委会甚至曾想让国际力量来做北京奥运的赛期预报。这是我们不可以接受的。”王自发说。

造成北京空气污染的原因很复杂，有局地排放的，也有外来输送的，不仅包括二氧化硫、氮氧化物等一次污染物，二次污染物如臭氧和细颗粒物所占比例也很大。而王自发最为忧虑的臭氧问题在中国的关注度并不高，北京市环保局设定的北京空气质量标准中，并没有考虑臭氧因素。“但国际上一直很关注，臭氧对人类肺部健康影响很大，国外有些代表队拥有自己的便携式仪器，他们测量后将有可能发现臭氧超标而罢赛。”尽管臭氧是近几届奥运会都没有妥善解决的空气质量问题之一，但因为在中国，我们的压力会更大。

掌握深厚积淀和先进技术的王自发当仁不让，牵头挑起了“北京空气质量模型预警预报”这个担子。

“我可以说是力排众议，独立承担。快意恩仇的人生活得才有意思。”王自发回想当年拿下项目的情景，颇有一番壮士扼腕的意味。

这个项目直接为北京奥运空气质量监测服务，总投入为2600万元，主要任务是回答那些一时还难以解释的科学问题：周边城市污染如何输送到北京？哪些环节需要加强控制？控制方案和评估结果如何提出？说到底，就是要精确预测预报北京空气质量，为高层提供决策依据。

申请答辩这个项目时，王自发带着两位学生就上场了。竞争对手是国内的另外几家单位，可以用阵容豪华来形容；项目的评审专家，则几乎全是由我国大气领域最为资深的院士组成。那一刻，王自发忽然觉得：“原来自己还是有一定‘江湖地位’的啊！”

这位今年才37岁的中国大气领域的后起之秀，自信满满。他的信心来自于此前为北京空气质量保护所做的大量基础性工作，“我们就三块内容——模拟、情景分析、预报。先磨好了金刚钻我再来揽瓷器活”。

2. “你们这个团队真是很不简单！”

从拿下项目到交付系统，王自发和他的团队仅仅用了四个月。100多天中，他和“孩子们”没有放过一天假。与妻子原本打算在2008年初结婚，但也因为工作压力太大而推迟到奥运之后，“等任务完成了，我才能轻轻松松、开开心心地结婚”。

王自发深感愧疚的人，还有他的老母亲。2008年春节前夕，王自发的工作进入关键时期，而且为了打消国际舆论的负面影响，他还要面对国际媒体的采访。在原定的新闻发布会上，王自发突然接到安庆老家打来的电话，说是他的老母亲生病了。尽管这时心急如焚，但他还是不动声色、对答如流地接受了国际媒体的采访。

半个小时后王自发拿起电话，给所有可能提供帮助的朋友打电话——“南方一场突如其来的大雪封住了道路，我托人给县里的交通队打电话，把以前的同学找到，让人把母亲送出来。我自己实在走不开，只好让妹妹去接母亲。腊月二十六才终于把母亲安顿在地坛医院，这个年就是在医院过的。我每天的生活就是家里、机房和医院，三点一线。”

2008 年 4 月，国家基金委主任陈宜瑜院士来大气所视察，参观了还处在试运行阶段的预报系统，他感叹地对王自发说：“这么大的工作量，你们是怎么做出来的？你们这个团队真是很不简单！”

王自发团队自主研发的“空气质量多模式集合预报系统”，是首个用于奥运会空气质量预报的多模式集成业务系统，北京在奥运会期间，它每天要提前 72 小时预报未来的空气质量，以每平方公里为单位，将北京划分为若干个网格进行空气质量预测，每个奥运场馆均纳入其中。

通过这个系统，污染物从一个个污染源中排出后，如何在空气中流动，会发生什么样的化学反应，生成何种二次污染物，产生的污染物浓度有多高等问题，这些过程都可以通过计算机进行描绘，进而做出未来的空气质量预报。

王自发说：“目前，美国、欧盟等均有自己的空气质量预报模式，我们持续十年开发了我国自己的具有自主产权的区域空气质量模式。我们为奥运空气质量预报开发的系统之所以称为多模式空气质量预报系统，形象地说，就是要把来自我国、美国、欧盟等不同国家的最好汽车，组合在一起，形成一个最优秀的车队。”

不久后，王自发在欧洲西班牙马德里气候论坛上，向全球 100 多位顶级气候科学家介绍了“空气质量多模式集合预报系统”，他的报告完成后，掌声经久不息。欧洲气候论坛主席高度赞誉王自发团队自主研发的系统，并将此作为欧洲气候论坛近两年的重要推广项目，“不仅要在中国进行，还要在欧洲推广”。——国际上已经没有人再怀疑中国人有自己做空气质量短临预报的能力。

3. “一路走来，我只是运气比较好”

这个把学生叫做“孩子”的导师，自己也不过就比学生们年长了几岁，一副娃娃脸，学生装，“孩子们”对他的印象是：总“笑眯眯的，像师兄”。

王自发的确很年轻，17 岁上大学，25 岁中国科学院博士毕业，不到 30 岁就成为中国科学院大气所的博士生导师。对这段被学生们津津乐道的简历，王自发总是呵呵一笑，说：“我只是运气比较好，你们到时候都比我厉害！”

大别山里的安庆老家，在王自发出生后相当长的年月连电都没有通，中考后到了县城他才第一次见到电灯，上了大学他才第一次见到火车。

家境清贫但难掩书香，王自发的曾祖父是京师大学堂学子，曾在冯玉祥军中任职，抗日之后回到安庆老家教书。“‘文化大革命’期间，他把大部分的书都烧掉了，只留下一些最经典的书——《四书五经》、《西游记》、乾隆版的《史记》等。而且里面全是繁体字，线装版的。”

王自发没有见过他的曾祖父，但他读完了曾祖父留下的这些书。“我还记得

《史记》中有一章‘天官书’，讲天文的各种星象卦象，基本上看不懂，我就对着书上的画自己认天上的星星。”

那时的王自发不会想到，或许这就是他与大气科学结缘的起点。“三国诸葛亮不是能够观天象、测东风吗？——上大学之前我什么都不懂，以为天文与气象是一回事，高考填志愿时就报考了南京气象学院，其实是奔着紫金山天文台去的。考研时，我才顺利考上了中国科学院大气所。”

“我取得的一点成绩，大部分都归功于我的博士论文方向，到现在我仍受益匪浅。这要感谢我的恩师黄美元先生，他有着敏锐的洞察力。我的兴趣所在和导师的长远眼光结合得很好，这对于科研是很重要的。”

王自发的博士学位论文“我国和东亚地区硫化物与黄沙输送研究”，被评为1996年大气物理研究所首届“学笃风正”奖优秀论文，同时也为解决环境外交争端提供了强有力的科学根据。

4. 中国“娃娃”参与国际酸雨之争

从20世纪末开始，日、韩等媒体指责中国向它们大量输送酸雨，日本甚至有科研人员指出“中国向它们输送的酸雨超过日本酸雨总量的50%”，而中国科学界始终无法拿出有利的科学证据来反驳日、韩等媒体的批评与指责。

王自发下定决心自己计算中国的硫排放量，建立自己的科学模型。他的理由很简单，“宁愿少出几篇论文，也要做自己的工具。有了自己的工具，才能做出自己的东西。如果用日本人的模式，计算出的结果肯定对我们不利”。

1995年在读研究生三年级的王自发，已经建立起自己做出的中国硫化物输送模式，他的模式引起了日本的关注。日本国立环境综合技术研究所向他发出邀请函，希望他能够到日本筑波科技城作一次报告，阐述这套“中国模式”。

初生牛犊不怕虎，当时王自发既不懂日语甚至还没坐过飞机，他只记住了导师黄美元的两句话：“第一，不能失掉国格；第二，学术上要敢于据理力争”，就只身一人飞往日本的筑波。日本国立环境综合技术研究所的室主任林正康博士亲自去接机。

王自发长着一张娃娃脸，当时看起来更像个中学生。但是在日本还是很自信，报告有理有据、条理清晰。他直接指出日本模式的缺陷——“日本模式，垂直分层次太少，离地面10千米的大气层，中国模式将其分为8层，而日本只分了2层。”

回想起当时“做客日本”的情景，王自发说：“那时我也不懂得委婉，日本的科学家乍听时很不高兴，后来他们反而更加信任我。”

科学家之间的信任建立在认可对方科研成就的基础上。尽管十分年轻，但王自发用自己有理有据的模型赢得了尊重。

在日本京都大学做访问学者期间，植田教授将他暂时安排在石川的办公室中——这位副教授因前往中国出差而不在。有一天，石川回到办公室，看见与他办公桌毗邻而坐的，竟然是一位“娃娃”，着实吃了一惊，并蹦出三个生硬的英文单词——“Who are you?”王自发赶忙站起来作了自我介绍。

“三年前石川教授到中国访问，再次跟我提起这件事，他说第一次见到我时，我年纪那么小，他着实吃了一惊。”王自发现在和许多日本学者建立了良好的合作关系，他说，“国际合作我们一定积极参与，但同时我们一定要有自己的想法，‘坚壁清野’是不对的”。

在2005年捷克世界酸雨大会上，一位日本科研人员再次提出“中国向日本输送了40%～50%的酸雨”的结论。王自发在大会报告上指出，这位日本学者的数据需要进一步地验证，并在会后找到他，指出其计算模型上的缺陷。此后，这位日本学者的结论再也没有发表过。

此前，日本没有想过中国也能做出自己的硫化物输送模式，此后，王自发成为国际酸雨领域中不可或缺的一个重要力量。现在日本酸雨模式的计算框架，就是王自发当年形成的模式，而日本现在对酸雨的计算结果，也符合了王自发当初的预期。

在王自发的博士学位论文中，另一个重要的内容是沙尘暴模拟——把半干旱沙漠地区扬尘量和风速等因素联系在一起。王自发研究发现，沙尘暴有一定的好处，可以中和酸雨，同时对海洋也很重要，海洋中的营养元素都是依靠沙尘暴提供的。这项研究成果扩充了之前提出的“酸雨模式”，应用这项模式，不仅可以计算硫，而且还能应用于氮、钙等元素的输送计算。

王自发的进一步设想，是要在此基础上建立“污染的跨洲输送模式”。“美国声称汞有一半来自中国，我希望能够建立全球输送模拟系统，再次用科学证据驳倒他们的说法。”王自发的设想是，在华山、黄山、泰山、天山上建立观测站，这将是一条“欧洲向中国输送污染物的大致的可能通道”。

5. 酷爱计算机的“风水先生”

王自发一向酷爱计算机，“回想自己的人生，搞计算机或许有很多机会赚大钱，但我都放弃了。我在读研时就自己买主板，安装了 Linux 系统，那时候 Linux 刚开始使用，我买了两台计算机，自己改写了并行的程序，大的可以计算整个东亚的气象，小的可以细致到计算某个城市的数据。现在回头看编写的那些程序，还有很好的前瞻性，可以随意扩充。”

在日本工作的时候，王自发在办公室搭了三台计算机，让三个 CPU 同时运行。有次，一位同事去他的办公室访问，只听得到他的声音，四下里半天都找不到人。原来，他把计算机放在桌子下面，这时正钻在桌子下面摆弄计算机！

“当时我自己摆弄出来的并行计算机，可能比国内联想、曙光都要早。”王自发笑曰：“如果我当时转行，说不定早就赚了大钱。但我的最终目的并不是为了赚钱，只是为了做出今后能够成就中国自己‘气候’的工具。”

1999～2002年，王自发在日本全球变动研究所做了三年招聘研究员，并拿到了研究所评选的“优秀成就奖”。当时该新建的研究所正处于上升期，而王自发在正是要出成果、涨工资的时候，毅然选择了回国。

因为国内正好有一个机会：具有战略眼光的叶笃正等多位院士向中央高层提出，要建立中国的空气质量预报系统。

“在国外过两年我就能拿一个不错的位子，但我在国外一直是孤军作战，要建立团队不容易。本来我差点去了台湾，‘中央研究院’新建一个研究中心，邀请我过去主持模式研究。由于当时的政治环境恶劣，我放弃了这个机会。”

“我这几年一直想做的，就是希望回国后带出自己的队伍，建立中国自己的空气质量预报模式。”叶笃正先生提出要建立中国的空气质量预报系统，当时中国大部分城市的空气质量预报是基于统计数据的简单测算，缺乏真正科学、精确的计算模型和预报系统，而这正好契合了王自发多年来始终没有放弃的心愿。

与大气污染打了十几年的交道，王自发回想少时在安庆老家对照《史记》中的描写，仰望天空寻找星象的日子，他说，“我们小时候没有空气污染。而经济的高速发展为之付出了代价，这也是促使我回国的主要原因之一。”

现在，王自发正在试图解释北京汽车限行对北京空气质量的影响，这是1700万北京市民“严重关切”的问题。尽管他目前的回答是“正在评估之中，对空气质量的影响并不清楚”，但他已经很少开车，他的那一辆低排量小车也就少了许多用武之地。

他的实验室常常能接到北京市民打来的电话，咨询诸如“买哪个社区新开的楼盘，房子空气质量好？”“在高层建筑的商品房，哪一层空气质量最好？”这样的问题。与打来电话的市民解释其中的科学道理，王自发和他的学生们回答得都很认真。

“干我们这一行很不错，有时还能做个‘风水先生’，但我们这些现代‘风水先生’，却总也离不开计算机的海量计算。”王自发笑道。

如今还是像孩子一般调皮的王自发，却早已不是外国科学家见了面就会问“Who are you?”的青涩毛孩了，随着中国对大气研究的渐成气候，他本人在“大气圈”这个圈内也已经享有盛名。

王贻芳：在物理微观世界中洞察真相

王贻芳，1984 年毕业于南京大学物理系原子核物理专业，1991 年在意大利佛罗伦萨大学获博士学位。先后在美国麻省理工学院、斯坦福大学工作。2001 年入选中国科学院“百人计划”回国，2002 年获国家杰出青年科学基金。现任中国科学院高能物理研究所常务副所长。

王贻芳领导完成了北京正负电子对撞机（BEPC II）的科学研究设备——北京谱仪（BES III）的设计、预研和建造，担任了 BES III 国际合作组发言人，全面负责 BES III 的科学研究工作。他原创性地提出了大亚湾反应堆中微子实验方案及探测器设计，领导完成了项目论证与立项，组建了大型国际合作组并任发言人，负责该项目的工程设计、建造与科学研究。

“这好比在一个下雨天，每秒钟在某一地方落下100亿颗雨滴，其中有一颗是带颜色的，我们要将它找出来。”王贻芳，中国科学院高能物理所研究员，他从其恩师丁肇中那里，继承了“寻找一滴雨的精神”，纵横在没有边际的微观宇宙中。认识王贻芳的人常说：“很少看得到有人能像他一样，为了探询物理现象中的真理，如此不近人情。”王贻芳就是以这种“不近人情”的独特气质，在物理微观世界中洞察真相，攻克了一个又一个科研的高峰。

1. 师从丁肇中的幸运儿

王贻芳生长在南京，因为父亲是中医学教授，他很小就读到了家里书架上形形色色的中医典籍，但对于父亲“子承衣钵”的期许，他未能满足。因为在王贻芳看来，中医是千百年来经验的累积，并不能算是一门严格的科学。在他眼中，对科学和真理的追求，也许只有在他的物理世界中才有答案。

1980年，王贻芳开始了自己的物理人生，并站在了比许多同行略高一级的台阶上：他考入的南京大学物理系核物理专业，是中国核物理科学领域的中坚力量之一，而且该专业由居里夫人的“关门弟子”施士元教授和“两弹元勋”程开甲教授一手创办。

四年的物理专业训练之后，王贻芳顺利考入母校的研究生。入学之前，导师告诉他，丁肇中要面向全国招收粒子物理专业的研究生。“丁肇中”这三个字，对于刚刚涉足物理世界的“新人”而言，无疑具有“致命的吸引力”。在那个特殊的年代，高能物理在中国属于“冷门中的冷门”，即使有机会出国深造，愿意深入这个领域的学者也凤毛麟角，而王贻芳就是其中之一。

1984年夏天，丁肇中招生的第一轮笔试，在上海的复旦大学进行。南京大学三名考生中，只有王贻芳一人通过。

进入第二轮面试时，王贻芳见到了影响他一生的导师丁肇中。他惊讶于这位长者与众不同的气质，“年过五旬，红光满面，看起来特别年轻，气质与众不同。他不是一个常人”。这是他对丁肇中强大“气场”的第一印象，这让他终身难忘。

丁肇中面试了王贻芳几个问题：“在海水里，是长波还是短波走得远？”“杯子有没有波粒二象性？”在王贻芳看来，这些问题都不难回答。后来他才知道，原来丁肇中是出了名的对年轻人比较“客气”、比较“关照”，但对他的同辈，在物理问题上，这位诺贝尔奖得主却往往十分“厉害”，“只要他愿意，随便一些追问，就能把人问得理屈词穷”。

一个月过后，王贻芳接到电报，通知他两天后在北京进行第二场面试。收拾好行李，他揣着电报就赶往火车站。那个年代的火车票很紧张，王贻芳举着这封教育部直接拍发的电报，挤上了开往北京的列车。“我到哪儿都举着它，太管用了，上车后居然还给补了张卧铺！”王贻芳一夜无眠，北上的列车，装满了他的梦想与希望。

2. 探秘“L3”的佼佼者

在国内物理专业近百名最优秀的学生中脱颖而出，王贻芳被丁肇中实验组录取。他被派往意大利佛罗伦萨大学，参加由丁肇中领导的“L3 实验”。该实验利用当时世界上最大的正负电子对撞机进行。

对于只会普通话、南京方言和英语的王贻芳来说，出国必须过的第一关，就是意大利语。王贻芳以出色的学习能力，在不到一年的时间里，就基本掌握了此前对于自己来说完全是空白的意大利语。1985 年 10 月，他登上了飞往意大利的航班。

22 岁第一次出国的经历，王贻芳怎么也忘不掉：身无分文，就直接上了飞机。第一天，航班停靠南斯拉夫机场中转，他们在中国民航安排的旅馆住了一晚上。第二天，到了罗马机场，王贻芳发现居然没有人接机，他只好请同行的华人帮他，给意大利的中国使馆打了个电话。他只身一人打车到了使馆后，向使馆借了 10 万里拉，将其中 2 万里拉付了出租车款。揣着这剩下的 8 万里拉，王贻芳来到了佛罗伦萨。

20 世纪 80 年代初，欧洲核子研究中心（CERN）决定，建造一台巨型正负电子对撞机 LEP。这台周长 27 公里、跨越瑞士和法国的巨型粒子加速器，用相当于一个中等城市的电力，将正负电子分别加速到能量高达 450 亿电子伏特，然后使它们对头碰撞。在四个对撞点的周围，分别布置着四个不同的巨型粒子探测系统，它们能够高精度地测量对撞中产生的粒子的各种性质，包括它们的方向、飞行时间、能量、电荷、质量等参数。它实际上是创造条件，模拟并研究早期宇宙形成时（也就是大爆炸）的情形。

早在这台世界上最大的正负电子对撞机动工兴建之初，国际上许多物理学家就纷纷提出实验计划，希望能“中标”。在由各国专家组成的委员会进行的投票中，丁肇中提出的 L3 实验计划获得通过。这一实验与其他实验的不同之处，按丁肇中的解释是：“能高精度地测轻子，我们将寻找粒子质量的起源，正负电子对撞，对撞产生电子、μ 子、丢失的粒子；通过不同的能量寻找新粒子。”

L3 实验计划的庞大，从参与人数上可见一斑，总共有 14 个国家的 460 多位物理学家，以及 600 多位工程技术人员参加实验，其中包括王贻芳这样“资历尚浅”的研究生。

大型粒子物理实验中，一般有探测器、电子学、在线数据获取、离线软件和物理分析五个方向。由于自己还是学生，王贻芳一个不落地将它们统统学了一遍。“许多人只做 1/5 的专业工作，和他们相比，我的特点就是全面，什么专业都做过。”王贻芳笑言，“全面，对我现在的工作十分有益。”

1989年，参与L3实验已经四年的王贻芳厚积薄发。在拿到了海量的实验数据后，他开始自己找题目写论文。“寻找激发态的电子和μ子”，是他的第一个实验分析结果，也成为整个实验发表的第七篇，同时也是第一篇由学生独立发表的论文。

在L3实验组中，王贻芳创造了保持至今的纪录：

一年时间内发表了3篇论文，占整个实验前20篇文章中的1/7。这在L3组中绝无仅有、空前绝后。从那以后，合作组中的400多位研究人员，对王贻芳刮目相看，几乎无人不识王贻芳。

1990年L3实验重新组织物理分析队伍，由丁肇中教授指定，王贻芳出任“新粒子寻找组”组长，成为L3实验5个物理分析组长中唯一的一位学生。这个小组共有十几位成员，其中不乏资深教授。

1991年，王贻芳选择了挑战一个“不可能完成的任务”——测量τ轻子极化。当时几乎所有学者都认为L3探测器不能区分π介子与ρ介子，因此无法测量τ轻子极化。但王贻芳又一次以事实证明，他能识别π介子与ρ介子，也精确地测量了τ轻子极化。

3. 寻找中微子的主战将

王贻芳师从丁肇中教授11年，参与了两个大型科学实验：L3实验和AMS实验（在国际空间站上寻找反物质粒子）。王贻芳说：“我从丁肇中先生身上学到很多东西，如如何寻找并决定科研题目和方向。但最重要的一条，他让我看到了应该如何组织和协调大型科学实验。”

现代重大科学问题的研究，尤其是在高能物理界，必须由许多科研人员和科研管理人员协同合作，才能顺利进行。王贻芳参与的这两个实验组，是个“小联合国”——研究组成员分别来自全世界的许多国家或地区，如何把这些科学家组织得有条不紊，让他们同心协力地工作，丁肇中先生为王贻芳做了最好的亲身示范。

丁肇中不仅是一位杰出的实验物理学家，有很强的科学研究能力，而且还是一位出色的科研组织者和管理者。他的作风潜移默化，也影响了跟随他学习多年的学生王贻芳。

1996年，王贻芳选择了到美国的斯坦福大学工作，理由之一是这里正在进行一个小型中微子实验项目Palo Verde实验。13年前，当中微子还不像如今这样“热门”的时候，王贻芳就已经预见到了它的无穷魅力。理由之二是他希望换一个环境。参加大型实验固然有许多优点，但对年轻人来说还是有点只见树木、不见森林的感觉。而小型实验环境可以使他更加全面地掌握与理解粒子物理实验。

对人类来说，中微子太神秘了。它是组成自然界的最基本的粒子之一，不带电，质量非常轻（小于电子的百万分之一），以接近光速运动。中微子具有极强的穿透力，可以自由地穿过地球，几乎不与任何物质发生作用，号称宇宙间的“隐身人”。

中微子尚有大量谜团未解开。科学家对它开展的研究，已远远超出了粒子物理的范畴，成为粒子物理、天体物理、宇宙学、地球科学的交叉与热点学科。2002 年的诺贝尔物理学奖授予了美国科学家雷蒙德·戴维斯和日本科学家小柴昌俊，以表彰他俩在探测宇宙中微子方面取得的重大成就。

王贻芳在 Palo Verde 实验中，负责了电子学与触发系统的建造。许多年以后，他把这方面的经验与理念用到了他领导的北京正负电子对撞机上的北京谱仪 III（BESIII）的设计中。他也负责了这个反应堆中微子实验的离线软件和物理分析，提出了一些国际首创的分析方法，使实验结果大大超过了设计时的预计。通过这个实验，王贻芳对反应堆中微子实验有了极为深刻的理解。若干年以后，他成功地设计了大亚湾实验，在国际上产生了重要影响。

王贻芳在斯坦福大学期间，还参加了 KamLAND 实验，并运用他在 Palo Verde 实验中积累的经验，设计了触发系统，参与了设计与物理分析。

“这是很成功的实验，证实了太阳中微子振荡在中微子物理上有重要贡献。”王贻芳说。

尽管实验十分成功，但在王贻芳心里，这离他的梦想依然还有距离，“无论如何，我的梦想还是中国自己的实验”。

这也是他最终选择回国的理由之一。

4. 北京谱仪

2001 年，王贻芳不顾妻子的反对，只身回到国内。“和太太拉锯了一年，最后还是她妥协了。”王贻芳说，“国内的确也有许多不尽如人意之处，但是在国外想做一个属于自己的实验太困难了。”

回国后，正是在自己的国家，王贻芳才得以脱颖而出，领导了第三代北京谱仪（BES III）的设计建造。北京谱仪是北京正负电子对撞机上的一台大型通用探测器，是为了适应北京正负电子对撞机改造后高计数率、高精度的要求。与 L3 实验、AMS 实验一样，BES III 也是一个大型国际合作组，有中国（包括香港地区）、美国、日本、德国、俄罗斯等国（地区）的科学家 300 多人参加。作为国际合作组发言人，王贻芳早年从丁肇中身上学到的管理方法终于有了直接的用武之地。他早年在探测器、电子学、数据获取、离线软件与物理分析方面的全面训练使他很好地担当了总体设计与全面把握的角色。

领导着这支几百人的队伍，除了要考虑设计、技术、经费、人员、进度等问题之外，王贻芳还要与几十个主要的 BESIII 加工承建单位打交道。“BESIII 的建设既没有当年 BES-I 建设时通过行政资源进行的全国总动员，也没有国外较好的商业环境和技术支持水平。我们既需要在技术、管理等各方面帮助国内企业，也要和它们不守合同的行为作斗争，”王贻芳回忆说。

经过七年的努力，2008 年 4 月 2 日，以张焕乔院士为首的专家测试组在测试报告中给出了如下评价：“BESIII 探测器采用了一系列先进设计、技术和工艺，总体和各系统的性能达到设计要求，主要技术指标达到了同类装置的国际先进水平。”

王贻芳说，“在这期间，既培养了我的领导和协调能力，也带出了一支自己的能打‘硬仗’的队伍，可以说，没有北京谱仪的这一‘练兵’，我后面负责的大亚湾项目也就做不成”。

5. 情系大亚湾的领军人

在 BESIII 建设最紧张的时刻，王贻芳开始推动并组织了举世瞩目的大亚湾中微子实验。

2007 年 10 月，中国科学院常务副院长白春礼院士在开工仪式上说，这个项目对于加强基础研究领域的国际合作、提高我国在该领域的原始性创新能力具有十分重要的意义。

美国能源部科学局副局长罗宾·斯塔芬对此的评价比白春礼院士的还要高：这里将创造新的科学历史，这里的实验将是一个伟大的科学实验，它不仅在科学上具有重大意义，而且对人类也具有重要意义。

这个实验，就是利用大亚湾核反应堆发电过程中产生的中微子，研究其基本性质。

国际中微子物理实验的前沿之一，是精确测量中微子混合参数 θ_{13}。实际上世界各国在 2003 年左右一共提出了八个方案。其中，以王贻芳为代表的中国科学院高能物理所的研究人员，自 2003 年起进行了大亚湾中微子实验的前期研究，并根据大亚湾的特点，提出了原创性的实验方案和探测器设计。与其他建议方案相比，此项大亚湾实验方案精度最高，因而得到了国际同行的广泛支持。

如同 L3 实验与 AMS 实验，大亚湾实验组也是一个“小型联合国”。在这个国际合作组中，有中国（包括香港地区和台湾地区）、美国、俄罗斯、捷克等 6 个国家和地区的 30 多个研究单位，共有 300 多位研究人员参加。

然而，要组织并推动这样一个国际性的大型科研项目，谈何容易！美国的研究机构有人提出：他们愿意提供经费，但条件是由美国来负责实验方案，中国只负责提供实验场所。

“不能答应!”王贻芳的态度异常坚定。正如他的导师丁肇中选择了首先用中文致诺贝尔获奖词一样，还是那句老话，科学无国界，可是科学家是有国界的。按国际惯例，这样的大型实验需要国际合作，国内的舆论也认为没有国际合作无法证明项目的可行性——他陷入了两难困境。

中方与美方都提出了各自的实验设计方案，目光焦灼，互不相让，矛盾日益尖锐。

2004 年的冬天，中美双方在香港进行研讨，时任国家基金委副主任的王乃彦院士也参加了此次研讨会。在巨大的会议桌前，王贻芳面对的是美国顶级研究机构，以及几十位具有国际影响的高能物理学家。双方唇枪舌剑，论证各自方案的优劣。研讨会从下午 2 点开始，一直进行到晚上 7 点。五个小时后，谈判以失败告终。“最后散场的时候大家连手都不握。晚宴也取消了。”王贻芳说，“他们都是我的同行，许多甚至是朋友，但我坚信，我的方案是最好的，我绝不能只是为了得到对方参与而违背科学良心让步!”当时他承担了国内外巨大的压力，许多人劝他为了项目能够通过让让步。现在回忆起来，他也坦诚，这样做，实际上冒了很大的风险——要是项目最终做不成，这个罪名只能他一个人来扛。“但是要放弃自己的最优方案，采用美国的较差方案，而且我们自己的国家投了上亿元，这种事情我绝对不能做!”

最后，王贻芳舍弃了这些合作者，依靠自己的影响力和方案的吸引力，成功地组织了另外一些美方合作者，加上原来的国内（包括台湾地区与香港地区）及俄罗斯、捷克的小组完成了合作组的组建。

著名美籍华人科学家李政道、朱棣文对实验给予了很大的支持，美国能源部科学局副局长罗宾·斯塔芬也从中进行了大力斡旋。

大亚湾科学实验由中方统筹，合作方式终于尘埃落定。参与者主要来自中美两国科研机构。分工方面是根据各方的兴趣、技术特点以及投入的科研经费进行，并尽量考虑有效地利用经费。总经费由中、美以 2∶1 分担，其他国家各有一些实物投入。中方负责全部隧道、地下实验室与地面辅助设施的建设，以及探测器建设的一半，约占全部经费的 2/3。美方负责探测器建设的另一半，约占全部经费的 1/3。

“大亚湾隧道工程预计 2010 年完工。近点探测器计划 2010 年开始运行，2011 年底之前所有探测器开始正式测量。预计到 2014 年可以达到物理目标——测量 θ_{13}。”王贻芳说。

作为这个项目的国际发言人，王贻芳不仅是一位杰出的高能物理学家，而且还是一位出色的国际合作团体的领军人物——向着梦想的顶峰，王贻芳又迈近了一步。

包信和：催化人生中的“包”、“信”、“和”

包信和，1959年8月生于江苏扬中，1978年进入复旦大学学习，1989年获洪堡奖学金赴德国马普Fritz-Haber研究所从事合作研究，1995年回国，曾任中国科学院大连化物所所长。现任中国科学院沈阳分院院长、中国科学技术大学化学物理系系主任；英国皇家化学会会士；应邀担任英国女王Belfast大学荣誉教授、香港中文大学和北京大学等院校客座教授。连续两次担任国家重点基础研究发展规划（“973”）项目首席科学家；任*J. Natural Gas Chem.*主编、《科学通报》执行副主编等。包信和研究员长期从事表面化学与催化基础和应用研究，其取得的理论和实验成果在国际、国内相关领域形成了重要影响。获2005年度国家自然科学奖二等奖和2009年度辽宁省自然科学奖一等奖等。他所带领的团队在纳米催化和碳催化方面的研究已成为国际相关领域的重要团队。2009年包信和当选为中国科学院院士。

1. 包容：诠释着每一个角色的意义

“包所长最大的优点之一，就是无论做什么都能包容，像大海有着广阔的胸襟。”与包信和熟悉的人们都这么评价他。

包信和从中国科学院大连化学物理研究所（简称大连化物所）的所长岗位上卸任，尽管已经两年多，但是研究所的上上下下，无论同事还是学生，大家依然还是习惯地叫他“包所长”。

在不到15平方米的办公室里，一张办公桌，一张可围坐四人的小方桌，一整面墙上的书架，外加几张椅子，除此之外，几乎没有空间可以塞下其他任何物件——这就是包信和的办公室。走访过中国科学院大大小小近百个研究所，可如此“袖珍”的“所长办公室”，《科学时报》记者还是第一次见。

2000～2007年，包信和在大连化物所当了近七年的所长，也就在这个房间里办了七年公。在研究所的行政大楼里，本来给他安排了一间颇为气派的“所长办公室”，但他却一天也没有用过。曾经有来访的客人给他提意见，“这么憋屈的所长办公室，和一个这么优秀的研究所也太不般配了吧!?”包信和只是置之淡淡的一笑，“旁边就是我的实验室，我若与实验室离得太远，学生找我不方便”。

“都已习惯了叫他包所长，我们至今还是改不了口。”已年近七旬的韩秀文研究员，是包信和团队中的一员老将，尽管已经办了退休手续，但依旧舍不得离开这个团队。包信和来到所里时，她56岁，正是“最后冲刺”年龄的韩秀文选择了“退位让贤”，主动将她负责的核磁共振小组并入包信和的实验团队中。

韩秀文本人现在的办公室，就在“袖珍型”所长办公室的隔壁。“他当所长的时候，工作时间是通常的两倍。他白天当所长，处理所务；晚上在实验室搞科研；早上8点半上班，晚上12点以后回家。”韩秀文为自己再熟悉不过的包信和作出了颇为精准的数学统计，并介绍说，“包所长的午饭通常是馒头咸菜，要不就是秘书中午吃什么，也给他打包捎一点回来。他不知道休息，有几次发烧实在不行了，回家躺半天，这就算休息了。”

韩秀文对自己的学生们说：“像包所长这么好的年轻人，我当时没有理由不让位。”

人有不同的角色，对包信和而言，无论做所长、做研究员、做导师、做丈夫、做父亲，还是2009年年初被任命为中国科学院沈阳分院院长、2009年年底当选为中国科学院院士，正如他自己所说：“做什么事情、担任什么角色都要忠于这个位子。”

包信和多姿而又多彩的科研人生，无不诠释着他在每一个角色中“包容”的意义。

2. 包孕：初在科学圣殿登堂入室

1989年，已经在复旦大学获得博士学位的包信和，在德国洪堡基金会的资助下，从上海来到德国柏林，投身于表面催化学科的创始人之一、2007年诺贝尔化学奖得主埃尔特（Ertl）教授门下，继续从事金属催化剂的表面研究。

催化是一门古老而又年轻的学科。催化的历史甚至可以追溯到古代的酿酒、制醋，中世纪的炼金术和制造硫酸等工艺中。然而，催化学科的真正发展是在人们对催化机理有了较深入的认识以后。20世纪60年代以来，以埃尔特等为代表的科学家提出催化“表面结构调控法则”，进一步揭示了催化反应的“奥秘”：原来，催化反应也可以通过改变催化剂的表面结构和电子特性来控制。

进入Fritz-Haber研究所，来到这个集中了弗里兹·哈伯、阿尔贝特·爱因斯坦、冯·拉沃等诸多诺贝尔奖获得者的“百年老店”，包信和无异于进入了科学圣殿。6年，2000多个日日夜夜，包信和全身心地投入了金属催化剂表面化学的研究。

早在复旦大学追随邓景发院士攻读博士学位时，包信和就已因为在银催化剂机理研究中所作的贡献，与导师一起获得国家教委科技进步奖。了解了包信和对金属催化剂银的工作基础后，埃尔特这位开明的导师和合作者主动提出“您可以继续您在中国的研究”，并且“一路绿灯”，为他开放研究所所有的实验手段和仪器设备，“告诉我您需要什么、我能为您做什么”。

包信和没有辜负埃尔特的期望。1993年，包信和发现金属银在催化发生的高温和氧存在条件下，在其次表层形成了一个原子氧的富集区，他把它定义为伽玛氧（O_γ），并且证明了，恰恰是这一“夹心结构”增强了金属表面的催化性能，使“惰性”的金属银成为选择氧化的优良催化剂。这是国际上首次对次表层催化的描述，也是对埃尔特早先提出的表面结构调控催化反应理论的“修正”。埃尔特愉快地接受了这一“修正”，并且主动邀请包信和在洪堡研究结束后继续留在Fritz-Haber研究所，对这一创新概念进行深入研究。

伽玛氧选择催化的概念现今得到了广泛的认可，国际上包括美国、德国和澳洲在内的超过15个研究小组对此发现进行了实验和理论验证，并且逐渐被拓展成为当今催化研究的一个新的生长点。包信和也在该领域赢得了“热氧（hot oxygen）专家”的雅号。也就是从那时起，他才真正在催化研究的科学圣殿里开始登堂入室。

3. 信念：科学需要理想和执著

20世纪90年代中期，对于全家都在国外、有值得人们羡慕的职业和稳定收入的群体来说，选择举家回国并不是一个简单的决定。甚至在埃尔特教授眼里，包信和也是一个"理想主义者"，他曾担心地问包信和说："你回去后是否真能像你所希望的那样做事?"

然而，"人各有志"，在包信和看来，中国的催化事业更需要年轻的"催化剂"。面对包信和的"执著"，埃尔特教授不再坚持挽留，并且亲自说服了马普协会总部，将研究所学科变化中调整出的总值约750万元人民币的仪器设备无偿赠送给包信和。埃尔特教授充满期望地对包信和说："我已经不再年轻，但是催化这门学科还很年轻。如果回国后你有条件，可以关注对纳米与生物催化前沿问题的探索，它们是未来催化发展的方向。"

包信和院士与诺贝尔奖得主 Ertl 教授在一起

大连化物所在得知包信和的回国意向后，派当时正在德国访问的张玉奎副所长专程到柏林与包信和交谈；当时的中国科学院人事局的主要领导，也多次到柏林看望包信和一家，并真诚地邀请包信和回国后到中国科学院的研究所工作；时任中国科学院院长的周光召破例地批复20万元院长基金，作为包信和回国的启动经费。直至今日，包信和依旧感念大连化物所对他的真诚和热情，"当时，翟润生研究员就坐在周光召院长办公室的外间，等着周光召院长的批复"。

对于"共饮长江水"长大的包信和及他的妻子而言，回国，而且弃"南"（方）就"北"（方），实属是"盛情难却"。

1995年5月，包信和带着埃尔特和西罗格教授赠送的两大集装箱的仪器回到中国，来到大连化物所。

住在大连化物所的招待所，领取每个月只有800元的工资，包信和每天早上夹着一个馅饼，还没有给自己找到一个落脚的地方，他就开始先给那些大装备找地方落脚。这对大连化物所来说还真是个不小的"麻烦"。当时研究所的经费紧张，地方又小，1987年落成的实验楼里虽然装了中央空调，但研究所无法负担运行电费，只好停了中央空调，这样就正好空出一间空调机房——这里就成为包信和在中国科研的“根据地”：100平方米不到的机房里，没有平整过的水泥地面，四个大水泥墩子，上面放着四套还没来得及搬走的空调机箱，密密麻麻遍布管道，连门都是开在楼的外侧，不与实验大楼联通。

可就在这间废弃的空调机房里，包信和开始了他面向催化前沿的艰难探索。他花了所里支持的6万元钱，请来一些建筑工人，敲掉水泥墩子，卖掉空调机箱和管道，平整了水泥地后铺上地砖，然后在机房里开了一道门，联通了实验室大楼。

15年来，包信和的身份变了几变：从研究员到所长助理、副所长、所长，从所长回到研究员，再从研究员到分院院长。无论职务如何变动，他都没有离开过这间当初的废弃机房、如今心爱的实验室，甚至现在已出任中国科学院沈阳分院的院长，他也是出于“离实验室还不算太远”的考虑：“哈大铁路通车后，从大连到沈阳也就只有1个多小时的车程”，包信和乐观地说道。

包信和带着记者参观他的实验室，尽管地方依旧不大，但里面放置着国内最先进的表面科学和催化实验仪器和设备，包括包信和以及他的团队这些年来自主研制和组装的仪器：纳米微探针、光电子发射显微镜和原位高温核磁共振，以及多通道高压反应器。说到这些仪器，包信和如数家珍。

为了突破调控催化过程的传统方法——“组分添加”与“表面结构调控”方法，探索催化研究的新路，包信和在对金属催化剂的界面限域原理探讨的基础上，带着团队又突破了孔道材料的“孔道限域”，以及碳纳米管的“协同限域”，取得了一个又一个骄人的成果。

看到包信和回国后工作的进展，尤其是他在纳米催化领域取得的开拓性成果，埃尔特先生感到异常兴奋。他曾三度来到大连，亲自担任中国科学院-德国马普协会“纳米催化”伙伴研究组的顾问。伙伴小组出色的工作，被马普所的所长誉为“合作的典范”，碳纳米管限域效应和相关原理发表后，被《自然·材料》、《自然·中国》、*Nano Wert* 和 *C&E News* 等多家专业杂志报道和评价，包信和也成为国际纳米催化论坛上的聚焦点。

“科学需要理想和执著”，在包信和看来，打开催化反应的“黑箱”之路还很艰难，距离催化选择调控的自由王国之路也还很遥远，但是，这条路仍不失为“魅力之路”。

4. 信奉：催化关系国计民生

催化基础研究是一门定位于应用的基础科学。在我们的日常生活中，大到我们每天开车用的汽油的生产、汽车尾气的净化，小到各种塑料、纤维品的生产，都离不开催化。随着能源问题和环境问题的凸显，催化已经不仅仅关系到民生，而且关系到国家的安全、民族的未来。

我国是一个液体燃料严重短缺的国家，现在我国使用的一吨油中已有半吨需要从国外进口。“没有哪一个国家能够在能源供应不足的情况下，维持国家实力的稳定上升。”包信和深感作为一名中国科学家的义务和责任：“一方面我们必须节约能源，最根本的办法是靠新技术优化利用现有的石化能源，使其利用率更高、更环保；另一方面，我们必须开拓清洁环保的新能源。”

包信和回国后，很快将工作重心定位在解决与能源相关的催化问题上。在中国科学院大连化物所的林励吾院士、厦门大学的万惠霖院士等前辈先生的支持下，他起草了一份《甲烷、低碳烷烃及合成气转化的催化基础》研究的建议书。其宗旨是，联合中国科学院和高等院校的研究力量，集中优势从基础理论和应用两个方面探索天然气转化的核心科学问题和关键技术，最终将气态的天然气转化为高品质的液体燃料或高价值的化学品。

这份前后写了 37 稿的建议书，最终得到了科技部的支持。“为什么竟然写了 37 稿？”包信和这样解释道：“开始时，大家虽然有意向，但是对其中的科学问题认识得还不够，正是这一次又一次的反复讨论，使我们更加明确了需要解决的关键问题是什么，确定了主攻方向。”

“中国科学院是科学研究的国家队”，在包信和看来，对于关系到国计民生的大项目，只有整合中国科学院和高等院校的优势，像当年我们搞“两弹一星”时那样集中攻关，才能取得突破，而解决能源问题已经到了迫在眉睫的时候。

1997 年 1 月，一个由 8 家单位、50 位科研人员组成的国家基础研究“攀登”团队诞生了。包信和与厦门大学的万惠霖院士一起，被推举为项目的牵头人。1999 年 10 月，该项目的主要工作进入“天然气、煤层气优化利用的催化基础”的“973”项目，包信和被推举为首席科学家。在大家的共同努力下，项目取得了突出的进展。“甲醇制烯烃”、“煤制油”和“天然气制芳烃”等一系列成果脱颖而出。包信和带领的这一个项目组，也被科技部命名为“973”十年有突出贡献的团队。

包信和本人不仅是“攀登计划”的牵头人和“973”项目的“首席”，更是第一线的战士。他带领的研究小组从 1996 年开始，就把目标瞄准化学的“圣杯”——甲烷活化。甲烷是自然界最稳定的有机分子之一，由于它高度对称的碳氢键一方面非常难活化，另一方面活化后的中间体又极不稳定，所以甲烷“控制活化、选择转化”是催化乃至化学领域的世界级难题。

包信和带领的团队在不懈的科研攻关中，首创了一个包括多步电子传递的仿生过程，实现了在温和条件下利用空气将甲烷直接氧化制甲醇。他们申报的专利已进入国际上的多个国家。甲烷还可以在催化剂上直接偶联成一种重要的化学品——苯，同时得到清洁的燃料——氢。包信和带领的团队创制新催化剂、设计新过程，为这一由我国科学家 1993 年率先提出的过程实现工业化生产奠定了基础。这一系列的成果在国际上产生了很大的影响。包信和不仅本人被选为第七届国际天然气大会主席，同时，他还和该过程的主要发明人一起获得了国家自然科学奖二等奖。

包信和院士在他的实验室

自20世纪80年代开始，全世界掀起了“纳米热”。素来不愿意“跟风就是雨”的包信和，这回却也跟着“炒”起纳米。“大家通常看到的工业上的催化反应器都很大，但实际上真正起神奇催化作用的活性中心都很小，都在纳米区间，有些甚至比纳米还小”，包信和如是说，“我们的催化研究说了近百年的‘超细’，现在才知道，这些神奇的催化特性好多是‘纳米’在作祟。”

包信和在这方面所做的一个颇为神奇的工作，就是将催化剂装在一个比头发丝还细十万倍的碳管中，利用这种纳米反应器，就能将从煤炭经气化得到的一氧化碳和氢气变成酒精。也就是说，可以将煤变成酒精，而通常酒精都是由粮食发酵得到的。

十多年来，包信和在这方面的科研成果一个接一个，且在国际上已经颇有名气，国际学术会议的邀请报告接连不断，其发表的300多篇文章已被引用3000多次，系统的成果获得2010年的辽宁省自然科学奖一等奖。

5. 和谐：创新与发展的催化剂

担任中国科学院大连化物所所长的七年，无论是对大连化物所，还是对包信和本人，都留下了难以磨灭的印象。

2000年8月包信和接任大连化物所所长时，正赶上中国科学院实施知识创新工程试点，大连化物所被列入第一批试点单位。作为这样一个曾经被誉为中国科学院“一面旗帜”和“代代红”的重要研究机构的掌门人，包信和坦言“压力很大”。

机遇和挑战并存。在知识创新工程的建设中，中国科学院大连化物所要想成为世界一流的研究所，首先需要一个和谐的氛围，“和谐是创新与发展的催化剂”，包信和如是说。

在包信和看来，和谐的基本内核即兼收并蓄、与时俱进。对于一个研究所来说，就是要根据国家的战略发展目标及时调整和凝练研究方向，调动各方面的积极性，营造一种适合于创新的自由的学术氛围。而这也是中国科学院大连化物所代代相传的精神。

大连化物所的人们至今还记得，1962 年 11 月，时任大连化物所所长、从德国学成归来的张大煜博士为了实现大连化物所的科技目标转移，果断决策和运筹召开“青岛会议”。正是这次至关重要的会议，确定了大连化物所既要出成果又要出人才的长远目标和未来发展的六个学科领域，开创了大连化物所民主、自由的学术传统。

实施知识创新工程以后，既面对新时期的国家战略需求，也根据中国科学院的办院方针，包信和多次组织全所骨干人员，在大连化物所传统上的催化、化工、分析、化学激光和分子反应动力学等学科的基础上，及时调整发展战略，凝练科技目标，将开展战略性、基础性、前瞻性的创新工作作为大连化物所工作的指导方针，确定了将选控化学和工程作为学科方向，以可持续发展的能源研究为主导，坚持资源环境优化和生物技术创新协调发展的面向未来的科技发展战略。

说到科技目标的凝练过程，包信和告诉《科学时报》记者，这里还有一个花絮：最初，当他提出要在研究方向上“撤除满汉全席，精化四菜一汤”的想法时，为了更形象地描述大连化物所的学科规划，他在报告的图表上画了一棵树，以现有六大基础学科为树根，以选控化学和工程为树干，而树枝和果实即“四菜一汤”，包括环保技术、生物技术、国防技术、可持续发展的能源技术以及高效农药等领域。向中国科学院机关作相关工作汇报，当包信和津津乐道地大谈大连化物所的“四菜一汤”时，大家哄堂大笑，并友善地调侃说：如此，今后大家都再也不敢去大连化物所吃菜喝汤了。

目标明确后，接下来要做的就是营造环境和引进人才。在包信和为大连化物所描述的画卷中，要建设好现代化的一流实验室，需要让越来越多的顶尖人才像他当年那样回国工作。因为他始终认为，“把科学家引回来固然很重要，但是给他一个良好的环境更重要”。而这也是构建和谐社会、研究所创新文化的一个重要部分。

在记者的采访中，提到包信和在大连化物所所长任期内留下的印迹，还有两件事是人们至今都能看得见并且津津乐道的：第一，研究所造了多栋科研大楼；第二，引进了诸多科研优秀人才。

大连化物所的生物大楼，从奠基直到落成，包信和拉着妻子在那里已经“散步”了上百次。“只要他不到外地出差，几乎每天都要去逛一逛，而每次出差回来，哪怕是在晚上也一定要去看一眼。”包信和的妻子回忆道。

“原先我们的研究所是一分为二，一部分在星海二站，也就是我们现在的所在地；另一部分在市内的一二九街。生物大楼的建成，使得原先分散的分析化学的几个研究室可以集中在一起，这不仅是一次空间上的变换，而且也实现了我们研究战略上的转移。”包信和如此对《科学时报》记者解惑释疑。

对引进国内外顶尖人才，包信和更是做到身体力行、不遗余力，亲自出面商谈相关事宜。为了引进原来中国在台湾地区原子与分子科学研究所工作的美籍科学家杨学明，包信和曾两次专程赴台，与杨学明的博士后导师和合作者、诺贝尔奖获得者李远哲先生商谈。为此，包信和启程赴台之前，还特地去见了中国科学院院长路甬祥，路甬祥院长面授机宜：“只要他在学术上有重大贡献，想什么办法都要把他请回来。”

包信和不但为杨学明教授确定了协议工资，而且让研究所为其加盖了新的实验室，并开出了超过1000万元的启动经费，这也许可以算是我国最早真正意义上的“千人计划工程”的探索。这一在大连化物所许多研究员看来是个“天文数字”的优厚条件，使得大连化物所分子反应动力学实验室有了位领军人物，并在短短的五六年时间里，获得了一系列突破性学科进展，杨学明本人也获得了2007年中国科学院杰出科技成就奖、何梁何利奖和周光召奖等重要荣誉。

包信和在所长任上，引进留学回国人员40余位，其中入选中国科学院“百人计划”的有18位。在包信和看来，只有百凰来栖、百鸟齐鸣，大连化物所才能够蒸蒸日上、欣欣向荣。

而这也是“和谐”的真正目的所在。

6. 和睦：家和万事兴

对于包信和来说，“大连化物所才是他的家”，包信和的妻子不无抱怨地说，“而他和我组成的这一个‘家’，其实就是一个他不用预定的旅馆”。

从2005年8月到2008年8月，包信和的妻子王国豫在德国斯图加特大学哲学系担任客座教授。她带着孩子住在德法边境的一个小镇，著名的黑森林山脚下，莱茵河岸边。离她们家不远处，就是哲学家海德格尔的故居所在地——弗赖堡。对于搞哲学研究的王国豫来说，参观海德格尔故居一直是她的愿望。但是，她一直想等着包信和来德国时一起去参观。王国豫为这一直等了三年，可最终还是没有去成海德格尔的故居。每次包信和到德国参加学术会议，路过自己在德国的家，也就是匆匆看一眼。每次包信和总是带着深深的歉意对妻子说：“等到我们退休之后，再去海德格尔故居观光也不迟啊。”

德国人非常不赞成夫妻长期分居两地。德国卡斯鲁厄研究中心纳米研究所所长 Hahn 教授，既是包信和的同行，也是包信和妻子在科技伦理研讨会上结识的朋友。去德国参观纳米研究所实验室时，Hahn 诚挚地对包信和说："我们这里有个客座教授的位子，你可以每年来一段时间作研究，这样可以解决你们的家庭两地分居问题。"对此，包信和只是谢而不答。

2006 年，斯图加特大学的 Weitkamp 教授不仅给包信和写好了邀请信，甚至办好了他三周在斯图加特大学讲学的一切手续。包信和的妻子知道这个消息后非常高兴，盼望着和丈夫在同一所大学供职，但她最终还是失望了：包信和放弃了这个许多人梦寐以求的好机会。

包信和一个人在大连，几乎每天都在办公室工作到半夜 12 点，然后在妻子通过 MSN 的"遥控"并再三催促的情况下才回家。那些年，包信和通常是白天处理所里的事务性工作，晚上给学生改文章、与他的研究小组的同事一起研究实验方案。对每一位学生的博士或硕士学位论文，包信和都是一遍遍地阅读和修改——从实验数据的验证、论证的逻辑性，直至行文中的一些错别字、病句。而对自己儿子从小到大的作业，包信和却很少这么做过。

"一个人充当的角色太多了，总是要牺牲点什么。"而包信和"牺牲"掉的，包括了自己在家里陪伴家人的时间。在他的心目中，大连化物所早已经成为他难以舍弃、难以忘怀的"家"。而对于大连化物所的人来讲，他们也把他当成了自己的家人。

在包信和卸任后的两年中，每年春节，所里有一位退休老同志总是要给包信和打电话拜年，感谢包信和所长对大连化物所的贡献。有人还给包信和送来了自己老家带来的大米，或者几个家乡的橘子。

尤其令包信和一家感动的是，一年中秋节时，原大连化物所一位职工的老母亲给包信和家打来电话，当时接电话的是包信和的儿子。当老人说到要给包所长送月饼时，包信和的儿子毫不犹豫地谢绝了老人的好意。可是，当这位老人诚恳地说道："我已经 80 多岁了，腿脚不便，我给包所长在食堂里买了两斤月饼，还写了一封信"时，包信和的儿子只好答应去取信。当在大连化物所门口见到这位拄着拐杖的老人时，19 岁的小伙子被感动了——他实在无法拒绝这一塑料袋盛满情意的月饼。

无论是对"大家"还是"小家"，爱，永远是和睦的纽带。这，或许就是大连化物所这一大家庭 60 年来生机勃勃、兴旺发达的谜底所在。

在催化人生中不断完善自我，包信和人如其姓、人如其名。

刘杰：在西域绽放人生之光

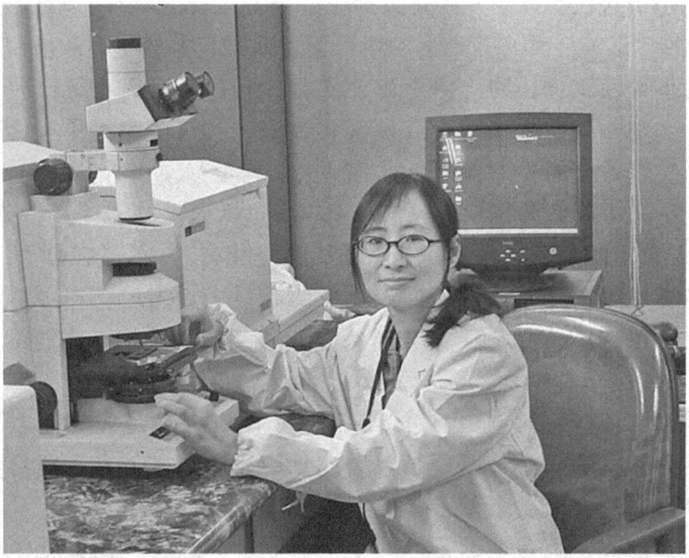

刘 杰， 1985年毕业于北京师范大学物理系，现任中国科学院近代物理研究所研究员、材料辐照研究室主任、博士生导师。1999～2001年在德国重离子研究中心开展合作研究，从事重离子与固体材料相互作用的微观机理研究，取得一批重要成果。2004年先后在德国重离子研究中心和日本东京大学从事离子束辅助制备低维纳米材料及其性质研究。2005～2006年在德国马普海德堡核物理研究所开展合作研究，从事极端条件下材料的辐照改性研究工作。负责和参加过多项国家科研项目，在国内外刊物上发表论文百余篇。2003年入选中国科学院"西部之光"人才培养计划，2008年获得首届"中国科学院王宽诚西部学者突出贡献奖"。

此“刘杰”非彼“刘杰”。虽然同名同姓的这两位刘杰，都与我国近代物理的科研发展有着或多或少的关系，也都与我国的和平利用核能有着或多或少的关系，但我们现在要描述的这位“刘杰”是与曾经出任过我国核工业部部长的刘杰不仅性别不同，而且年龄还整整相差了半个世纪的女性。

记者在兰州中国科学院近代物理研究所（简称近代物理所）见到刘杰时，一时很难将眼前这位年轻美丽的女子，与准备采访名录上“核物理学家”的称谓联系在一起。尽管她素面朝天，几乎是不加修饰，但也很难掩盖身上散发出的淡定和从容的气质。

刘杰说，她从小对外表就没什么自信，但在读书方面却独具天赋。20 岁就从北京师范大学物理专业毕业，而毕业后选择回到兰州的理由出奇的简单，就像一个恋家的少女——“父母都在这里工作，我想离他们近一点。”

1985 年秋天，刘杰第一次来到近代物理所，尽管她即将成为该所的一名科研人员，但依然像是一个紧张中略微带点迷茫的孩子。她由妈妈领着，乘了将近 10 千米的公交车来单位报到。看到门口戒备森严的武警守卫，她甚至紧张得不知如何说话。而当天下午，2 点钟研究所才上班，可她 1 点钟就提前到了。

那时的刘杰，也许想不到今后这里将成为她绽放人生之光的舞台。无论是做学生和当老师，无论是做同事和当领导，无论是做母亲和当妻子，刘杰都在自己的不断进取中寻求人生的完美。

1. 作为学生：“不把自己当女生看——这就是我的秘诀。”

刘杰跟着研究所带她的老师，为酒泉钢厂的铁矿石测量穆斯堡尔效应。“从大学读书到开展科研，这是人生路上很大的一步，对于这一点，我上手并不是很快。入门读文献，几乎全是英文的。”“分析矿石中的成分，测量它的穆斯堡尔效应，然后开始学习写论文。仅仅懂得基本原理还不够，每一步对我来说都是艰涩的难题，我花了至少一年多才进入状态。”刘杰回忆道。

20 世纪 80 年代中期，大学毕业生在兰州这个西部城市还是“稀有群体”，可是重点大学毕业的刘杰还是心存不甘，来所里后就准备考研，并顺利考入侯明东老师的门下。刘杰说她一路走到今天，有几步走得很对，“这第一步，就是考研”。

在近代物理所参与的第一项科研任务是研究氘氚聚变反应堆壁材料的辐照损伤。当时所里仅有一台 200 千伏离子注入机，而需要承担的试验任务太多，试验日程安排不过来。刘杰只身一人，来到北京的中国科学院物理所联系单位和试验仪器。“没有多少经费不说，最困难的是独立摸索，我要从头开始学怎么使用仪器。”

虽然进研究所不久，刘杰已不是那个由母亲领着来报到的青涩女生了。回想20世纪80年代末的那个冬天，只身住在中国科学院物理所附近的中国科学院第一招待所里，每天到所里学习仪器操作，刘杰说："我的动手能力并不强，每次做实验都很紧张。"

除了在中国科学院物理所，刘杰不放过任何一个进入实验室的机会。在她同时联系的许多单位中，她最后确定了她的母校北京师范大学的实验室，并挤在原来老同学的宿舍里，一呆就是几个月。

从事近代物理研究，刚开始刘杰并不被人看好。女生做实验能值夜班吗？女生的动手能力好吗？那么多精密仪器能操控好吗？但这个外表瘦弱的女生认真起来，身上有一股谁都拗不过的倔劲。"我算不上聪明，但我就是坚持。你值班我也值班，你拉电缆我也拉电缆，力气上肯定拼不过，但其他方面能拼的我就去拼。"

自2002年开始，在中国科学院"西部之光"人才培养计划的资助之下，刘杰建立了自己的纳米材料研制平台，开展了低维纳米材料的研制和性能表征；在国内首次利用重离子径迹模板并结合电化学沉积方法，研制出多种金属、磁性和半导体纳米线；对离子径迹模板的制备条件、电化学沉积条件，以及其对纳米线形成的影响进行了系统研究；成功研制出直径小到十几纳米、长径比达到1500的纳米线阵列。

"女生在物理学界要是不投入更多的精力，没办法做出好成绩。总是把自己当女生看，那也做不出好成绩。"刘杰说，"不把自己当女生看——这就是我的秘诀。"

2. 作为同事："半年多枯燥乏味的实验，终于峰回路转了！"

在近代物理所博士毕业之后，1999年，刘杰远赴重洋，到德国重离子研究中心（GSI）做博士后。

"这是第一次出国，我很早就开始准备，只要是有国外工作经验的人，他们提到的学习和生活必需品，包括各种词典，我都尽可能地带上。我买了个特大号的行李箱，仅仅自重就达14斤。怕托运的行李超重，我就把词典等东西放在手提包里，因为手提包不过秤。"刘杰自我解嘲地说，"随着国际学术交流和交往的与日俱增，我现在的箱子都已经成系列了，懂得根据不同的逗留时间、不同的国家带上不同的'装备'。"

对于是否创造了携带箱子自重超常的纪录，刘杰本人不得而知，但在德国重离子研究中心（GSI）工作，这个小女生却委实创造了个不小的实验纪录。

在这个研究中心，刘杰第一次接触到扫描隧道显微镜。这套仪器最吸引人的地方，莫过于可以通过它获得高分辨率的原子图像，但这需要操作者极富经验，需要操作者把仪器操作得炉火纯青。

刘杰挑上了这块硬骨头。她的实验需要用重离子轰击石墨，留下的径迹只有 2～3 纳米，必须用高分辨率仪器才能看到。关键是这台仪器特别敏感，人员走动等周围环境信号对它干扰十分明显。由于白天这些干扰信号太多，她就在晚上做实验，一天，一周，一月，周而复始，她就这样重复着同样枯燥而乏味的操作，整整熬了大半年。

而最终得到那张出乎寻常的图片，是在一个冬天的深夜。闻讯后，连她的导师纽曼教授都惊呆了。刘杰至今仍清楚地记得纽曼教授拿着她得到的图像时所说的话："扫描隧道显微镜在我们 GSI 搭建起来已经五六年，这是这么多年来从没拿到过的好图像！"

这项实验成果成为刘杰"快重离子在石墨表面引起潜径迹的扫描隧道显微镜观测研究"论文中的重要成果，并被发表在《物理评论》上。

甘苦寸心知。1999 年至今，刘杰先后在德国重离子研究中心、东京大学和马普海德堡核物理研究所等国内外科研单位，通过扫描探针显微镜、超高分辨透射电子显微镜和 Raman 谱仪等观测手段，从原子尺度上认识了潜径迹的基本特征，获得了径迹产生几率与入射离子电子能损之间的关系，观测到了缺陷周围电子密度超结构，深入研究了离子入射径迹区域固体材料的结构变化，在石墨中观测到了新相态-纳米金刚石的形成，并从理论上对其进行了解释。

近几年来，刘杰还与国内外地质学家合作，用高能重离子加速器产生的能量达到几十吉电子伏的重离子，辐照处于超高压下的石墨和磷灰石等材料，研究地质条件下由于放射性核的自发裂变在材料中引起的改性。首次观测到压力下损伤退火现象，对于裂变径迹记录年代方法在地质学中的应用有重要意义。

科研道路上取得的每一次突破，都会成为科学家最幸福的回忆。正像 2000 年冬天刘杰拿到那张清晰无比的高分辨原子图像时，她在心里这样对自己说："功夫不负有心人，只要付出比别人还要多的努力，终究将会峰回路转，一切都会好起来的！"

3. 作为领导："从大年初一早上 9 点开始，继续我们的试验。"

1994 年，刘杰在所里读博士期间，近代物理所承担了一个重要任务——利用加速器模拟空间辐射环境，进行航天元器件的"单粒子效应"地面模拟测试。

所谓"单粒子效应"，简单地说，指的是太空中的高能带电粒子环境会使航天器的微电子器件和设备发生故障。我国于 1990 年发射的"风云一号"卫星之所以"夭折"，就是因为"单粒子效应"的捣乱。

"风云一号"卫星的轨道高度为 800 多公里，要穿越地球的内辐射带，内辐射带中粒子强度非常高，其中包含破坏力惊人的高能粒子。当高能粒子击中计算机芯片，芯片原来的状态将发生变化，0 变成 1，1 变成 0，造成程序混乱。原本“风云一号”的设计寿命为一年，但是仅仅过了100天，就因“单粒子效应”而寿终正寝。

这是中国航天史上的一个惨痛教训。“单粒子效应”终于引起国内学界的广泛关注。1993年，刘杰所在的实验室开展了与航天八院和航天五院合作的实验任务——利用加速器产生的高能离子，模拟空间环境，测试单粒子效应对航天器的影响。

实现地面模拟对于航天器的在轨成功运行至关重要——空间搭载试验的成本异常昂贵，这样地面模拟手段就显得尤为重要。刘杰所在的实验室为“实践五号”卫星上的五个平台装置进行了长达上百小时时间的加速器试验验证，获得了大量重要且宝贵的一手数据。

加速器的试验必须连续进行。2008年春节期间，刘杰带领她的团队成员20多天都泡在实验室里，整个组的老师和学生都没有一个回家过年。

“孩子跟她爸爸回西安过年，就我一个人在这里。”10年来，刘杰早已习惯了这样地过节。

2008年，刘杰有个小小的希望：在8月8日的晚上8点，能够在家里观看奥运开幕式电视直播，“结果也还是在加速器做试验，走不开。楼上有人用计算机看直播，我就一会儿跑上去看一眼”。

2008年除夕，刘杰难得有一个晚上没有实验——她把组里所有的“单身汉”都集中到了自己家里。“以前我在家里不贴春联，那天学生把房子贴得到处红红火火的，到现在我都舍不得撕掉。大家一起吃年夜饭、一起打牌，凌晨五六点散伙后，才刚躺下电话就来了，我们所有的人从大年初一早上9点开始，继续我们的加速器试验。”

4. 作为老师：“20年后，是我管她叫老师了。”

刘杰的第一位导师侯明东现在年近七旬，已过了退休的年纪，但他依旧选择留在这个团队中继续工作。对每一位新来的学生，侯明东都说过同样一句话：“20年前，是刘杰管我叫老师；20年后，是我管她叫老师了！”

“由于研究所的发展需要，我们室2005年一分为二，当时所有的成员都是投票自己选择。我们这组就四个人，刚成立的时候非常艰难。刘杰从一个原来啥都不是的小萝卜头，晋升成为学科带头人，她既没有研究经费，也没有人手，方向没有打开，但我们都选择了刘杰当团队的领导。”侯明东说。

“到现在仅仅才3～4年的时间，我们的人员已发展到17人；课题经费也已经不少，发展基本上不用发愁；学科方向明确，有了几个在国内外都站得住脚的主打方向。其中，纳米材料的研究在国内领先，在国际上也有广泛合作；在单粒子效应的研究方面，现在要求和我们合作的单位多得我们都做不过来。”侯明东说到这里不禁欷嘘，感慨万分。

作为当年的导师、今天的组员，侯明东对刘杰有句中肯的评价：“她身上有我所不具备的素质——将才，不仅自己能做事，同时还能够发挥这个团队里每个人的长处。”

此言不虚，刘杰的学生段敬来，说他终身都难以忘怀的，就是刘杰第一次给他批改的论文。“那时老师在国外，我打开邮箱，收到她改过的论文时吓了一跳！我发给她的时候是黑黑的，她返回给我的时候满满地全是红色——都是她的批注。而那仅仅是一篇小文章。”

后来段敬来才知道，这是刘杰实验室的研究风气——追求完美——不管多小的文章，都应做到我们能够做的最高水平。

段敬来做了刘杰老师四年的学生。他选择进入研究室的时候，刘杰刚刚被研究所评定为研究员，也刚建立起材料辐照研究二组，那时实验室条件相对较差，经费也不宽裕，甚至都做不到人手一台计算机，有些学生只能轮流操作计算机。段敬来甚至跟新来的师弟开玩笑：“你选择了这里可是要做好挨穷的心理准备!”

段敬来清楚地记得，他唯一受过老师的批评却是因为他帮实验室“省了钱”。2004 年，段敬来为了实验花了 2000 元钱买了一个电子天平，刘杰从德国回国后一查账本，发现实验室近一年里只花了 2000 元钱，为此，她把段敬来训了一顿。“老师批评我说你们干活不努力，实验进展不大。”段敬来说，“我现在理解刘杰老师了，她认为该把钱用在科研上，该花的就花——一切只为了把工作做好。”

5. 作为母亲：“我知道孩子和工作都很重要。”

在刘杰这个领域中，女科学比例很少，只有不到 1/10。居里夫人是她崇拜的偶像，德国女科学家克里斯蒂娜则是她的挚友，刘杰和她有一个德国教育与研究部的合作项目，且有研究生互换。克里斯蒂娜是三个孩子的母亲，“我认识她很多年，她是能将科研和生活都照顾得很好的人，一般人不容易做到。我从德国走的时候，她会送给我她亲自做的点心、自己做的果酱，以及写着祝福的卡片。”

同为母亲，刘杰说自己只做了三年好妈妈。“在女儿三岁之前，我把精力都放在孩子身上，那三年我没有出过差，只有那段时间我才像一位很好的母亲，可是孩子三岁之后我不得不把她送去西安，交给她爷爷奶奶照顾。”

这几年来，每次出国回来，哪怕行李再重，刘杰也要大包小包地拖着去西安看女儿。她给女儿取名叫做徐晨，理由是“女孩不能太女孩气，多少要有点男孩的气质——做事干脆、性格勇敢”。

在小徐晨长大的那些年里，刘杰有近四年的时间是在德国实验室。2004 年暑假，刘杰带着女儿参观德国实验室——在中国孩子很难有机会接触到先进仪器。刘杰回忆起和孩子在一起的时光，脸上总是溢满幸福的表情，“我教她先拿下一根头发，喷上一层金属，让头发导电，装好样品，孩子很兴奋，那是她第一次看到大显微镜下头发的样子，发现原来头发并不是圆柱状的，而是表面带有毛鳞片的。”

刘杰告诉记者：“我也仔细分析过，母亲长期不在孩子身边对家庭教育的影响。我知道孩子和工作都很重要，但我也知道我若是适当放手，孩子一样会成长的。”

对于丈夫，刘杰则充满了感激之情，“这么多年，家里的事情基本是靠他张罗。家里都是他掌勺做饭。我们买了商品房，装修我基本没有参与。单位分的房子很小，虽然小但是离所里很近，走路只要五分钟，时间对我来说很重要，他就一直陪我住在小房子里”。

刘杰是个细心的人，她能记住家人和实验室里所有成员的生日，却唯独记不住自己的生日。

刘杰是个坚强的人，只是每次离开孩子的时候，心里都会特别难受。她在工作中从来没有哭过，唯独有一次例外。“2008 年的 2 月 18 号，正好是我的生日，同事们悄悄地安排了一个生日 Party。加速器数据获取室的灯忽然黑了，每个人都拿着蜡烛进来，望着他们一张张可爱、可亲的脸，我情不自禁地流泪了，那也是我长大以后唯一的一次流泪，我打内心里感谢他们。”刘杰说。

刘维民：在“润滑”世界“道正文敏”

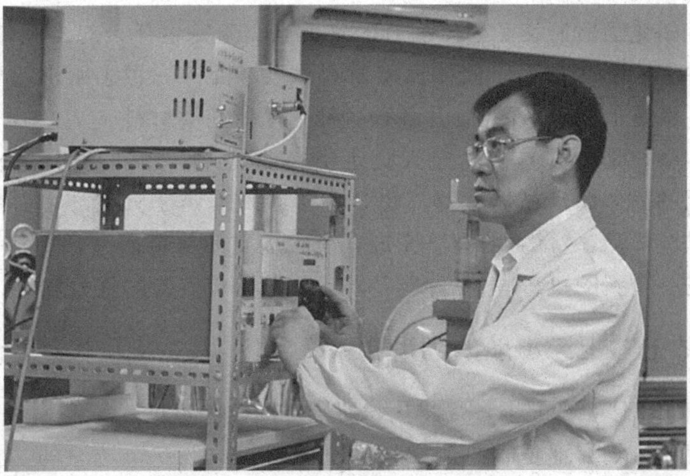

刘维民，1962年出生于山东莱西，1984年毕业于山东师范大学，1990年于中国科学院兰州化学物理研究所获得理学博士学位，之后工作于中国科学院兰州化学物理研究所固体润滑国家重点实验室，从事润滑材料、摩擦化学及材料化学研究，2005年起担任中国科学院兰州化学物理研究所所长。兼任中国化学会副秘书长，中国机械工程学会摩擦学分会副主任；《摩擦学学报》常务副主编，*J. of Engineering Tribology* 等杂志编委会委员。在相关研究领域作为第一获奖人获得甘肃省科技进步奖或技术发明奖一等奖3项；合作获得国家技术发明奖二等奖1项和国家自然科学奖二等奖1项，取得授权中国发明专利40多件，美国专利1件，出版中文专著2部。2004年获得第八届中国青年科技奖。

2008年11月7日，人民大会堂。

雄壮的国歌再次唱响，翟志刚从国家主席胡锦涛的手中，接过了一枚“航天英雄”勋章。那一刻刘维民也站在台下，和许多他认识或不认识的人们一起，激动的心情难以抑制。

“航天英雄”勋章只有一枚，但“航天英雄”背后却是千万个无名英雄，中国科学院兰州化学物理所（简称兰州化物所）所长刘维民就是其中的一个。他虽没有拿到沉甸甸的奖章，但他手里有一份珍贵的奖品——那张“神七”庆功会的邀请函，上面有杨利伟、翟志刚、刘伯明、景海鹏四位中国航天员的亲笔签名。他要将这份特殊的礼物送给读小学的儿子，“这是小家伙期待已久的礼物，他一定很高兴”！

作为兰州化物所所长和固体润滑国家重点实验室主任，刘维民带领的团队，圆满承担并完成了“神七”固体润滑材料试验项目——翟志刚出舱取回的那个试验样品，就是他们制造的80片各种各样的固体润滑材料。

这次实验，是中国首次由航天员走出飞船舱外，开展空间材料试验项目，翟志刚取回的固体润滑试验样品，也是中国首次暴露于太空环境并成功回收的空间材料试验样品，“试验的圆满完成，是中国空间材料研究，特别是润滑材料研究领域的一个新的里程碑。”薛群基院士如此评价实验的重大意义。

1. “神七”上天出舱的润滑实验

2008年10月6日上午，兰州化物所的一间试验室里。

刘维民小心翼翼地把翟志刚取回的试验材料放在一个洁净的工作台，然后用剪刀剪开密封袋，曾暴露于太空环境中的固体润滑材料样品展现在人们面前。

这些样品与地面上的同类样品相比，肉眼就能看清楚其中的变化。尤其两片银色的样品已经变成了淡黄色。

“看起来至少两类变化很大。接下来要对样品表面形貌和化学成分进行分析，3～6个月时间估计会有初步结果。”刘维民说。

固体润滑材料一般能适应大约－200℃到200℃的温度变化，且不易挥发，比较稳定。航天和军事等方面用的固体润滑材料，有些价格赛过黄金。以“风云三号”为例，在它的35套运动部件里，绝大部分需要使用固体润滑材料。中国早在“东方红”卫星发射时就开始使用固体润滑材料；从“神舟一号”飞船开始，就重视固体润滑材料空间环境行为以及空间应用试验。

美国、俄罗斯在航天器上主要把润滑材料密封起来，降低对润滑材料的要求，但却需要在航天器上安装复杂的密封装置，减少了航天器的有效载荷。我国则精打细算，尽量增加航天器的有效载荷，这就要求润滑材料要经受得住空间环境如超高真空、高低温、耐辐照等考验。而对于以后我国要建立太空实验室的目标来说，固体润滑材料更加重要。

目前，固体润滑属国际前沿课题，中国已在其中占据了一席之地。而在国内固体润滑领域执牛耳者，当推兰州化物所固体润滑国家重点实验室。他们发展了系列化的固体润滑材料，并在固体润滑材料中使用了稀土元素，开创了国际先例。

“通过这次试验，我们还希望能考察太空环境对固体润滑材料的影响，发展新的空间润滑材料。”刘维民说。

在“神七”试验中，除了固体润滑材料本身的试验外，还要保证航天员顺利地把固定在舱外的样品取下来。为此，兰州化物所与中国科学院光电研究院联合攻关，经过2000多次反复试验验证，设计并研制了同时具备锁紧及解锁功能的试验装置。

翟志刚出舱那天，刘维民守在中央电视台的直播间里。在电视画面上他看到，翟志刚只用一只手，“拨、拉、压、提”四个动作，就成功地将试验装置取下并回舱。“看到他很顺利，没有出错，我心里一下就踏实了。”

“神七”在中国人心中的承载太沉重，刘维民清楚：自己承担的任务，只许成功，不许失败。

8月22日，“神七”上天之前，刘维民应邀专程来到北京航天员培训中心，为六名候选的航天员讲课。50分钟一堂课，他整整准备了两天，他必须简洁明了、深入浅出，使他们了解这次实验的科学意义，以及润滑材料在航天活动中的重要性。

刘维民记得在课堂上，这六名特殊的学员都听得异常认真，并做好笔记。“翟志刚问了我两个问题：润滑的作用是什么？实验有什么意义？我都一一进行了回答。”

在11月7日的庆功会上，刘维民问翟志刚：“你们出舱活动的时候，没有碰到什么困难吧？”翟志刚回答刘维民说：“当时我的感觉很好，你们做的材料也很好！”

2.“润滑”的一片广阔天地

刘维民和固体润滑的结缘，用他自己的话来说，是“纯属偶然”。“可以说，是党鸿辛院士的一句话，改变了我这一生的命运。”

1984年，山东师范大学化学系毕业的刘维民，本来打算报考中国石油化工科学研究院，导师是陆婉珍院士，“我当时最大的愿望就是能读她的研究生。很可惜，我的同班同学考得比我好，陆婉珍院士就招收了他。”刘维民谈起当年的“挫折”，依然略感遗憾。

“我正一筹莫展的时候，党鸿辛先生给我发了封电报，问我愿不愿意读固体润滑的研究生。当时我根本就不知道什么叫做固体润滑，问了我的大学老师，尽管都是学化学的，可大家也不清楚。”刘维民说，“我就抱着过来看看的心态来到兰州，就这样来到了大西北。”

刘维民也许没有想到，他这一来，就是20多年。

初到兰州化物所，刘维民跟着导师党鸿辛和副导师黄春祥，开始研究尼龙材料的摩擦性能。刘维民从研究尼龙中发现，摩擦与润滑，在自然界普遍存在的这个矛盾的一体两面，原来有如此广阔的研究天地：世界一次性能源的大约1/3最终消耗在摩擦上；而一半以上的机械零件失效是由磨损引起的；摩擦和磨损造成的损失相当于全球GDP的2%左右。而在航天航空领域中，固体润滑技术直接关系到这些重大工程的成败。

在刘维民的面前，一条延展的科研道路正逐渐清晰。

博士期间，刘维民进行硼类化合物作为润滑添加剂的研究，奠定了其人生道路上最重要的一块基石。此后的20年间，他将纳米颗粒成功应用于润滑油，在国际上率先解决了纳米颗粒在润滑油中的稳定分散问题；研制发展了多种国防高技术工业用特种润滑材料，制备了完全满足美国军标的航空发动机压气机清洗剂，为国产高性能战机发动机压气机提供了保障；制备了高承载、高速、超低温下使用的火箭涡轮泵轴承固体润滑薄膜，开辟了固体润滑领域的新天地；研制发展了系列化航天液体润滑油脂，提高了运动部件的运行可靠性和使用寿命。

在润滑研究科技资源并不充裕的大西北，润滑研究为何能够得到如此迅速的发展？这是采访中记者不断追索的疑问。“这也是我一直在琢磨的问题。”刘维民说。

3. “国家需要什么，我们就做什么。”

“我们润滑科技所取得的发展，始终立足于满足国家战略需求，国家需要什么，我们就做什么。”刘维民告诉记者，这是他在20多年前就得到的认识，“答案虽然很简朴，但却是个真理。”

1991年，博士毕业后刘维民获得一次去美国圣路易斯参加国际学术会议的机会，那是他第一次迈出国门，无论是圣路易斯的大拱门，还是洛杉矶的迪斯尼乐园，在他的记忆中依然让他十分震撼，而中美之间工业化社会发展程度的巨大差距，更是给他留下了至今都没有停息的追索。

“从那时候起，我就没有停止过追问：美国为什么走在我们前面？它们的经济、社会发展有需求，才有了科技进步的动力。也许我们能够在一些科学问题上超越对手，但在工业和工程领域，我们凭什么才能够追赶？”刘维民说。

当时的刘维民想不到，仅仅用了不到20年的时间，中国人发射的“神七”，就将他们的润滑材料带上了太空。

1993年，刘维民在美国宾夕法尼亚州立大学做了一年访问学者。在大学的教学楼中，他看到一块金属牌，上面详尽地列着化工学院的每一笔科研经费。后来据他了解，这所大学当年的科研经费居然能达到18亿美元。

“这实在是太惊人了!”的确，对这位每天坐公交车上学，带着盒饭，晚上除了在租住的小房间里看电视或学习，就没有其他任何娱乐节目的中国学者而言，每年18亿美元的科研经费实在是个天文数字。出国之前，刘维民所有的经费加起来，也不过8.5万元人民币。用中国科学院兰州分院给的青年基金1.5万元，他购置了一台台湾产的286计算机。此外，中国科学院青年基金给了他3万元，国家基金委的青年基金给了他4万元，“都是青年基金的资助，我永远不会忘记”。

而到了2000年，当再次来到美国纽约州立大学做访问学者时，刘维民已经有了自己独立的办公室，他从东海岸飞到西海岸，访问了美国几个从事润滑摩擦的主要实验室。仅仅过了七年，作为一位中国科学家，他掌握的科研经费已经不可同日而语，从当时的仅仅8.5万元，到如今的数百万元。

刘维民厚积薄发，在不久后的2004年，由他参与完成的“航空用特种润滑和密封材料技术”，获得了国家技术发明奖二等奖；2006年，由他主持完成的“先进润滑材料制备与性能”，获得了国家自然科学奖二等奖。

有次为了一个国家项目的突击攻关，时任兰州化物所所长的薛群基搬了个凳子，就坐在实验室的门口督阵。“那时我们的压力很大，刚好是‘五一’长假期间，天天雨都在下个不停，所里前面一条路正在修，我主要负责技术方案的改进，和大家通宵奋战，每天都是一脚泥地来到实验室。在整整吃了两个星期的盒饭之后，才终于得到满意的实验结果。”刘维民介绍了多年前的一次科研经历。

“我觉得我一直追问的问题，现在已经有了答案。”刘维民说：“我们凭什么追赶？我们为什么能快速发展？因为我们始终立足于满足国家的需求。”

4. “我们有三代人、40年的积累。”

在中国科学院兰州化物所，三代科学家的足迹，见证了中国润滑科学与技术的发展轨迹。

20世纪60年代，现在已故的陈绍澧先生和党鸿辛院士，在兰州化物所开创了中国固体润滑的新领域。80年代，材料化学和特种润滑材料领域的优秀科学家薛群基院士，筹建了固体润滑开放研究实验室，他敏锐地把握摩擦学已从传统的力学、机械学的研究转向摩擦化学与物理的趋势，选定摩擦表面的化学与物理为研究方向，开展了材料表面状态、结构、组成与摩擦学性能关系和环境介质的影响，以及纳米摩擦学等国际前沿性研究工作。这一研究方向使中国跻身国际润滑领域的先进行列。

2000年，师从薛群基院士的刘维民接任实验室主任。刘维民创造性地提出了离子注入导致的材料表面结构变化可以提高材料的抗磨性、纳米材料在摩擦过程中形成良好润滑薄膜等新观点，提出了通过材料组成结构的调控研制发展高性能润滑材料等新思路，解决了国家航空、航天等领域诸多润滑科技难题，丰富了材料摩擦学的理论。

回忆起几代先师，刘维民终身感念。特别是薛群基院士承前启后，言传身教，给了作为弟子的他六条宝贵经验，使之受用终身。

“第一，高瞻远瞩。他部署了纳米材料在润滑领域的研究，同时针对国家未来航空航天工程，提前部署了一些固体润滑方面的研究工作。第二，他爱才惜才。做工程的人，要干大事一定要组织一支队伍。第三，他协调能力强，和国内兄弟单位合作得十分融洽。第四，他给我们创造了很好的平台。演员要有舞台，科学家也一样。第五，他淡泊名利，培养后进。薛老师54岁成为中国工程院院士，在研究所设立了奖学金；他对论文署名和获奖排名看得很淡，常常把学生的名字放在第一位。第六，与学生平等交流。直到现在，薛老师还经常和我一起，吃花生、喝啤酒聊天。我俩就像是父子，相处得很惬意，没有一点隔阂。”

“当然，薛老师也有很严厉的时候。我刚读博士时很爱玩，喜欢打羽毛球，早上8点上班，常常打球打到8点半。薛老师就对我说：‘你别再读我的博士了，你去读羽毛球博士去吧！’”刘维民笑着说。

一日为师，终身为父，做到这点实属不易。

刘维民从1996年开始带博士生，到现在已有50多位学生获得了博士学位，其中不乏一些佼佼者。例如，1976年出生的王晓波，博士毕业不到四年，就开始主持总经费近千万元的多个国家和企业委托重大项目；同样是1976年出生的周峰，2004年毕业后于2005年初到剑桥大学做博士后，并入选“百人计划”，且于2008年5月回到兰州化物所，独当一面挑起了科研的大梁。

刘维民希望有一天，研究所培养的学生能够接过“接力棒”，让中国的润滑科学研究走向世界，一代一代得到精神的薪火传承。

5. “与摩擦相比，我更喜欢润滑。”

从山东农村走出来，刘维民是老家村里的第一个大学生。他至今还记得当年考上大学时，父亲出去为他借来了学费，村支书和亲戚们都来为他送行的情景。尽管走出故乡已二十多载，但在这个齐鲁大地上滋养孕育的山东汉子身上，仍有着天生的儒者风范。

这位理学博士了解中国文史，他办公室那一整面墙上的数百本书里，有很多历史的典籍，随便翻出一本，中国历朝历代更迭的年份，他居然能够背出。

墙上挂着“道正文敏”四个大字，笔法遒劲而不失儒雅。“这是我从《论语》的不同章节中摘录而成，一位朋友为我书写的。道正文敏，符合我的为人准则。”刘维民说。

在刘维民看来，“道正”是科学家的良知，也是他的人生准则。维持科学的尊严和公正，不因为诱惑和利益违背科学精神，这是科学家之“正道”。曾经有某位知名教授发明了一种润滑材料，邀请他做鉴定专家组组长。在刘维民看来，这种润滑材料不但不像推广材料中所言，甚至具有某种公众欺骗性，为此，他毅然选择了退出专家组——这就是科学家的良知，“我们很容易就能做到，只要你愿意，只要你有良知，只要你负责任”。

“道正”才能“文敏”。刘维民给人的印象，大多是严肃而不苟言笑，但他在同行中却有着极好的声誉和口碑。研究所现在大部分的合作伙伴，都曾是他过去的竞争对手。

1997年，刘维民单枪匹马去北京争取一个科研项目，两个研究机构的交锋中，刘维民所在研究机构最终赢了对手。“即便如此，我们也主动提出要和竞争对手合作。竞争和合作就像摩擦和润滑，是矛盾体的对立和统一。在建立现代和谐社会中，我更喜欢‘润滑’、喜欢合作，更推崇‘润滑’、推崇合作。合作，体现了科学家的境界和心胸，有多大的心胸，就能做多大的事情。”

在“润滑”世界“道正文敏”，刘维民的科研人生日益英姿勃发。

朱健强：神光照耀理想更璀璨

朱健强，1964 年 5 月生，中国科学院上海光学精密机械研究所研究员，首届中国科学院杰出科技成就奖、中国科学院青年科学家奖和第九届中国青年科技奖获得者。主要从事高功率激光驱动器的总体光学设计、结构设计、相关检测技术和测控技术等研究工作。作为项目第一负责人完成了多功能第九路激光装置的研制，承担了“神光Ⅱ”装置的升级工程。2001～2009 年担任上海光学精密机械研究所所长，现为国家重大专项副总设计师。曾分别获国家科学技术进步奖二等奖和上海市科技进步奖一等奖。在相关研究领域的国内外知名刊物上发表研究论文 150 余篇，获授权专利 60 余项、美国专利 1 项。多次在国际重要学术会议上作特邀报告，多次担任国际会议的执行主席，同时积极推动国际科技合作。在专业学会担任副理事长和理事长职务，为 *Chinese Optics Letters* 编委，先后培养博士研究生 30 余名。

这是一道炫目的神光——在十亿分之一秒的瞬间，发射的光功率不亚于全世界电网发电功率总和。

这是一道雄奇的神光——中国成为地球上继美国、法国、日本之后少数能发出这样光的国家之一。

当《科学时报》记者怀着崇敬之情，走进中国科学院上海光学精密机械研究所（简称上海光机所）采访时，中国“神光Ⅱ”高功率激光装置刚刚度过了它的八岁生日。

在“神光”凝聚的背后，是常人难以想象的艰辛和磨砺。“神光”英雄榜上，朱健强的名字赫赫在目。16年前，他是“神光Ⅱ”工程工艺组的组长，如今，他从中国科学院上海光学精密机械研究所所长的位置上卸任，是我国光学领域一位出色的科技专家。

“神光”在古语中与“精神”同。《素问·本病论》言：“神既失守，神光不聚。”是“神光”，一直照耀着朱健强的科研成长道路；也是“神光”，使朱健强这一辈子寄托的理想更加璀璨。

1. 炫目的神光绽放

1993年6月，在上海光机所获得博士学位后，朱健强没有选择出国留学，而是出人意料地留在研究所工作。他参与的第一个重大项目，就是众人瞩目的“神光Ⅱ”工程。

“神光”寄托着几代科学家的梦：地球上聚变能源的原料异常丰富，1000米见方的海水含有聚变的能量相当于世界化石能源的总和，若将其受控地释放出来，其能源几千万年也享用不尽。研制“神光Ⅱ”升级工程的大型激光装置，就是走向万里征途上的一个重要阶段的里程碑。

在接受《科学时报》记者采访的五六个小时中，朱健强回忆了“神光Ⅱ”的研制历程，并不断地重复一句话，“和许多人相比，我是无比幸运的”。的确，中国科技发展史上，“神光Ⅱ”这么重大的工程并不多见，更何况这么多优秀的科学家聚集在一起，做一件如此巨大而又有深远意义的事情，“这种难得的机会，许多人可能一辈子都碰不上”。

“我喜欢接受挑战，更珍惜机遇。”朱健强说。

“当时出国留学，是许多人梦寐以求的选择，我也同样得到了这样的机会。但当个人利益和集体利益的冲突出现在我面前时，我想起了自己担负的沉重责任，最终选择了留所工作，全身心地投入到‘神光Ⅱ’装置的研制工程中。”朱健强说，“后来我还获得了美国劳工部的工作签证，当时给我的一年薪酬是6万美元，因为所里的‘神光Ⅱ’重任在肩，我也就不得不放弃了。”

1994年，在“神光Ⅱ”工程研制启动之时，朱健强受命担任了工程工艺组的组长，全面负责“神光Ⅱ”装置工程的总体结构设计和单元器件设计。这可是“真刀真枪真上阵”，对既没有实践经验，又没有独立完成项目设计经历的朱健强来说，这是他人生中最艰苦的三年。从纸上谈兵到领兵上阵，他用最短的时间，完成了自己的蜕变。

朱健强用了三个月时间，看完了叠起来有5～6米高的原先积累图纸；用了一年时间，看完了上海图书馆中所有相关的国外期刊文献。那三年，他几乎放弃了所有的休息时间和节假日，就连近在苏州的妻儿都无法照料，甚至对年迈的长辈都难尽孝心，直到1998年他才与全家团聚。

那段时间，人们常能在试制车间找到朱健强——他正在仔仔细细地观察每一个零件从图纸设计到实际制造的全部流程。“作为设计者，如果能够熟悉加工流程，设计出来的零件就更好。”朱健强坚信这一点。现在的他，还能够熟练操作各类常用的机床，仪器设备装配调试的水平早已达到专业水准。

在“神光Ⅱ”超大激光输出口径的多功能高能激光束大型激光工程项目中，朱健强突破了多项关键技术：

第一，他是沟通和光学和结构设计双方的“桥梁”，他最先提出在“双通”放大器中利用光楔实现不等间距的组合设计，在“神光Ⅱ”中被采纳应用。

第二，他把亲自设计制造出的高精密元器件用到多台套仪器中。

第三，他顶住压力，将原有不尽合理的精密驱动方案全部推翻，仅仅花了八个月时间，完成了全部重新设计，并获得了成功。

第四，他设计了一个特殊的工装，能将上千倍细分元件的成本，由原来的每个1000元骤降至每个20元。

2000年，“神光Ⅱ”终于全面达标，不少关键技术性能还超过了原定指标，为我国中近期高能量密度物理研究提供了最重要的实验平台。

2001年12月，中国“神光Ⅱ”高功率激光装置在中国科学院上海光机所建成，装置占地约4000平方米。在“神光Ⅱ”激光聚变模拟演示现场，只见随着红灯的亮起，一束“种子光”被分成八束激光，并通过放大链的分别放大，最后在十亿分之一秒的超短瞬间同时聚焦于百微米级的实验靶上，用于高能量密度物理研究。

“建设这样庞大的装置，最终目标是要实现人类可控的‘聚变’反应，实现注入能量数十倍的增益，并以此转化成其他领域的应用，如说发电、变成热能。”朱健强压抑不住自己的喜悦之情，兴奋地对采访的记者介绍。

“神光Ⅱ”是迄今为止国内规模最大、国际上为数不多的高功率钕玻璃激光实验装置。它的问世，标志着我国高功率激光科研和激光核聚变研究已阔步进入世界先进行列。朱健强说：“目前，如此精密的巨型激光器只有美国、日本等少数国家能建造。‘神光Ⅱ’的总体技术性能已进入世界前列。”

2. 科学的尊严所在

“神光”的光环依旧灿烂，但背后的英雄们早已淡然处之。朱健强对《科学时报》记者说：“这样吧，我给你们讲另外一个故事。”

2002 年 3 月 5 日，朱健强说他一生都将铭记这个日子。因为在那一天，他作了一个有关激光玻璃抛光加工工艺的重要报告。

早在 20 世纪 60 年代初期，我国就开始自主研制并生产激光玻璃。作为激光器的必备元件，激光光学元件的抛光却是一道国际难题，相较于普通玻璃，激光玻璃化学稳定性不高、相对较软黏、不容易控制面形。常常是找遍全国，也找不出一家合格的激光光学元件产品，面对挑战，朱健强说他“责无旁贷”。

2002 年冬天，朱健强“蛰伏”了三个月，仔细研究激光玻璃抛光的基本原理和加工过程。他终于发现，原先在错误工艺路线上走了很多年，“我们不知道要生产过程中需要控制哪些参数，我们不知道什么才是正确和高效的生产工艺”。

2002 年 3 月 5 日，成都九龙宾馆的一场技术讨论会上，朱健强在经过深思熟虑之后，事先向会务组要了两个小时的报告时间，连夜突击到凌晨 4 点，准备了 80 多张片子的 PPT，在当天上午向与会者作了报告，题目叫做“激光光学元件加工过程中的若干关键问题的思考”。这个报告，改变了对激光光学元件抛光的许多传统认识，使国内传统工艺路线发生了根本性的转变，并且提出了一套解决问题的框架。

一个月之后，上海光机所率先付诸实施，做出了中国有史以来“面形最好的一块”激光光学元件——大口径钕玻璃。

“2002 年 7 月 30 日，专家论证我们购买设备的需求，在当年的年底，就得到了国家‘863’计划的立项批复，支持 1000 万元人民币购买大口径激光干涉仪。”朱健强又动情地说，“我们仅仅用了买一套设备的钱，却买回来了三套设备，用于现场、定标、实验检测。检测是加工中重要环节。国外的激光干涉仪软件很好，软件我们没有能力去做，但硬件我们可以加强。期间，我了解了很多资料和数据，跟供货商进行了艰难的谈判。我们只买了其中的一些核心部件，其他的部件一概由我们自己做，跟国外原件没有多大差别。”

目前这一方法和手段有效地推动了激光玻璃加工的规模化生产和发展，而现在他又在思考激光光学元件更加深层次的问题。

科学的尊严所在，是它能解决别人通常不能解决的问题。朱健强信奉这一点，就像佛家弟子笃信寺院那“妙像庄严”的牌匾。

3. 人生的简洁线条

这位自称科学工作者的学者，面容和蔼，身材中等，目光睿智而沉稳，他执掌下的上海光机所也浸染了儒雅的气质。

漫步在位于上海嘉定城中的上海光机所是一种奇特的经验。在这里，有一片片冬日里依旧鲜嫩的绿地，一颗颗垂杨枝柳拂地，一排排鹅卵石铺就巷颈，一级级台阶通幽径，一座座门庭掩映，处处给人以感官上的宁静和慰藉。江南历史名城“嘉定”的悠远古风、荟萃人文仿佛都沁染在上海光机所的每一寸土地上。

这一片宁静雅致的园林，成为上海光机所这个充满现代科学气息的研究所的“神来之笔”。科研事业常常让这些长年奋斗在第一线的科学工作者备感压力，“紧张时来这里走一走，能把你心头的皱折慰抚得平平展展”。

朱健强是苏州人，但这位具有浓厚苏州风韵的学者，却是一位地地道道的理学博士。

1988 年本科毕业于哈尔滨工业大学，1990 年在长春光学精密机械学院获光学物理硕士学位，1993 年在中国科学院上海光机所获光学博士学位，朱健强的人生线条简洁明快，但他二十载科研道路，却承载着厚重的甘甜苦辣。

朱健强在哈尔滨工业大学本科时期学的是工学，而读研时的研究方向是非线性光学，两者差距很大。1988 年，进入长春光学精密机械学院主攻光学物理方向。光学知识几乎空白的朱健强，第一次听取光学学术报告时，那些专有名词艰涩难懂，一堂课下来，他只在笔记本上记下了几个名词。下课后，他直奔图书馆，《量子力学》、《激光物理》、《非线性光学》，从“入门级别”的教科书和一个个名词开始，朱健强开始了他“啃硬骨头”的经历。

20 岁，那些原本应该充满色彩的青葱岁月，在朱健强的记忆中总是以图书馆的满目书籍为背景。两年中，他几乎把所有的时间都花在“泡馆”上。

回忆起那些“寒窗”生活，朱健强感慨万千，“那时的学习生活十分艰苦，对我来说无疑是一种挑战。现在想来，我的精力和时间没有白花，所学的知识已为我从事的专业和科研工作打下了基础”。

1990 年，是朱健强人生数轴上的重要标志。进入中国科学院上海光机所，师从邓锡铭院士。在他看来，人生中最大之幸事莫过于此。

近 20 年前，邓锡铭院士对他说：“一个科学家的科学之路有两种：一种是在年轻时候就功成名就，但这十分偶然；另一种是他将终其一生，积累出丰富的经验，越老越有能力，越老越有价值，而你现在的工作就注定了你只能走第二条路。”

邓锡铭先生此番话，朱健强用近 20 年的艰辛跋涉来践行。

现在的朱健强有了自己的学生，他也常常这样告诫学生们：“我做科研 20 年，换过许多专业。但每做一个专业，都百分之百地投入。从前的专业是你的助推器、是你的思维方式，人生本来就是一个终身学习的过程。”

在学生眼里，朱健强是一位特立独行的导师。他的教学方式和别人不大一样。在他看来，教会学生专业技能固然重要，但更重要的是要懂得“入世和出世”。

他曾给学生准备的第一堂课，叫做“看图说话”。

他准备了两组照片，一张是日出，另一张是日落——朱健强还是一位出色的“业余摄影师”，1996年，苏州西山日落，千帆渔船归港，夕阳红透西山。他用自己照相机的镜头，记录下了日落时那份沉甸甸的满足感。他试图让学生领会：日落与日出，光线上没有太大的差别，但这是一个此起彼伏的过程。人生又何尝不是如此？当你开始进入工作时，有没有一种向上的激情？当你收获成功时，有没有一种光荣的满足？

这样特殊的“开场白”，他将学生引入到必将充满艰辛的科研世界中。

2001年8月，37岁的朱健强成为上海光机所的“掌门人”，由年轻的科研专家转变为掌管科研大所千余人的少帅。

上任的第一件事，朱健强就提出了研究所的发展构想和战略，勾画了研究所的发展蓝图，坚持基础与工程并举，同时突出人才培养。

在他的倡导和推动下，上海光机所连续举办六届“高级光学设计培训班”，面向全国招生，至今已有300人次参加。这种方式既不同于大学教育，又不同于社会培训，但朱健强却棋高一着，执意利用上海光机所丰富的资源，做这件既不盈利又不“讨巧”的“社会科技公益”。“渡己不易渡人更难，我只是希望给更多的人一个发展的机会。”朱健强说。

他只有一个目的，研究所具有社会责任。研究所的职责不仅仅在于科学探索、承担国家重大科技工程和培养研究生，在朱健强的心目中，中国科学院的研究所既是播种机，又是广播站，更重要的在于回馈社会，传播一种精神和理念。

朱健强作为所长，每年几乎有2/3的时间奔波在各地。在朱健强看来，科研技术应当造福于社会。短短几年，他争取落实了“神光Ⅱ”第九路多功能激光装置研制、“神光Ⅱ”升级工程、光纤激光器、大能量激光、特种光学加工等重大项目，科研经费数以亿计。

在朱健强的掌舵下，上海光机所通过与各地合作，先后在军工产品、冶金、环保、电力、汽车制造、景观工程等行业为地方经济发展作出了重大贡献。

4. 治学的陶然境界

绝顶聪明，行事果敢，具有将帅之才而又不失儒雅温厚，在上海光机所，这是人们对朱健强这位“苏州先生”的集体记忆。

朱健强儿时身体极为孱弱，父母为此特地将其改名为“健强”，寓意身体强健，人生向上。

在朱健强的儿时记忆中，上学路上的“玄妙观花卉市场”，是他少年时代最美好的殿堂。枝干苍遒的盆栽，娇啼婉转的莺雀，姣好艳丽的桃花，清净无香的流水，甚至茶馆书肆中撩人的弹唱，都成为他心中不可替代的“桃花源”。

而这“桃花源”蓄养了他一生的性情。他用10年时间栽培修养出一株盆栽，在朱健强看来，这与培养人才理数相同，“一要有想法、二要有技巧”。不同的人才，要用不同的方法去栽培。所里的研究生入学时，他给学生每人送出一棵盆景。毕业时，这些盆栽有的很传统，有的很细致，有的很新奇，各有特色，正如这群年轻朝气的学生们，各有千秋。

2008年的秋天，朱健强在广西一口气买下200多棵珍珠罗汉松。珍珠罗汉松有很强的适应性，在烈日下亦能生长自如。但这种盆栽植物生长极其缓慢，百年成才，树立千年。朱健强给每位学生都分配了一棵，并将其种于上海光机所的苗圃之中。

这200多棵罗汉松，每棵都有自己的主人，“我要学生们天天照看，时时浇水，毕业的时候将它带走。这些罗汉松，时时刻刻提醒我们，做人做学问要担当起自己的责任”。希望树木与树人融为一体。

朱健强喜欢寿山石、梨花木，他的办公室里，以石镇桌，以木为椅。

他喜欢篆刻，将心中不断勃发的激情，用这样一种近乎“苍老”的方式来表达。

他喜欢到山野中踏青，平静地思索。

朱健强最喜欢明代理学家朱熹的七绝：“等闲识得春风面，万紫千红总是春。”在他的眼中，一年四季十二月，每月都有花神降临，开放与期盼，激情与希望，总是他人生的关键词。

在他看来，世间万物景致有三个境界，从看山是山看水是水；到看山不是山看水不是水；再回归质朴，看山依然是山，看山依然是水。做学问居然也是一样。

“学问的第一境界，管中窥豹与盲人摸象。科研进入一个不熟悉的领域，应该做到管中窥豹，而不能变成了盲人摸象。

第二个境界，‘水到穷尽处，坐看云雾起’，我很喜欢王维的这句词。学问做到一定程度之后会遇到困惑，一定要琢磨，把事情琢磨透了，山穷水尽之时便能拨开云雾见真容。

第三个境界，知难而进。科研最重要的是克服心理障碍，必须要有勇气和信念。”

人所能具备的知识和修养，往往并不是同一回事，而能二者兼修者，“神光”照耀下的“苏州先生”朱健强，或许会是其中的一位。

许瑞明：生命之舟在这里重新起航

许瑞明，1984 年毕业于浙江大学物理系，1989 年获美国 Brandeis 大学物理系博士学位，后在得克萨斯大学奥斯汀分校、纽约州立大学石溪分校物理系从事博士后研究，1996～2005 年任冷泉港实验室助理教授、副教授、教授，2006～2008 年担任美国纽约大学医学院教授，2008 年回国任中国科学院生物物理研究所研究员，并担纲筹建蛋白质科学国家实验室。

2008年3月，美国的*Science*发表报道说：在去年的秋天，放弃纽约大学教授的美好职位，分子生物学家许瑞明回到了中国，他知道自己要为这一举动付出代价。首先是他的工资会降低，并且要适应北京这个世界上发展最快的城市之一的生活。但是他无法抗拒帮助建立一个“研究帝国”这样的机会。

*Science*文章里提到的“研究帝国”，是我国正在筹建的蛋白质科学国家实验室。正是华人分子生物学家许瑞明，出任了这个实验室的主任一职。

2009年，许瑞明入选中共中央组织部的第一批“千人计划”。中国20年，美国25年，再次回到中国——在一个轮回之间，诸多异彩纷呈的故事，串起了许瑞明这位华人科学家的人生脚印，已经变成一个特定时代的镜像。

在美国，许瑞明已经拿到了终身教授职位，令许多国内外同行羡慕和尊重。他先后是美国冷泉港实验室教授、美国纽约大学医学院教授。而现在的他，名片上印着“中国科学院生物物理研究所研究员，蛋白质科学国家实验室（筹）主任”的字样。在已经回国工作的华人科学家中，能有许瑞明如此丰富经历者并不多见。

在中国生物科学特别是蛋白质科学发展的“英雄榜”上，许瑞明注定今后是一位不可或缺的重要人物。

1. 从物理学到生物学的跨越

1980年，许瑞明考入浙江大学物理系。在浙江大学四年的本科学习中，他不仅掌握了扎实的物理基础，还记下了浙江大学老校长竺可桢的一句话：“你们要做将来的领袖，不仅求得一点专门的知识就足够，必须具有清醒而富有理智的头脑，明辨是非而不徇利害的气概，沉思远虑、不肯盲从的习惯，而同时还要有健全的体格，肯吃苦耐劳、牺牲自己努力为公的精神。这几点是做领袖所不可缺少的条件。”

1984年，获得浙江大学理学学士学位的许瑞明，通过李政道先生组织的物理项目考试，得到前往美国Brandeis大学物理系就读的机会。他是幸运的，他也是优秀的，在全球最优秀的教育机构里，许瑞明用了五年，就拿下物理学硕士、博士学位。

学物理出身的许瑞明，在学生阶段对两个方向产生了浓厚的兴趣：生物物理和理论物理。在选择博士学位论文研究方向时，美国科学院院士Caspar教授给了许瑞明一本生物书，这本书改写了他的科研道路。这本充满描述性语言的生物学课本，与他之前学习的充满着数理逻辑的基础物理有着巨大的差别。几乎是毫不犹豫地，他选择了理论物理方向。

许瑞明跟着导师Abbott教授做了两年的理论物理，在这位“怪才教授”发表了一篇关于广义相对论的文章之后突然改变主意：不做理论物理了，转行去做生物物理，主攻神经科学。Abbott 教授给了许瑞明两个选择，要么跟着他转行，要么将他推荐到其他导师门下，继续他的理论物理之路。执著的许瑞明选择了后者，获得博士学位后，许瑞明转到了德州大学奥斯汀分校，师从著名理论物理学家、诺贝尔奖获得者温伯格教授，继续在他的理论物理领域中耕耘。

可是似乎是命运注定，许瑞明最终要回归生物物理学。

1991 年在德州大学奥斯汀分校博士后出站，许瑞明接着到纽约州立大学石溪分校做博士后。当时刚好遇上 1990 年起始的美国经济危机，美国政府削减科研投入，许多依靠巨额投入的大科学项目纷纷下马，或者被无限期地推迟，依靠大科学装置的高能物理学不可避免地受到了影响。这门学科在大多数科学家和政治家的眼中，总是与“脱离实际、动辄几十亿美元的巨额投资、科研周期长”这些印象相联系。

在这条路上走了 10 年的许瑞明也感觉到，以前理论物理学实验少、数据多，因此容易出成果，而发展到今天，理论物理似乎有些“闭门造车”，有价值的实验数据日益减少，想出成果不容易。他的导师、著名物理学家杨振宁教授，以及同在石溪分校理论物理研究所的聂华桐教授建议他，可以考虑做一些与现实联系比较密切的工作。

2. 满足精神需求才是第一位

1992 年底，许瑞明又面临了一次抉择：他可以去斯坦福大学加速器中心从事医学加速器的研发，而美国冷泉港实验室也向许瑞明伸出了橄榄枝。

冷泉港实验室位于美国纽约长岛冷泉港，被人们视为世界生命科学的圣地，也是分子生物学的摇篮，实验室的负责人詹姆斯·沃森（James Watson），是 DNA 双螺旋结构的发现者之一，同时也是“国际人类基因组计划”的倡导者和实施者。

在参观了到处摆满瓶瓶罐罐的生物学实验室后，许瑞明作出了他人生中最重要的选择之一：生物物理学，他面对的是一项即将开启的新天地。

对生物学几乎是一无所知的许瑞明，开始了“啃硬骨头”的经历。第一次听取生物学学术报告，对已经小有名气的理论物理学家许瑞明来说，那些专有名词几乎就是“天书”，他只在笔记本上记了几个名词。听完报告之后，他就直奔书店，买了套生物学“入门级别”的教科书，从一个个名词开始，逐一记忆并消化理解。

做晶体结构解析实验，生物学家一般遵循从克隆到蛋白质表达提纯，再到晶体衍射数据收集，最后解析结构这样一个传统过程，而许瑞明这位擅长数理基础的理论物理学家，却要完全逆着顺序来，从他能够入手的“解结构”环节开始，倒退到蛋白质的表达提纯。

这段时间，几乎是许瑞明科研人生中最痛苦的阶段。三年之后，他从一位生物学的“高中毕业生”，成长为冷泉港实验室、这个全球最优秀的生物学实验室的助理教授。

导师Abbott教授曾说过的一句话，令许瑞明的印象极其深刻：“科学问题都是一样的，只是语言不同。”现在，许瑞明终于体验到这句话的价值，“科学实验的过程，在于消除其他可能性后得出一个结论，或许你不能马上用到量子力学，但是这种训练和逻辑思维始，将始终贯穿你的科研道路，发挥出它不可替代的作用。”

早年学的是物理，后来做的是生物，许瑞明有着绝顶的坚毅和聪明，完成了一般人难以做到的跨越。他是个非常执著的人，事情要么不做，要做就是一百分。这是同行和学生对许瑞明的集体印象。

对于普通人来说，许瑞明的研究领域颇为生僻——“表观遗传学”，他和他的团队对于各种组蛋白修饰酶的催化机理、底物特异性、酶活性调控的结构和功能进行探索，对修饰后的组蛋白识别和染色质的高级结构的建立和维持的结构基础进行了研究。他的研究对于体细胞克隆、诱导多功能干细胞技术、癌症发生、衰老等过程中的机理研究，以及针对表观遗传调控的药物研发都有重大的意义。

许瑞明是这方面研究最早的核心成员之一。带着兴趣与执著作研究，他在冷泉港工作了整整13年，并且获得了“终身教授”。

其实，除了转方向做生物物理学外，许瑞明并非没有其他更好的选择。在20世纪90年代初美国经济危机时，许瑞明的很多同学和朋友都涌入了华尔街，他的妻子也是从事金融行业的专业人员，但他始终对华尔街“不感冒”。理由很简单，“我从来没有把挣钱当做目标。只要在物质生活能够基本保障，对我本人来说，满足精神需求才是第一位”。

去华尔街赚钱，许瑞明把它当成是最后的选择，“如果哪一天我实在活不下去了，迫不得已，我只好去那里”。

3. 从美国回到中国的动因

在冷泉港这个全球最优秀的生物实验室里供职，工作和生活当然会比较舒适。然而，许瑞明还想“折腾”一下。他说：“我20岁就离开了中国，虽然在美国呆了25年了，但总觉得是一个暂时的状态，该为中国做些有意义的事情。”

其实他一直都在关注祖国的事情，也希望自己多年修成的学业，对祖国的科技发展多少能有些帮助。而许瑞明第一次与中国科学院生物物理所的接触，那已经是12年前的事情了。

1997年，第一次来到生物物理所，在许瑞明的最初印象中，这里只是一个荒凉的北郊园区。他参观了梁栋材先生的实验室，这位中国大牌科学家的实验室，条件居然是如此之简陋：结晶室是在一个很小的阴暗的房间，既没有空调，也没有暖气，屋里的温度随着屋外温度的变化而变化。“再怎么说，国外的实验室起码都是恒温的。”许瑞明感慨万分，中国 1973 年已经完成了高分辨率胰岛素结构的解析，但 20 年后，国内依旧在做天然蛋白质，对于许瑞明带来的国际前沿报告，国内真正理解的人还不多。

也是在 1997 年，许瑞明得知了留英多年的饶子和回国，就任清华大学结构生物学实验室主任的消息。

“我已在美国当了一年的 PI，希望在中国自己的土地上，跟国内同行有所交流和沟通。那时大家还在争先恐后地往国外跑，很少有科学家愿意回来工作。但是有人告诉我，1996 年饶子和就已决定回清华大学，我在惊讶之余，也对他的果敢行动感到佩服。”许瑞明说，“生物物理所是中国研究结构生物学的大本营，2003 年饶子和当所长后，引进了很多国内外人才，我和生物物理所的沟通越来越多，和龚为民等研究员也有了更多的联系。”

“2007 年 4 月中国科学院组织的香山会议，当时我并不知道，实际上其中蕴涵的另一个内容，是希望这些科学家中的一部分人能够回国，包括参加国家实验室的工作。也就是在这次会议上，我第一次认真地考虑回国的问题。”

而最终促成许瑞明下定决心回国的，有四位重要人物。

一是中国科学院院长路甬祥。路甬祥是许瑞明母校浙江大学的老校长，他在美国始终关注这位德高望重的战略科学家的动向。路甬祥接任中国科学院院长之后，知识创新工程一系列大刀阔斧、卓有成效的改革，成为吸引许多学者回国效力的前奏曲。

二是他的国际同行饶子和。2003 年饶子和就任中国科学院生物物理所所长，四年的任期中，他为生物物理所建立的国家战略高地，引进了一大批优秀的可用之才。在业界早就富有盛名的许瑞明，自然成为饶子和“名单”中不可或缺的一员大将。

三是许瑞明在美国 Brandeis 大学的同学、现任中国科学院副院长的李家洋。李家洋在美国做了一届博士后就回到中国科学院工作，在水稻研究方面做出了突出的成绩。许瑞明将自己要回国这样一个重要决定，找到李家洋这位老朋友商量。李家洋介绍了自己回国后的经历，并热切地希望老朋友回国工作。

四是现任卫生部部长陈竺。2007 年 4 月，时任中国科学院副院长的陈竺，在得知许瑞明有回国的意向后，亲自邀请许瑞明吃了顿饭，仔细地向他解释了国内的最新情况。陈竺对他说：“除了生物物理所，全国都在发展。哪怕现在碰到一些困难，将来一定会解决。”

“陈竺真诚地回答了我的一些疑问。比如，国内国家实验室的体制、PI 制、国内政策的稳定性……从与他的这次交流中，我感觉到中国的变化和进步很大，未来会越来越好，最后促使我到国内工作。”许瑞明说。

“但真正要下这个决心，并付诸实际行动并不容易。我 20 岁就离开中国，在美国读书和工作已经近 25 年，在美国的时间其实比在国内更长，在国内我除了近年来的讲学和作学术报告，毕竟还没有正式工作过，不得不考虑一些现实的如科研环境与条件的问题。”许瑞明直抒胸臆。

4. 放弃在美国收获的一切

2008 年 3 月 3 日，蛋白质科学国家实验室主任招聘答辩评议会召开，作为依托单位的生物物理所所长徐涛与会，向专家组成员介绍了实验室的前期筹备工作。

许瑞明应聘实验室主任就要答辩。他着重阐述了自己对国家实验室建设目标、管理机制、文化建设等方面的理解，并提出了建设实验室的一些具体建议：以人为本，要强调 PI 治理国家实验室的理念；要弘扬团队精神；要加强对年轻 PI 的培养和扶持；要不拘一格，积极提拔和引进优秀人才，包括要针对国内外那些极其优秀的应届或者刚毕业的博士，建立起一个类似于哈佛大学的 Junior Fellow、麻省理工学院的 Whitehead Fellow 和冷泉港实验室 Fellow 的机制等。

回国，就意味着要放弃在美国收获的一切。许瑞明和妻子在美国都拥有一份高薪工作，而他的女儿和儿子已经完全适应了美国的生活方式。回国，不仅仅是他一个人的决定。

“我的家人暂时还在美国，我一个人先回来。”许瑞明在接受《科学时报》记者采访时说，“不过在北京奥运会期间，我的两个孩子也回来了，我给他们买了几张票，带他们去看体操和田径比赛。我女儿许杨子正在美国读高中，暑假期间她在北京亦庄参加了国家队的集训。她去年参加全美的花样滑冰比赛，还获得了东部比赛的第三名。我们在美国的家附近就有一个溜冰场，所以她从小就喜欢滑冰。”

许瑞明希望自己的儿女，必须对中国有比较多的了解，“美国并不是唯一的生活方式，我要让他们多回中国，每年暑假也都要学习中文”。

“你毕竟已经在美国生活了 25 年，现在回国工作，难道不担心自己可能带来的‘水土不服’，就像其他一些‘海归’那样？”许瑞明到任就意味着全时归来。此前，正教授的华裔科学家全时回到中国工作，在生命科学领域只有王晓东、饶毅等为数不多的人，而像他这么一位重量级的领军人物的回归，影响之大不言而喻。《科学时报》记者采访许瑞明时，不由有些疑虑地这么问他。

“别人究竟做得如何，不会对我产生太大影响。谁都会面临人生的第一次，包括第一次当国家实验室的领导。但事在人为，只要我努力去做了，就问心无愧，不在乎人家的评头论足。”许瑞明的回答很沉稳，“我会不会三五年之后，后悔现在自己的这个抉择呢？我想，或许我不是百分之百能够取得成功，但只要这是件有意义的事情，值得我花心思认真去做，我就会义无反顾。”

5. 圣诞前夕的回国“热身”

2007年的圣诞节，许瑞明虽然是在印度度过，但做的事情却与中国有关，就像是他正式回国工作之前的第一次“热身”。

12月21日至24日，由中国和印度两国的科学院共同组织，在位于班加罗尔的印度科学研究所里召开了结构生物学研讨会。中国科学院副院长李静海、印度国家科学院副院长M. Vijayan、印度科学研究所所长P. Balaram等出席了开幕式。

“因为研讨会的交流项目是结构生物学，虽然我还没有正式回国内工作，但是我顶替生物物理所的副所长龚为民，带了研究所的八九个科学家参加这个研讨会。中国科学院的上海生科院、中国科大、福建物构所等单位都派科学家参加了。”许瑞明说：“这也是我第一次参加中国科学院的正式活动，我代表中国科学院作了一个特邀报告，报告的题目是‘表观遗传学的结构机理研究’，这是我在过去的7～8年里做的代表性工作。”

从新德里回到北京，乘坐的是中国国际航空公司的航班。“我们圣诞之夜在新德里等飞机，在飞机上过圣诞节。这也是我出国多年之后，第一个不在自己家里过的圣诞节。我们住的地方是印度一位校长的私人官邸，条件非常简陋，也不太方便打国际电话，我就用计算机和家里的孩子联系，这时家人正在墨西哥旅游度假。我在电子邮件中，向孩子介绍了印度的一些风土人情。”许瑞明笑着说，“当然，我事先就把给孩子的圣诞礼物准备好了，那是个电子游戏机。一年一度，孩子就盼着这份礼物。”

“我当时在印度参加会议还是双重身份，但我更看重的是自己在中国的身份。参会的许多印度科学家也知道我要回中国工作，他们都对我说：中国吸引人才是很成功的，已经有越来越多的人才回到本土，可是印度目前暂时还做不到。后来，他们还针对此事，专门开了一次吸引人才回国的会。”

许瑞明介绍说，“研讨会期间，我还和印度科学院院长M. Vijayan交上了朋友，冷泉港实验室正开始考虑在亚洲发展国际会议中心，计划2010年4月在苏州开幕，我邀请他从2008年10月开始，当冷泉港亚洲会议中心顾问委员会的委员，这样可以更加促进中印两国的科学交流。”

6. “我知道你为什么回来了”

2008年4月29日至5月15日，冷泉港实验室结构生物学中的X射线晶体学讲习班，在生物物理所成功举办。这个讲习班曾为世界各国培养出了一批优秀的蛋白质晶体学家，毕业的学员中不乏国际结构生物学知名学者，如诺贝尔奖得主 Rod MacKinnon 教授等。这次在中国举办的研习班，是 20 年来第二次在除美国之外的国家举办，参会的注册学员 106 人，其他学员百余人。许瑞明在冷泉港实验室期间，每年都与这个讲习班的老师有紧密的接触，并多次为学员们讲课。这次老朋友们来到中国，自然也就关心已经到生物物理所工作的许瑞明的情况。

X 射线晶体学讲习班的组织者、著名蛋白质晶体学教授 Gary Gilliland 不虚此行。他耳闻目睹之后，对自己过去多年的同事、现已出任蛋白质国家实验室主任的许瑞明说："我通过这个研讨班孩子们的提问，通过对你所在研究所及实验室的深入了解，也知道你为什么选择回中国了！"

2008 年秋天，中国收获了奥运金牌总数第一的殊荣之时，许瑞明正忙着组织筹备一次重量级的会议：推动冷泉港亚洲国际会议中心在苏州的建设，开启蛋白质国家实验室同美国顶级生物实验室交流的另一扇门。

2008 年 10 月下旬，冷泉港实验室负责人詹姆斯·沃森（James Watson）应邀来到北京，在参观了蛋白质国家实验室之后，这位"DNA 之父"、许瑞明以前的"老板"，也对许瑞明说了一句话："I now know why you are back."——几乎和 Gary Gilliland 教授是同样的感触。20 年前，中国改革开放初期，詹姆斯·沃森曾经访问中国；20 年后，他几乎不敢相信自己的所见所闻。这样的奇迹，只有在中国才能发生。

7. 站在吸纳一流人才的高度

蛋白质科学国家实验室，是我国生物科学领域最早准备筹建的实验室之一。国家实验室建成后，将对包括所有中国研究人员开放，最终也会对外国研究人员开放。许瑞明说："我们要全力以赴，做好这个体制改革的试验品。"

中国科学院在过去的五年中，已经投资 2 亿元，为这个筹建中的国家实验室配备了相关的仪器设备。"对我们至关紧要的下一步，是需要高水平的研究人员。"许瑞明如是说。他打算面向海内外科研单位，公开外招聘实验室的第一批 60 名课题组长。

"Recruit the best people and keep them happy"（招募那些最顶尖的人才，然后保障使得他们能乐此不疲），这也是世界著名科研机构具有共性的、最基本的管理之道。只有最优秀的人，才有眼光、胸怀和魅力吸引最优秀的人才。

实验室如何吸引优秀的人才，这是摆在许瑞明面前的第一道坎。

"你若要回国工作，现在正是最好的时候，有很多事情需要人去做。"还没有正式上任，许瑞明接触的"心仪对象"已有十来位，他对每一个人都重复这句话。

蛋白质科学国家实验室向他们提供的，不仅仅是较高的薪水，还有五年政府对实验室的拨款，以及类似于美国冷泉港实验室的宽松工作环境。

要吸引志同道合的优秀人才加盟，仅仅靠高薪是不够的，“科学家从来就不是高收入阶层，在美国也是如此。求知和探索，是科学研究的最大动力”。目前国内提供的条件与国外的差距已经缩小，但很多华人学者都还在犹豫。其关键不在于薪酬有多高，更重要的是要有良好的科研环境和共同的目标，而这些才是吸引人才的最有利条件。许瑞明说：“维持一定的生活水准是必要的，但在一位优秀的科学家眼里，看中的绝不会只是有钱。”

许瑞明的这盘棋，已在干细胞和分子层面布了点，这是两个极端。接下来他要考虑的就是，引进几位优秀人才，做生化、分子生物学、细胞生物学，把这两个极端衔接起来。“从前，中国吸引人才的思路是‘只要做得好就进来’，但是现在全然不同了。”许瑞明说，“就像是下围棋，战略布局很重要，先要占据重要的关键点，然后连点成线。”

蛋白质国家实验室筹建的过程，肯定不乏丛生的荆棘和艰难的考验，但许瑞明坚信，随着一批杰出学者的联翩而来，实验室一定会不负众望，达到预期的建设目标。

生物物理所所长徐涛对许瑞明不吝欣赏，“他是一位站在物理与生物学间的罕见人才、一位不折不扣具有战略眼光的领军将帅”。

“重新回到中国，和我在美国的25年相比，显然是一个严峻的挑战。”为创建中国的蛋白质科学国家实验室，许瑞明迈出了第一步。

许瑞明在接受采访时说：在中国的科技发展史上，可能从来没有一次这么好的时机，这么多优秀的科学家聚集在一起，做一件这么有意义的事情。“这种难得的机会，许多人可能一辈子都碰不上，所以我是幸运的。”

今年将度过45岁生日的许瑞明，已经“全职”、“全时”地回国工作，他最为精彩的生命之舟的历程，才刚刚拉响汽笛起航。

张亚平：风华正茂生物多样性领军人

张亚平，中国科学院院士，发展中国家科学院院士，分子进化生物学和保护遗传学家。1965 年生于云南昭通。中共党员。现任中国科学院昆明动物研究所研究员、所长，兼任华东师范大学生命科学院院长、云南省科协主席、云南大学教授、中国遗传学会副理事长、中国动物学会副理事长。*Genome Biology and Evolution* 副主编、《动物学研究》主编。已在 *Nature*、*Science*、*Nature Genetics* 等 SCI 刊物发表论文 200 多篇，先后获国际奖“生物多样性领导奖”、长江学者成就奖、何梁何利基金会科学与技术进步奖、云南省科学技术突出贡献奖、中国青年科学家奖、中国青年科技奖、香港求是科技基金会“杰出青年学者奖”等奖项。

1. 从养鸽子到“摸老虎屁股”

2009年春节的假期尚未结束，记者在中国科学院昆明动物研究所（简称昆明动物所）见到了所长张亚平。

生肖属“小龙”的张亚平，六年前在他38岁时，曾是中国最年轻的院士之一，现在科研魅力和风头正健。他戴着一副金丝眼镜，显得温文尔雅，头发较为稀疏，给人以博学智慧的印象。

《科学时报》记者对张亚平的采访，话题就从他打过交道的各种动物开始。

张亚平从小就喜欢各种动物。他至今仍记得当年养鸽子的情景。还是小学生的他，有一天放学回家，带回了同学送的一对小鸽子，并兴冲冲地向全家人宣布了养鸽计划。父亲听了之后有些为难，那是个买米面都要定量供应的年代，哪里还有多余的粮食来喂鸽子。

父亲与张亚平的协商结果是，养鸽子可以，但是不能过多地动用家里的粮食。从此，每逢周末和节假日，张亚平就会绞尽脑汁地去为心爱的鸽子筹备口粮。

鸽子渐渐长大，围着张亚平“咕咕”地欢叫不停，每天飞出去又准时飞回家，这种习性激起了他极大的好奇心。

为什么把鸽子带到很远的陌生地方，它们仍然能飞回家？

为了解鸽子的习性，张亚平开始不停地向别人请教，并借来书籍查阅。知识了解得越多，他就越着迷于这个五彩斑斓的动物世界。正是源于这份新鲜与好奇，张亚平日后对生物课有着特别浓厚的兴趣。

“自己养的鸽子还能帮我招来其他的鸽子，这也是我童年最为开心的事情。”张亚平颔首一笑。

张亚平的父母都是昆明理工大学的毕业生，父亲因为搞水利地质常年出差在外，很少有时间管孩子。张亚平说：“我的少年时期过得比较自由自在，父母在我很小时就反复强调，我们家没有任何背景，以后的发展完全要靠自己，他们唯一能做的就是供孩子读书。所以，我很珍惜读书的机会，成绩也比较好，还有幸成为云南昭通地区高考的状元。”

农村的稻田在童年的张亚平看来，简直就是充满无限诱惑的游乐场。白天他到稻田里抓鱼，几个小伙伴一起把水渠里拦截一段，把水弄干，里面就有肥美的鱼儿。晚上去田里抓蛐蛐，张亚平有斗蛐蛐的心得，“勇猛尚斗的蛐蛐一般都生活在癞蛤蟆、蛇的附近，这种蛐蛐最厉害”。

兴趣是最好的老师，张亚平的一生似乎注定要与动物结缘。

在张亚平实验室里，经常与之为伍的，是一些动物的毛发样本或者血液样本，“我是研究动物的，但更多时间是在实验中和动物样品打交道”。

在动物身上取样，是张亚平与动物的“亲密接触”。

张亚平的博士学位论文，就是以猕猴为研究对象——要给猴子取样，绝非易事。

20 世纪 80 年代末，既没有麻醉枪，也没有现在取样用的“小笼子”——可以把猴子关进小笼子之后，把猴子的“手”拿出来取样——张亚平和动物园的工作人员一道，与两只猕猴对峙了许久，好不容易才“按住”了其中的一只，压着它的“手”取了血样并拔了毛。“那真是高度紧张，若一不小心，就会被猴子挠上一爪子!”

张亚平的研究样本包括动物的毛囊或者血液。虽然血样中的 DNA 样本较多，但如果是珍稀动物，常常只能拔毛取毛囊而不能抽血取样。因此，张亚平拔过熊猫、老虎、熊等诸多动物的毛。

大熊猫是张亚平最喜欢的动物之一。对大熊猫的研究，早在其攻读博士期间就已开始。后来他还亲眼见过刚生下来的大熊猫崽子，放在小熊猫的哺育室里。

“不是所有的老虎屁股都不能摸，摸小老虎的屁股就没事!”1997 年，为了研究食肉类动物进化关系研究，张亚平实验室需要给肉食动物取样。在昆明动物园饲养员的帮助下，张亚平拔了老虎屁股上的一撮毛，“当时的感觉棒极了”!

现在张亚平似乎养成了一种“职业病”，无论到哪里访问动物园，只要能获得许可，他都要给动物们拔毛取样。

但出乎记者的意料，在昆明动物所的所长办公室里，仅仅摆着两件动物标本：一头小鹿和一只鹤。“我研究过的动物非常多，我也希望把它们的标本留下来作纪念，但我的标本却少之又少，因为我们更多地采用非损伤性的研究。”张亚平说。

2. 生命奥秘的自然感应与召唤

20 世纪 70 年代末，神州大地迎来了科学的春天。那是一个呼唤知识、呼唤理性的时代，报告文学《哥德巴赫猜想》在社会上引起了极大的反响。当时还是中学生的张亚平，被陈景润执著攀登科学高峰的精神深深震动。

张亚平回忆说，读了那篇报告文学，他好像被唤醒了某些朦胧的意识。当然，日后选择从事科研这条道路，也与他父母的影响分不开。年幼的张亚平从父母的言传身教中，懂得了科学知识的重要和宝贵。

当填报上大学的志愿时，张亚平并不知道生物化学专业学些什么，“生物和化学这两门功课我高考发挥较好，而且我对生物非常感兴趣，复旦大学是名校，老师又经常说 21 世纪是生物科学的世纪，这样就报了这个志愿”。

1982 年，张亚平以全地区第一名的优异成绩，从偏远的云南昭通走进了复旦大学。

在复旦大学读书期间，正是由于兴趣的广泛，张亚平差一点改弦易辙，与后来为他带来无数乐趣与荣耀的职业擦肩而过，“复旦大学是个学习氛围很自由、很宽松的学校，它鼓励学生广泛猎取各种知识，当年就允许学生选修或旁听外系的课程，这为学生接触不同的学科提供了机会。在本科毕业前夕，由于全国经济改革浪潮和朋友的影响，我选修了经济管理的课程，那时我对经济管理学也很感兴趣，在考研究生的时候，也萌生过报考经济管理专业的念头”。

然而，张亚平在大学四年最值得怀想的，还是那神秘面纱所笼罩着的生命奥秘。

人类社会向生命源流迈进的种种精彩，自身对生命起源的好奇，对美好自然的热爱，以及揭示生命现象中隐而未现秘密的愿望，让张亚平克服了一时产生的冲动，最终选择了生物学研究。

就在报考研究生之前，张亚平在一份学术刊物上，读到了施立明院士的学术论文。施立明先生的广博学识与研究方向打动了张亚平，他决定报考施立明先生的研究生。

这是张亚平人生中一次最重要的选择，“其实，我选择回到云南故乡，和离家比较近并没有任何关系。”张亚平说，“许多同学都不可理解，我为何要从上海回到云南，我主要是考虑自己的兴趣与科研发展的机会。这其中有好几个机缘，如果当时施立明教授不在云南这里，如果他不是复旦大学的校友，或者云南没有如此丰富的动植物资源，我可能也不会选择到这里。”

这是个主动选择的过程。1986 年，张亚平考入中国科学院昆明动物研究所，师从施立明院士攻读研究生，五年后获得了博士学位。

3. 从“小米加步枪”开始打天下

中国科学院昆明动物研究所遐迩闻名，是中国两个专门的国家级科研机构之一，汇集了一大批动物学研究领域的著名专家学者。它以热带、亚热带动物资源的基础研究、保护和开发利用为主攻方向，进行动物分类、区系与系统进化，以及细胞与分子进化学、灵长类学等方面的研究。

“施先生是位严师，至今我都难忘先生的教诲。”张亚平记得第一次见到施立明先生，向他请教了许多的问题。施先生很欣赏他的思想，但却真诚地告诫他说：搞这个行当比较辛苦，你如果没有足够的兴趣，做不到全身心地投入，最好趁早换个行当。“我能够理解老师的话，真正能登上科学殿堂的人，是那种必须对自己的事业有着强烈兴趣，甚至以此为人生乐趣的人。”

当时，昆明动物所位于昆明市的北郊，上山下山需要很长时间，施立明先生虽然家在市区，但每周至少有三天晚上留在所里继续研究工作。施立明先生一丝不苟，要求每个试验步骤都必须精确，对于每篇论文里的结果、推论甚至遣词造句都要反复推敲。

一个大学刚刚毕业、20岁才出头的年轻人，就这样从零做起，开始探索新的生命科学实验领域。

没有操作DNA样品最常规的微量移液枪，张亚平只好用微量注射器和烧杯，“当时提取DNA样品，我们用的是微量注射器。若干个烧杯摆在那里，用于清洗微量注射器中的残留物，完全是从‘小米加步枪’开始，用最简陋的装备与美帝国主义竞争。”张亚平带着苦笑回忆。

在十分简陋的条件下，张亚平完成了当时还没有人系统做过的“猕猴属的线粒体DNA的多态性研究”。

对于这个“处女作”，至今张亚平仍津津乐道：“我们先把猕猴的线粒体提取出来，再把里边的DNA纯化。然后用限制性酶进行分析，比较它的限制性片断长度多态性，计算不同物种间的亲缘关系。当时在国内没有这方面系统的工作，我们对此有了一个新的起点。”

在施立明院士的指导下，张亚平成了施立明先生的学生中，第一个开展动物分子遗传学方面研究的人。虽然起步时的经费非常有限，条件极其简陋，与条件好的实验室相比研究成果出得也慢一些，但张亚平仍一步一个脚印地努力前进，最终引起了学术界的关注。“那一段的人生经历，让我对立足于国内条件、找准研究的突破口，与国外同行竞争，有了深刻的认识。”

张亚平以优异的成绩，完成了硕士和博士阶段的学习。经施立明院士推荐，1992年他以博士后学者的身份，前往美国圣地亚哥动物协会，继续进行动物的分子进化与遗传多样性的研究。

当时圣地亚哥动物协会的研究条件，远比昆明动物所要好得多，张亚平意识到：这是实现自己梦想的机会，当然，这也意味着更多的付出和更激烈的竞争。

张亚平每天工作10多个小时，在与高水平同行思想火花的碰撞中，他的研究也进展得很顺利。

分子钟是进化生物学中的重要问题，张亚平开展非洲小羚羊的保护遗传学研究，需要通过测定小羚羊的DNA序列变异，计算该种的遗传多样性。一次，在浏览DNA数据时，他发现DNA的变异并不均衡，便有了另一种想法：是否可以用这些数据来验证分子钟？

于是，张亚平从原来的研究延伸到对种群范围内分子钟的证伪中去。经过细致的数据比对和复杂的分析，他终于证明了在种群范围内的DNA进化速度有着显著差异。由此，张亚平发现了微进化范围内分子钟并不一定成立的重要现象。

张亚平的工作赢得了美国同行的赞赏，导师对他的工作能力和工作成果给予了很高评价。他不仅发表了高质量的论文，而且还应邀参与美国国家基金项目的评议，并被提名美国环境基金青年奖。

4. 回国绝不仅仅是一时的冲动

1994年，张亚平的导师施立明院士病故，当时远在美国圣地亚哥动物协会作博士后研究的他，怀着对恩师的感念之情，万里回国奔丧。

昆明动物所的"细胞与分子进化开放研究实验室"，是早年由施立明先生一手建立起来的，施立明先生的辞世，使得该实验室一度失去了领头人。这里太需要一位具有科研激情、才智的新舵手。汲取了西方生物科学研究的思想，加之在生物多样性研究的独到见解，使张亚平成为实验室领头人的理想的候选人。然而，当年实验室简陋的仪器设备条件，确实无法满足张亚平的基本工作需求。

施立明先生在逝世前，就曾多次写信给张亚平，希望他能回国，接手实验室，把研究推向一个更高的台阶。

张亚平陷入了极其矛盾之中，他必须尽快作出选择。

"如果说我没有犹豫那是假的，关键是回来之后有开展研究工作的良好条件，事业对我来说是第一位的。如果不能从事我深爱的研究，我回来又有什么意义呢?"

张亚平踌躇再三，决定在回美国之前拜访一下中国科学院的领导，争取实验室购买设备所必需的经费，"心情真的很忐忑，我当时可以说是一位无名小卒，不知道周光召院长会不会见我"。

中国科学院院长周光召在百忙之中，给了名不见经传的张亚平10分钟。

"去见周光召院长之前，我事先准备了一下有关的材料。以前我没有拜见过任何的大领导，感觉中需要仰视的人现在就要面对面，我的内心很紧张。"张亚平这样回忆当时的情景，"没料到一见面，周光召院长问了一些专业性很强的问题，我一下子就放松了。"

张亚平汇报了自己的工作、"细胞与分子进化开放研究室"的状况，以及回国后的打算，周光召院长不时地插话与他讨论。作为物理学家的周光召，对生命科学的熟悉程度，以及对中国生命科学研究发展前景的独到见解，让张亚平感到震撼和钦佩。

原定10分钟的谈话大约持续了一个小时。了解了张亚平回国工作的计划和需求后，周光召院长当场决定，拨出15万美元的特别经费，用做他购置所需的仪器设备。

交谈结束之后，周光召院长又邀请张亚平，紧接着参加了一个留英学生的座谈会。会上，周光召院长盛情邀请年轻的海外学子们回国工作，推动中国科学事业的发展，并欣然承诺，将给予回国青年科学家最大的支持。

15 万美元！这在当时的中国，无异于一个天文数字。年轻的张亚平内心有一种冲动，"'士为知己者死'。我当时的想法很直接，尽快结束美国的工作回国，没有提其他任何条件"。

其实，那时中国科学院的"百人计划"刚刚开始启动，张亚平完全可以选择等一等，待戴上"百人计划"的帽子后再回国，但是当时的他决意回国，已不想再提任何条件。

张亚平常常说自己是幸运的，他回国工作之后，又立即得到了许智宏、陈宜瑜副院长的支持。"我并没有预计到，未来十年的中国将会发展得这么快、这么好，当时仅仅就是一种冲动。"张亚平说，"领导对青年人才的重视和直接关心，对我回国起到了决定性的作用。"

"回想起来，如果没有见到周光召院长的运气，我可能不会发展得这么好。"周光召院长在张亚平回国后始终关注着昆明动物所，即便卸任之后，他仍同张亚平会见过好几次，总会关切地了解他们的科研进展。

"敢想敢做，没有机会要创造机会，有机会就要把握机会，没关系！"现在的张亚平常常这样教导学生和自己的孩子。

5. 把科研成就看做稍事休息的凉亭

1995 年，张亚平结束了在美国的工作，回到昆明动物所，接过导师的担子继续前行。

在张亚平的带领下，"细胞与分子进化开放研究室"不仅很快走出了低谷，而且在全国的评比中排名迅速提升。他带领的科研小组相继开展了一些重要的工作：

——在国内较早地、系统地开展动物分子系统学的研究，深入研究灵长类、食肉类、兔形类和啮齿类的进化，在国际上建立了较为全面的熊超科分子系统树。

——探讨了东亚特别是中华民族的源流和人群的迁移与分化，提出了一些新观点；在对汉族人群的线粒体基因序列分析中，发现汉族人群中存在明显的地理分化。其基本特点是，南方群体间的差异较大，北方群体间的差异较小，且南方群体中保留有较北方更多的古老类型。

——与瑞典研究小组一起证实，全世界的狗都具有相同的遗传基础，都起源于东亚，之后才逐渐扩散到世界各地，并使它们今天的认知能力远远超过其他物种。

——系统地研究了我国许多濒危和非濒危物种的遗传多样性，发现遗传多样性的缺乏与物种濒危之间没有必然的对应关系。积极将理论成果用于帮助和指导遗传多样性保护的实践，如鉴定大熊猫的父系谱系；参与大熊猫的异种克隆研究，负责其中重构胚的分子鉴定。该成果成为1999年国内十大科技新闻之一。

张亚平的这些工作，有助于人们认识动物的遗传多样性与物种濒危的关系，为国家制定有效可行的保护计划提供了科学依据；对不同民族人群基因多样性、中国主要家养动物起源的研究，为揭示人类的扩散与迁移历史提供了新的线索。

2002年，张亚平荣获第三届国际“生物多样性领导奖”，成为获此殊荣的第一位亚洲学者。该奖项旨在表彰在生物多样性保护与研究中取得成就的个人。

2006年，张亚平研究组以其所开展的“线粒体基因组多样性与东亚人群历史的研究”，获得国家自然科学奖二等奖。

张亚平研究组对南亚人群的研究发现，“人类走出非洲后的迁移是一条路线，而不是传统人们认为的两条路线”。2009年12月，他们发表在《美国科学院院刊》上的新成果又揭示，现代人类祖先在旧石器晚期即已克服恶劣的气候及地理条件，成功定居于“世界屋脊”——青藏高原。该研究很好地解决了长期以来考古学、历史学及遗传学领域关于“人类最早何时成功定居于青藏高原”的争论。*Nature China* 对此作了专题报道。

2010年1月21日，张亚平院士及其带领的博士研究生沈永义，研究了控制形成视网膜上视杆细胞暗视觉感受器的RH1基因，揭示了蝙蝠分化后，可能由于对暗视觉的趋同需求，导致了RH1基因在蝙蝠里面发生了多次趋同进化。该研究成果于发表在 *PLOS One* 上，*Nature China* 于2月报道了该成果。他们的成果不断受到学术界和公众的关注。

在 *Nature*、*Science*、《美国科学院院刊》等一系列国际著名学术刊物上，张亚平发表的众多论文，累计已被引用2000多次。

张亚平还是中国遗传学会副理事长、中国动物学会副理事长，以及 *Genome Biology and Evolution* 等重要学术刊物的副主编和编委。

张亚平的成果相当丰硕。虽然他获得了不少奖章、奖杯，但往往都是拿回家就放到一边去了，他甚至记不起自己获奖的准确时间。他清醒地知道：种种荣誉充其量就如同一件华丽的衣服，随时随地都可以将之抛弃不要，真正重要的是华丽衣服包裹下的、属于自己应该珍惜的科研生命。

张亚平还经常教导自己的学生，要把科研过程看做不断登山的路途，把科研成就看做在山路上稍事休息的凉亭。对张亚平自己而言，他正是喜欢登上高山之顶，领略一览众山小的感觉，也乐于享受登山途中的大汗淋漓。但往往当他认为自己还在攀登路途中，却已经走过了一个又一个的“巅峰”。

6. 证实了狗起源于中国的观点

“‘中国制造’的不仅是塑料制品或是鞋子，现在，连狗也是‘中国制造’。”

这是 2009 年 9 月 1 日的 *Science* 杂志中的一句话。这篇名为 *Study Reasserts East Asian Origin for Dogs* 的文章，专题报道了张亚平院士及其合作者历时七年的研究成果，从基因溯源的角度，证实了狗起源于中国的论点。

这是张亚平的名字又一次在 *Science* 杂志上出现，该观点在国际上引发了广泛的关注。自 2002 年他们在 *Science* 上发表论文，提出狗起源于东亚的观点后，国际上的科学家为此一直争论不断。

2002 年，由中国科学院昆明动物所张亚平领导的一个研究组，与瑞典皇家科学院的彼得·萨沃莱南教授合作，分析了一个母系遗传的线粒体 DNA 片段，发现东亚地区的狗的遗传多样性最为丰富，因此他们提出了狗起源于东亚的观点。该项成果作为封面论文在 *Science* 上发表后，世界许多著名媒体作了广泛报道。但是，由于当时他们研究的 DNA 片段仅有约 600 个碱基，信息有限，且样品覆盖度不够，还难以确定狗是在东亚的哪个区域、在什么时间由狼驯化而来的。

2009 年 8 月，在《美国科学院院报》上发表的一篇关于非洲乡村狗的研究论文，对狗的"东亚起源说"提出了质疑。康奈尔大学的亚当·鲍科博士及其合作者发现，非洲乡村狗的遗传多样性水平与东亚狗相似，因此他们认为，遗传多样性数据不足以得出狗的东亚起源这一结论。

张亚平院士与彼得·萨沃莱南教授的合作一直在继续。在张亚平的带领下，中国科学院昆明动物所的庞峻峰博士与云南大学的周晓菊博士等研究人员经过数年的艰苦努力，分析了更多地区狗的 DNA 数据，样本来源涵盖欧洲、非洲、亚洲（尤其是东亚地区）的 1500 余只狗和 40 只狼，并在此基础上，进一步测定了 8 只狼和 169 只狗几乎完整的线粒体基因组序列，使研究由 DNA 片段走向了基因组水平。此外，他们的分析也包括前一个月康奈尔大学小组发表的数据。他们以充实的数据揭示，狗可能起源于中国长江以南地区，这里分布有最多的狗的单倍型类群，并且，以这一地区为中心，狗的单倍型类群的数量随距离的增加而减少。

张亚平合作取得的这项研究成果，发表在国际著名刊物《分子生物学与进化》上。赫尔辛基大学的兽医分子遗传学家汉斯·洛希评论认为，该项成果是"目前有关狗起源的最有说服力的证据。所有数据和支持人类走出非洲的数据极其相似，看来狗是在中国起源的"。

诚如国际评论所言，他们也给狗打上了"中国制造"的标签。

张亚平认为，选择狗为自己关注的研究对象，具有特殊的意义。人类社会在由渔猎社会向相对稳定的群居农业社会转变的过程中，家养动物和栽培作物至关重要，了解其驯化时间，可以帮助人们了解人类社会进化的关键点，从而了解人类社会的转变过程。

“狗可能是最早被驯化的家养动物。尽管它的驯化历史看起来很短，但却呈现出各种差异。现在不同品种的狗不仅外貌大相径庭，性情的差异也很大。”张亚平说，“同时狗也有和人类相似的疾病。”

张亚平对狗的研究还在进行之中。在张亚平的整盘“棋局”里，大致可分为这样几个研究阶段：

第一步，要了解狗的驯化历史，知晓驯化的时间、地点。目前，他们已经给出了初步解答，即狗起源于15 000年前的东亚地区。

第二步，需要对狗的驯化时间、区域作出更加准确的估计。“现在看起来，中国南方是关键区域。”果不其然，他们的研究已经证实了这一点。

第三步，需要回答“在狗的驯化过程中，究竟是基因上发生什么变化，才导致现在的狗形态行为生理上差异如此巨大，以及如此丰富的遗传变异是如何形成的？”这样一个问题。这就回到了张亚平的老本行——基因组研究。

“知其然，也要知其所以然。”这是张亚平经常对学生说的一句话。“我们把狗作为一种模式动物，了解其驯化过程中遗传变异如何，这能帮助我们了解家养动物和作物的遗传与育种，了解人类的疾病。”

7. “生物多样性”蕴涵的缤纷人生

张亚平的科研生涯，用他自己的话说，大体上可以分为四个阶段：

(1) 博士学位论文，主要研究中国猕猴的遗传多样性，同时兼顾大熊猫的进化研究；

(2) 博士后，研究食肉类动物进化关系以及大熊猫的群体遗传与保护，这部分的工作主要在美国完成；

(3) 回国之后，从最初致力于分子系统与保护遗传学，逐渐扩展到亚洲人群的遗传多样性和进化，以及家养动物的起源与遗传多样性研究；

(4) 随着基因组学的发展，近年来侧重开展了进化基因组的研究。

“回顾我的科研生涯，不外乎就是两个关键词：基因和生物多样性。”张亚平如此自我总结。

而在属于张亚平自己的“基因”里，更多的是“勇气”和“毅力”的DNA，他周身有一股遇到困难能顽强坚持，即便是一时跌倒在地，也要重新站立起来的血液在流淌。

“我的兴趣和爱好也十分广泛。”张亚平自诩。这，或许就是他本人所具备的“生物多样性”。

2008年，张亚平甚至带着他的学生去俄罗斯采集狼的样品，“我们去野外与狼亲密接触，由俄罗斯科学院的比雅科夫教授带着，去他的野外实验站，只要他学一声狼嚎，狼群也就开始嚎叫——这是人和狼的对话。我对直接和狼接触很兴奋、很新奇。有一只狼在很小的时候工作站人员就开始喂养，因此相对比较容易接近。我从真正触摸狼，到甚至还可以抱一抱它，能亲近生灵的感觉很好。”

“狼的毛和狗的毛基本上差不多。只是狼一般比较凶猛，这也与人们对于狼毫笔力字迹的追求相呼应。”张亚平介绍说：“我们和俄罗斯科学家合作，他们养殖狼群，可以帮助我们搜集不同狼的样品，我们研究分析狼的进化及其行为的遗传基础，今后有可能让狼和狗进行杂交——如今狼也有可能被驯化，狗和狼在生物学上并没有形成隔离，完全可能使得杂交成功。”

张亚平认为，对于昆明动物所人才队伍、实验室的发展而言，也同样需要有多样性的文化，也需要包容不同的思想观点、不同个性的人才。张亚平宽容与包容的品质，正如他个人的本色：“我无论到了什么地方，就会吃当地的风味菜，不仅仅只是一种尝试而已，我还很享受其中。甜酸苦辣都喜欢。”

张亚平度假时喜欢去海边，甚至和孩子一起骑摩托艇、乘降落伞，“但因为科研工作繁忙，我不得不放弃假期和许多业余爱好”。

“我现在同时身兼云南省科协主席等多个社会职务，但主要的工作当然还是在研究所、在我承担的科研任务方面。每天十几个小时，基本上是每周七天都在工作。我如果周末不工作，那反而是一件很不正常的事情。”说到这里，张亚平情不自禁地笑了。

记者采访结束后，张亚平似乎语犹未尽，告别后还特意折了回来，对记者补充了一句足以令人振聋发聩的话：“我的梦想是55岁退休，这样就能专注于我特别喜欢做的事情。”

现年不到45岁的张亚平当属风华正茂之时。作为我国生物多样性研究的一位优秀领军人物，张亚平何以梦想到了55岁就退休，他是想去开辟什么新天地呢？——这，或许就是“生物多样性”待解的不尽之谜吧?!

李春阳：从北欧树林到华西森林

李春阳，1967 年出生于浙江诸暨市，1999 年获得芬兰赫尔辛基大学博士学位，现任中国科学院成都生物研究所二级研究员，从事木本植物生态、生理以及分子遗传学的研究工作。芬兰赫尔辛基大学建校 350 周年青年研究奖获得者，中国科学院“百人计划”终期评估优秀奖获得者，国家杰出青年科学基金终期评估优秀奖获得者，“新世纪百千万人才工程”国家级人选。国际林学顶尖级学术期刊 *Tree Physiology* 亚洲地区唯一的科学编辑。近 10 年来，在国际主流学术期刊上共发表高质量 SCI 收录论文 80 余篇，被引用 800 多次，H 指数接近 20。至今，已培养博士生 21 名，其中 15 名分别获得了院长优秀奖、刘永龄优秀奖、地奥一等奖以及朱李月华奖等各类奖学金，1 名已成功入选中国科学院“百人计划”。

2009年2月11日，由国际科技合作计划办公室组织专家组主持，在北京召开了“森林与岷江上游：流域治理与生态系统重建”项目验收会。中国科学院成都生物所的研究员李春阳，是主持这个项目的首席科学家。

专家组验收认为：对岷江上游地区流域治理与生态系统重建，该项目所完成的调查研究，筛选出了植被恢复的关键种和功能群替代种。

李春阳自己的科研道路也已经表明：只有中国科学院这块肥土沃壤，才是最适合他成长的“生态系统”。

对项目取得重大收效的表达很拗口，李春阳所作介绍的乡音很费解，但这并不妨碍专家们对该项目以挑剔的眼光作出评价，因为李春阳本身就如同植物一样“抗逆”。

专家组充分肯定：该项目通过中国和芬兰的合作与交流，有效引入了芬兰退化生态系统治理的先进方法和技术，加速了我国在该领域内的研究进程，解决了特定环境下的生态恢复难题。

2010年1月，李春阳入选2009年国家级“新世纪百千万人才工程”。李春阳是走出北欧芬兰的树林，又一头“钻”进华西、岷江上游流域的森林里，他也打开了中、芬双方科研合作的一扇门户。

1.“诸暨普通话”的磕磕碰碰

采访李春阳的确是个费劲的活儿。他那浓重的浙江诸暨口音，甚至让有着多年采访经验的资深记者也不得不常常打断对话，让他再重复一遍。毫不夸张地说，学历这么高，留学这么多年，而普通话还说得这么差的科学家，《科学时报》记者还是第一次见到。

“诸暨人普通话都说得不太好，我很努力也讲不好普通话。我在上大学之前，老师一直都是用诸暨方言授课。我这辈子都没学过拼音，连学英语也没有学过音标。我当年的‘托福’考了600分，幸亏没有考口语，也没有面试。”今年42岁的李春阳，18岁离开故乡之后就很少回去过，但浓重的乡音还是在他身上烙下了抹不去的印记。

“不管我走到哪里，只要一开口，就亮了身份。”李春阳笑着说，“我对语言有种天生的恐惧感，不仅普通话说不好，英语就更糟糕了。好在我一天到晚和树木打交道，不用普通话交流！”

他这话并非自谦，1994年12月12日，李春阳从中国林业科学院赴芬兰留学，刚刚到赫尔辛基大学时，眼前这位中国学生说的“奇怪”的英语，甚至让他的导师完全听不懂。

第一次与导师Olavi Luukkanen教授见面，李春阳的自我介绍让Luukkanen教授大吃一惊。Luukkanen教授曾去过中国，和许多中国学者打过交道，在他的印象中，有些中国人的英文虽然也不太好，但也不至于差到这个地步。李春阳还对他解释说："我不仅是英文说不好，我说的中文甚至连很多中国人都听不懂。"

初次见面，Luukkanen 教授一共给了李春阳 45 分钟，询问了他在芬兰的学习计划和研究方向。这次特殊的面试"障碍"重重，Luukkanen 教授听不懂的地方，就让李春阳一再重复，或拿笔在纸上写下来。"初次见导师我原本就很紧张，而当他听不懂我的话时，我心里就更没底了。为了缓解我的情绪，导师特地给我冲了一杯咖啡。"李春阳说，"我永远都记得那杯咖啡的味道——那一杯咖啡让我学会了和学生的平等交流。"

现在的李春阳有了自己的学生，他带着浓重的口音给学生们讲课，学生们大都能很快地适应这位教授的"诸暨普通话"——简单的提问，学生们大多都听得懂；遇上一些难题回答不上来时，要点小聪明的学生会说："老师你的浙江话我听不懂。"这时，李春阳就会开始犯一个老毛病——"啰嗦"，李春阳这样自我解嘲，"既然学生听不懂，那我就多说几遍，说到所有人都听懂为止"。

"诸暨普通话"使李春阳早年谈恋爱时，姑娘们往往只要和他见上一面，就因担心无法语言交流而却步。"我和妻子张小路的结合完全是缘分。在赫尔辛基大学，我们住同一栋公寓的楼上楼下。她是沈阳出生，四川雅安长大，我和她的第一次见面，她对我的诸暨口音就很适应，彼此能交流得很好。我当时就想：我若要找妻子只有她最合适。"李春阳说。芬兰的夏天，到夜里 10 点依然阳光灿烂，李春阳约了女友出去散步，乡音并不影响他表达自己的爱意。1996 年他们顺利成婚。

"诸暨普通话"虽然磕磕碰碰，也没有成为李春阳科研道路的绊脚石。前些年，李春阳顺利通过了"国家杰出青年科学基金"答辩，评委之一的张亚平院士曾私下里对他说："普通话还是要学好的。"李春阳笑着说："我学了一辈子了都这样。但我心里清楚，普通话讲得不好，就要用好成果来补上——只要有了成果，哑巴也不怕。"

2. "为了做我喜欢做的事情"

李春阳的人生线条很清晰：1989 年浙江林学院本科毕业后，在东北林业大学只用两年的时间就获得了硕士学位。毕业之后在中国林业科学院工作三年，1994 年 12 月赴芬兰留学。数十年与树木的结缘，李春阳从诸暨田间的懵懂少年，已成长为中国第一流的树木生态生理学家。用他自己的话说，"搞科研、和树木打交道才是我真正感兴趣的。如果有来生，我还是会选这条路。"

在中国人的传统印象中，王牌企业诺基亚和北欧树林里的圣诞老人，几乎就是芬兰的"代名词"。许多中国留学生，无论是何专业背景，当年到芬兰之后大都选择了改行——那是个 IT 潮流席卷全球的时代，而诺基亚则成为许多国人眼中通往财富与成功的最佳通道。李春阳却丝毫没有动过这个念头，留学芬兰赫尔辛基大学，他选择了圣诞老人一样的生活，天天钻进芬兰神秘的树林中，与麋鹿与桦树为伴。在他的许多同学眼中，李春阳变成了个不折不扣的“异类”，但在他自己看来，他只不过选择了一个真正“感兴趣”的行当，“芬兰成了我的乐土，这里的森林占据国土面积的 2/3，林学和林业都十分先进”。

但李春阳在芬兰的求学经历，并不像北欧人的生活那样悠闲与浪漫。

在赫尔辛基大学的第一年，李春阳跟着导师和师兄做实验助手。期间，他对桉树产生了浓厚的兴趣。赫尔辛基大学设有“热带资源研究所”，主要致力于帮助亚非拉等热带国家作援助性的科研项目。在这个寒温带国度里，为热带资源研究建立了一个巨大的温室，搜集了许多热带植物，桉树就是其中之一。李春阳给自己选定的课题，就是作“桉树抗干旱能力”的研究。

做这个很有意义和价值的课题，却完全出乎 Luukkanen 教授的意料——李春阳的想法偏离了自己课题组的主攻方向。尽管 Luukkanen 教授为此特地向学校申请项目和经费，但是很可惜，没有成功。导师当时手中的研究经费，并不足以支撑李春阳这个看起来有些“离奇”的想法。Luukkanen 教授告诉这个固执的中国学生：“要么放弃自己的想法，加入到课题组的研究方向中来，那将可以继续获得课题组提供的奖学金资助；要么坚持自己的选题，但是很抱歉，没有一分钱可以提供。”

李春阳是个固执的人，只要他喜欢做和决定做的事情，就基本没有回头的余地。“假如导师给我钱，但要我做我不喜欢的项目，还不如不给我钱；让我做我喜欢做的项目，即便没有经费，我也下决心要将它做好。”

从赫尔辛基求学的第二年开始，李春阳开始了白天在实验室，晚上到中餐馆打工的边实验边打临工的“充实人生”。在中餐馆打工有个好处，即可以免费吃上一顿饭，还可以认识很多中国同乡。

期间，导师 Luukkanen 也给李春阳介绍了个很不错的工作：芬兰农林部与中国黑龙江的一个示范林场，建设合作项目需要翻译资料。为此，李春阳赚到了留学生涯中最大的一笔钱——3 万芬兰马克，相当于 5000 欧元。这样，他做桉树的科研经费和整整一年的生活费，总算有了着落。

回忆那段常人看来似乎异常艰辛的日子，李春阳却笑得很开怀：为了做自己喜欢做的事情，他可以去端盘子、切洋葱，最后成为餐馆里切洋葱切得最快的人，“一大桶洋葱，我可以闭着眼睛切，5 分钟就切完了”。

“为了做自己喜欢的事情，有时不得不先去做一些不喜欢的事情。不能坐在那里等着；等，你可能一辈子都等不到。”李春阳常常这样告诫他的学生。

对桉树抗旱能力的研究，成为李春阳独立科研的起点。正是因为这个课题偏离了课题组的主要方向，据此发表的所有文章，李春阳都是唯一的作者。他的博士学位论文也是由独立发表的这五篇论文组成，这也许是赫尔辛基大学历史上的唯一。为此，李春阳1998年获得赫尔辛基大学建校350周年青年研究奖，由大学支付一年工资作为奖励。

赫尔辛基大学规定，博士毕业至少要在国际知名学术刊物上发表3～5篇研究论文，按照常规，许多学生通常要用5～10年的时间，才能拿到这所名校的博士学位，而李春阳只花了不到4年的时间。毕业那天的宴会上，Luukkanen教授对众多的来宾介绍这位中国学生："他是我培养的最优秀的学生——花最少的经费，用最短的时间，得到最大的产出，我们创造了芬兰大学的一个奇迹!"

3. "只能在中国科学院工作的科学家"

谈到回国的缘由，李春阳用他的诸暨普通话，一字一顿地说了这么一句话："我的性格已经注定自己的命运，是一个只能在中国科学院工作的科学家。"

芬兰是个北欧小国，大学里一般只有正教授，没有副教授，通常教授的任免是由国家总统签字，同时要求教授必须用芬兰语来教授课程。"语言是我最大的一块短板，这也是我考虑回国的主要原因。"

李春阳坦言，他要回国，有两项必须坚守的原则：第一，不能在大学里教书。由于他那口难懂的"诸暨普通话"，学生说不定会把他从讲台上面轰下来。第二，不能做官。用他自己的话说，他属于"喜欢自由自在，不受约束，而且经常口无遮拦"的科学家性格。

"因此，我只能做科学家，并且只能做中国科学院的科学家——这里有很好的科学与民主气氛，这里成为我回国的唯一落点。"李春阳说。

李春阳选择中国科学院是"命中注定"，而选择成都生物所，则是中国西南优越的自然生境使然。

成都地处我国西南腹地，这里植物物种丰富，气候变化复杂，低海拔地区是干旱河谷，高海拔则呈现寒冷高峰——这与李春阳的专业相吻合。李春阳笑言："此外，西部人才还是比较匮乏，在中国这样的藏龙卧虎之地，我岂不是更容易凸显出来嘛!"

在中国科学院若干研究所中作选择时，李春阳考虑了三个地方——西安水保所、沈阳生态所和成都生物所。

2001年7月的一天，芬兰时间傍晚5点，北京时间晚上11点——李春阳清楚地记得那个时刻，他给这三个研究所同时发去电子邮件，"没想到我6点就收到了回复邮件，也就是北京时间的晚上12点"。

第一个给他回复邮件的人，就是成都生物所人教处的位东处长。李春阳想不到，他的邮件在子夜时分发出去，半个多小时之后就收到回邮。回国七八年了，他还常常感念中国科学院的两位“至交”——位东和时任中国科学院生物局局长的康乐，“正是他们的热情友好和周到服务，让我铁了心回国”。

2001年冬天，李春阳提交了“百人计划”资料，回国参加答辩；2002年，成都平原春暖花开之际，李春阳到成都生物所正式上岗。

“我在国内所获的成功，大半功劳要记在中国科学院头上!”李春阳说这话时一点都不含糊：留学芬兰已近八年没有回国的他，开始并不容易适应国内的科研环境。从写申请项目报告，到实验室建设团队招募，再到住房装修等生活琐事，中国科学院成都生物所的几个职能处，几乎是事无巨细、事事关心。

“没有它们的帮助，我的科研不可能这么顺利地展开。”李春阳说。2005年，他不仅“百人计划”项目终期评估为优秀，而且还拿到了“国家杰出青年科学基金”，成为中国科学院在森林生态与树木生理领域的首位“杰青”。

4. 逆境中的植物反而更坚强

回国后，李春阳研究的一项重要工作，就是主持“百人计划”基金项目“高寒环境胁迫下典型植物群落建群种的功能与应变”。在国家自然科学青年研究基金“干旱胁迫下杨树的用水效率、脱落酸积累及抗旱基因表达”项目的支持下，他发现了一个很有意思的结论：逆境中的植物反而更坚强。

学术界过去就已认识到，就植物中的雄株和雌株而言，它们对逆境的抵抗力并不相同。但传统的观点认为，雌雄植株在苗期抵抗力是相同的，只是雌株长成之后，为了开花结果，耗费了自身大量的营养物质，才出现了抵抗力下降的现象。李春阳通过研究并已得到验证，自然界中雌雄植株从幼苗时期就开始呈现出不同的抵抗力——不论是小苗，还是成株，都是雄株在逆境中的抵抗力较强。

这个发现源于一次偶然。李春阳无意间看到一组科研报道——男婴女婴对某种疾病的死亡率不同。科学家的敏感让他“灵机一动”：也许植物在幼苗期的抗逆境能力也存在差异？李春阳为此设计了一组实验，从最简单的环境差异开始到综合的环境差异。通过两年多的不断实验，李春阳团队终于发现了规律：雄株相比较雌株，对于气候变化有更强的适应性。

据此，他们写成了“青杨对干旱与升温响应的性别差异”，发表在2008年《植物细胞与环境》上。截至目前，李春阳课题组对逆境植物的雌雄比对研究，共已发表了五篇重要文章，并引起了国际同行的广泛关注。

对逆境植物的研究，始终是贯穿李春阳的林学科研主线。博士时期，他即便放弃了导师提供的奖学金，也要作桉树的抗干旱研究。博士后期间，他转到芬兰科学院院士 Tapio Palva 教授的团队中，进行桦树的抗寒能力研究。

回国之后，李春阳立足于中国西南，更是打出了一片属于自己的新天地，作出了“植物在逆境中更加坚强”的科学解释。

回顾和逆境植物打交道的这20年，李春阳颇有感触：植物如果生长在好的环境，在光、肥、水、气都充足的情况下，极易养尊处优。一旦外部条件发生改变，转为逆境，将容易萎缩甚至死亡。同样的一棵植物，如果一直在逆境中长大，它将具有更顽强的抵抗力和更旺盛的生命力。

“人，很大程度上又何尝不是和植物一样呢？我们那个年代出生的人，都是靠自己努力去和命运抗争，前半生都过得很辛苦。我虽然每次都有逆境，但每次都像跳高一样，勉勉强强跳过去了。”李春阳笑道，“我的运气还算不错。”

5.“五年限令”和“三公原则”

尽管李春阳深谙逆境对于人才成长的意义，但作为一位负责任的导师，他却不忍心让自己的学生走弯路。

在采访李春阳之前，《科学时报》记者只见过想方设法把好学生、好苗子留在团队中的导师，而像李春阳这样，对毕业留在自己实验室的学生有明确表态：“无论优秀与否，最多五年，你们必须从我这儿走人。”——这样的导师，记者还闻所未闻。

这条在外人看起来不近人情的做法，在李春阳带领的团队里，已经成了雷打不动的“家规”。李春阳团队里的固定成员不多，就五个人。他培养的所有学生，毕业后留在团队中的年限，都不得超过五年。

李春阳的第一个学生尹春英，成为第一个独立出去的优秀学生。2005年，尹春英博士毕业之后留在团队中。三年后，尹春英承担了国家科技支撑项目麻疯树课题中的研究专题，尽管项目不大，150万元的经费也不多，但她已经成长为一名独立的项目带头人。李春阳坚持让她离开，理由很简单：“在一棵大树的遮护之下，小树苗能成长得多高、多壮呢？”

“尹春英离开了我的团队，更能自己独当一面，有更大的发展空间。但她走到哪里都是我的学生，都有我的贡献。”李春阳说，“同时她还能空出位置，我能够吸纳新人，团队就像水库里的水，常换常新。”

除了这条“五年限令”外，李春阳还有一条“家规”——“公开、公正、公平”，这“三公”标语不仅被贴在实验室最醒目的位置，也在团队中每个成员心里生了根。

在这个团队里，实行的是中国科学院的“三元工资制”。所有团队成员的绩效不分级别，谁的贡献大，谁拿得的绩效就多。“我的博士生中，每年最高的能拿到2万多元，是生物所一般工作人员绩效工资的3倍多。”他们讲公平，但并不搞“平均主义”，同样是学生，绩效中最高收入和最低收入能相差十倍。

李春阳在成都生物所工作了八年，团队就已经连续八年里拿到了全所评比的绩效总分第一。李春阳把取得的这些效益，大手笔地用于资助学生到芬兰进修和深造，“我的所有学生都经过出国培训，没一个落下。这就是公平，我给他们创造的条件必须公平”。

李春阳的学生得到的“待遇”，让研究所的其他学生羡慕不已：他们每个人都有去芬兰进修和深造的机会，住芬兰科学院提供的三星级宾馆。此外，每人每月可以获得1000多欧元的生活补助。八年中，李春阳实验室共有25位博士生得到赫尔辛基大学的培训。至今有21位博士生毕业，其中有15位得到过中国科学院的各类奖学金。2010年又有4位博士生将于10月被派往芬兰培训。

李春阳的妻子张小路也成了一座“鹊桥”。张小路在赫尔辛基大学硕士毕业后不久，先是到成都生物所工作，后来因为研究所与赫尔辛基大学的合作关系，总是不断有学生在芬兰学习，于是干脆被派到芬兰常驻，“她的专长在于数据统计，而且性格温和淡定，学生害怕我的火爆脾气，很多事情宁可去找她说，每个学生的生日她也都记着，到时给他们送生日卡、蛋糕”。

2004年，李春阳领导的植物生态生理与分子遗传实验室，与Luukkanen教授领导的赫尔辛基大学热带资源研究所一起，合作组建了中芬退化生态系统恢复与重建联合开放实验室。此举得到了中国科学院、科技部、国家自然科学基金委以及芬兰科学院的大力支持，其中芬兰科学院提供30万欧元启动经费，科技部提供77万元人民币，中国科学院配套14万元人民币。2006年11月，中国驻芬兰大使馆大使马克卿在赫尔辛基大学校长的陪同下，对这个中芬联合开放实验室进行了专访，并给予很高的评价。

一条比他当年平坦得多的路，李春阳已为学生们铺就。

李新荣：沙坡头草根的强大力量

李新荣，1966年生，研究员，博士生导师，国家杰出青年基金获得者和“新世纪百千万人才工程”国家级人选。1995年在莫斯科大学生物系地植物与生态学专业获博士学位。自2001年以来先后在澳大利亚联邦科工组织水土所、美国宾夕法尼亚州立大学和德国柏林工业大学生态所进修和高访，德国 Alfried Krupp Kolleg 基金会高级研究员。现任联合国荒漠化防治独立专家、全国防沙治沙标准化技术委员会委员、中国地理学会自然地理专业委员会副主任、中国植物学会植物生态学专业委员会委员、中国生态学会理事、中国草地资源管理委员会常务理事、中国地理学会沙漠分会常务理事、《中国沙漠》副主编、中国科学院沙坡头沙漠研究试验国家站站长、生态与农业研究室主任和生物抗逆生理生态实验室主任。

2008年5月，首届“中国科学院王宽诚西部学者突出贡献奖”颁奖，中国科学院寒区旱区环境与工程研究所的李新荣研究员获得了这一称号；

2009年3月，李新荣和他的团队在中国科学院创新文化建设10周年总结交流会上，又获得了“中国科学院第四届创新文化建设先进团队”光荣称号；

2010年1月召开的2009年度国家科学技术奖励大会上，李新荣和他的团队获得了国家科技进步奖二等奖……

李新荣的名字非同凡响，是因为他担任中国科学院沙坡头沙漠研究试验站的站长，这两者密切地联系在一起。

沙坡头站以“草方格”治沙闻名于世。一块块相连的“草方格”，那貌似纤弱的麦草布阵联营，竟然成功地阻止了桀骜不驯的腾格里沙漠的入侵，充分显示了草根的强大力量。也正是这一块块相连的“草方格”，将李新荣留在了沙坡头站，抵御了外界种种的诱惑，在这里牢牢扎根并且一呆就是十几年。

1. 接受俄罗斯文化的熏陶

李新荣本身就是草根。他的老家在甘肃农村，西北林学院本科毕业后，他到中国科学院兰州沙漠研究所工作、读硕士。1989年中苏关系恢复后，两国互换研究生，国家教委在中国科学院选派24个人，当时李新荣正在上硕士二年级，也被派遣到苏联攻读研究生。

1990年秋天，李新荣飞抵莫斯科后马上被送上火车，三天三夜后到了土库曼斯坦沙漠研究所。最初与他见面的导师，是苏联的科学院院士巴巴耶夫，李新荣本来俄语的底子就不太好，只是临出国之前，在中国科学技术大学上了三个月的语言强化班。因此，一下子就要与这样的大人物见面，他心里不由自主地直打鼓，但巴巴耶夫院士见了他之后，第一句话就问：“年轻人，你知道在我们俄语里‘面包’是怎么说的吗？‘水’是怎么说的吗？”李新荣点了点头，巴巴耶夫和蔼地笑了：“既然知道‘面包’和‘水’是怎么说的，这就完全足够了，你可以在这里放心地学习和工作了。”

巴巴耶夫风趣和幽默的言谈举止，一下子让李新荣忐忑不安的心情放松了下来。

懂得“面包”和“水”，固然对在异国他乡的生存很重要，但这并不意味着诸事如意。因为李新荣的俄语底子薄，出洋相的事时常发生。比如，有一次请朋友到饭馆吃饭，俄语的菜名全然不知，李新荣只好念菜价，还特意挑那些较贵的菜点，结果饭馆一下就给他上了五大盘不同的肉汤，“吃了这么一次亏，后来我就学得聪明多了。我把菜单的名称抄了下来，并熟记在心”。

李新荣谦虚好学，与导师巴巴耶夫的关系相处得很好，但是随着苏联的很快解体，李新荣在他那里就读半年后，被重新分配到了莫斯科大学生物系。巴巴耶夫惜别依依，对李新荣说："今后无论你走到哪里，都依然是我的学生。"

李新荣在莫斯科大学的导师名叫巴甫洛夫。巴甫洛夫过去一直在高加索作植被的研究，与此前的巴巴耶夫是另外一种截然不同的风格。他平时话语不多，也不太喜欢开玩笑，李新荣初次见面问他："你是否乐意接受我做你的学生？"巴普洛夫顺手拿起书桌上的一张纸，用俄语写了很大的几个字："不反对。"这样的寥寥一言，就算代表莫斯科大学同意接受李新荣在此攻读他的博士学位。

在植物地理学研究领域中，俄国著名的两大学派之一，就是以莫斯科大学为代表阿略兴学派，而李新荣的导师是这个学派里的领袖。巴甫洛夫强调要注重在实践中研究，因此把李新荣带到莫斯科大学在郊外的一个名叫普希拉的生物实验站。

"在实验站那里整整呆了三年，我一辈子都忘怀不了。"李新荣对《科学时报》记者说，"大使馆每个月给我 300 美元的生活费，莫斯科大学每个月也给我 15 美元补助，这些钱对我的生活绰绰有余，除了给自己买了一个双肩包，外出时整天背在身上，我所有节省下来的钱，都买了要用的试验仪器和图书资料。"

这个实验站地处欧洲平原茂密的针阔混交林之中，李新荣每次外出采样，都要将自己包裹得严严实实，防止蚊子成群结队地叮咬。有一次样地调查工作大，李新荣出林子后就迷路了，天又完全黑了下来，唯一的办法是在公路旁等车。好不容易来了一辆破旧的伏尔加车，李新荣说自己是来自中国的留学生，这位热情的当地老人说："离实验站的路还很远，你先去我家住一个晚上，明天早上再走。"这天晚上他们正好举行家庭聚会，好客的俄国人不停地劝酒，让李新荣喝得酩酊大醉。第二天还让李新荣带了很多酸奶、面包，并开车把他送回了实验站。"他们家没有电话，我一宿未归，不知去向，可把站里另外的几位老师急坏了。"

普希拉实验站的条件很简陋，一共只有 3 台 286 计算机，50 多个人都在轮流使用，大部分人的论文撰写只能够用打字机。李新荣也申请使用了计算机，但时间却只能排在凌晨的 12 点到 4 点，"我发表的所有论文，都是在这个人们最瞌睡难熬的时间里，一字一字地敲出来的"。

导师巴甫洛夫对李新荣的要求很严格，强调他写的所有论文，都必须用俄语发表。当时李新荣觉得自己的俄语已经不错，可以正确地表达观点，但导师还是逐字逐句地帮李新荣作了修改润色。李新荣的博士学位论文题目是"俄罗斯平原针阔混交林植物功能群分析"，有十几位老师给他写了评语，别的老师给他的评语都很好，但其中有一个老师却说，他在论文里的结论"是放之四海而皆准的"，李新荣觉得这个评语不太好，很平淡不说，还让人感到莫名其妙。巴普洛夫鼓励李新荣说："你不要曲解这位老师的意思，这说明你的工作做得很正确、数据扎实可靠。"

在俄罗斯五年的留学深造，对李新荣来说，学到的不仅是一些专业知识，真正能够对他影响一辈子的，是潜移默化中培养出来的文化素养，“虽然我是从中国农村出来的，但通过在莫斯科大学的学习，我不仅知道了什么是芭蕾舞，还领略了俄罗斯丰厚的文化底蕴”。

李新荣的俄语老师是位文学家，她经常组织李新荣等外国留学生，闲暇之余去观看芭蕾舞、杂技和马戏等。“苏联大剧院金碧辉煌，我在那里看的第一场歌剧是《黑桃皇后》。当时我想：老师怎么会请我们看这么好的歌剧啊？过后肯定要给我们布置作业。所以，当天的那场歌剧我根本就没认真看，而是一边看，一边背节目单，第二天老师果然考试，问我们昨天看的歌剧是什么情节？我因为早有准备，就把节目单背了一遍，老师先是对我表扬了一通，接着又批评我：‘你昨天花心思仔细看的，肯定是节目单而不是歌剧’。”

莫斯科大学的教育比较全面，李新荣在那里除了上专业课外，还学习了托尔斯泰、普希金等文学巨匠的作品，如《战争与和平》、《上尉的女儿》等小说，其中一些章节李新荣都能背下来，“虽然在苏联解体后，老师们的工资收入普遍都很低，每个月就 2000 多卢布，折合一二百美元，但有时老师还自己掏钱，给我们买剧院的演出票，让我们阅读古典文学名著，由此接受俄罗斯传统文化的熏陶”。

2. 从毛乌素回北京的灰头土脸

从莫斯科大学学成回国后，李新荣来到中国科学院北京植物所做博士后，“我联系的导师是张新时院士，张老师虽然是著名的生态学家，但平易近人，当时他是研究所所长，还亲自在内蒙古的毛乌素沙漠里作科研。我在见到他之后，更是对他佩服得五体投地：他的口才是我见过的科学家中最好的一个，无论听他讲课还是作报告，那都是一种享受，能够调动学生的积极性。”张新时老师告诉李新荣：“你在俄罗斯留学五年，现在俄语水平算很不错了，还应该把英语也好好地捡起来。已经掌握了一门俄语，反过来学习英语也比较容易。”

当时毛乌素的科研和生活条件很差，所有的科研人员都住在临时搭建的简易平房中。四位博士两位博士后，四个人一间平房，晚上夜深人静时，都能听得见矿工在地下采煤的咚咚声，“在调查样地附近没有吃饭的地方，我们每天都早出晚归，才吃一早和一晚的两顿饭。有次在野外干完活了，却没有车回到驻地，大家虽然身上也带着钱，但饿得饥肠如辘轳直打转，只好爬到树上吃榆钱充饥。”李新荣平静地向记者讲述这一切。

那年冬天，李新荣在站里的工作暂告一段落，和另外一位博士生从毛乌素要回到北京，李新荣说，“我们身上背着土样，怀里抱着一大捆的葡萄苗，找了辆当地的煤车，把我们拉到包头准备上火车。看见我俩浑身上下灰头土脸的模样，还要买卧铺的车票，见到的人都不由地取笑我俩说：一看就像是只会蹭票的‘盲流’，这样的人出门还能坐软卧？但是因为春运铁路运输繁忙，我们要赶时间，还真的只好乘坐了卧铺”。

从草原到荒漠，从黄土到沙漠，鄂尔多斯高原是一个多层次的生态过渡带，李新荣的博士后出站题目，选择了“鄂尔多斯灌木生物多样性保护研究”。“因为张老师富有洞察力的指导，使得我在这里两年的科研没有走弯路，也坚定了毕生从事沙漠研究的志向。”

以前出野外路况很差，鄂尔多斯所有的旗都跑下来，一圈就要花半个月，张新时老师带领的团队，工作十分勤奋、刻苦，白天马不停蹄地四处奔波，晚上还要灯火通明地加班。李新荣说：“在同一个团队里，两个勤快的人加上一个懒人，这个懒人即便想偷懒都不成。我跟着张新时老师受益匪浅。现在我带领的沙坡头团队，也秉承了张新时老师当年带领团队的优良传统，以工作勤奋出名。”

3. 听到沙坡头漫天风沙的召唤

1997年李新荣博士后出站，中国科学院北京植物所不仅要留他，还承诺给他分房子，“别人是削尖脑袋都要往北京跑，我却想回到兰州来。因为兰州沙漠研究所不仅离自己的老家近，该所的沙坡头研究站名声也很大”。

北京植物所给他的职称是副研，但在兰州沙漠所他却只有助理研究员待遇，当时他的工资只有360元，房租却要111元，只剩下200多元。好多人劝李新荣：即便不在北京植物所工作，还不赶快借博士后出站的机会，在北京找一个其他单位，甚至嘲笑他说：“所有的孔雀都往东南飞了，你如果不是傻麻雀，干吗还要往西北落脚？”

但李新荣对沙坡头充满了感情，他说：“这里和毛乌素的工作类似，长期出野外，更能让我心胸开阔、心情愉快。”

在李新荣的内心，对沙坡头有很深的情结：

1958年8月1日，包兰铁路正式通车，这一横贯中国西北的交通大动脉，仅从中卫县境内穿越腾格里沙漠的路段，就长达55千米。创造性地使用“以固为主，固阻结合”的固沙原理，以1平方米的草方格和栽植旱生灌木锁住了黄龙，确保了包兰铁路50年来在沙漠中畅通无阻。

“1982年，美国《国家地理杂志》首开先河，把沙坡头扎麦草方格的技术介绍给了世界。”李新荣自豪地告诉记者：“后来，南非、沙特、埃及等国家，都纷纷采用了这项独特的治沙技术。”

或许是前辈的荣誉，或许是肩负的责任，沙坡头在冥冥之中的召唤，使李新荣毫不犹豫地来到这里挑起重担，而且在这里一呆下来就是10多年。

“刚去沙坡头站的时候，我肩上的压力也很大，老前辈已经作出了巨大的成就，如第一任的站长李鸣冈，是国家科技进步奖特等奖的首席科学家；中国科学院建院 50 周年的时候，一共做了 16 张明信片，沙坡头站就是其中之一。”李新荣介绍说：“那时沙坡头站虽然名声很大，但工作条件并不是太好，基础研究相对薄弱。我去的时候，除了继续面向国家战略需求外，还想加强基础研究。况且，我们不可能一辈子吃老祖宗的饭，前人栽树，后人遮阴，现在我们也要栽树，给后人留下一片荫凉。重新对沙坡头的学科发展定位，我们要做出自己新的成绩。”

1999 年 11 月，李新荣去澳大利亚进修，在阿德雷得联邦科工组织水土研究所，接待他的 Rob Fitzpatrick 教授问：“你研究荒漠里面的什么？”李新荣回答：“主要是研究水土和植物。”Rob 教授又问：“荒漠里有土壤结皮，你知道这个现象吗？”这是李新荣第一次听说土壤结皮，因此马上穷追不舍地刨根问底。Rob 随即给李新荣介绍了另一位 Ken 教授。

Ken 教授是国际上土壤结皮研究的权威之一，李新荣不耻下问，经常到他的办公室里探讨。他给了李新荣很多相关的论文资料，李新荣在对这些资料充分消化之后，回国便用汉语写了国内第一篇有关这方面的综述文章。

李新荣模拟了沙漠里的降水截留等问题，紧接着又写了一篇英文的文章，Ken 教授看了之后觉得文章很好，只是字句上还有些问题，英语的应用比较半生不熟，在帮他作了一些文字上的修改后，论文发表在德国的一本专业杂志上。这也是李新荣的第二篇 SCI 文章。

李新荣在澳大利亚进修期间，最喜欢呆的地方就是图书馆。一看图书馆中有那么多的资料杂志，他高兴得流连忘返。Rob 教授问他：“你还需要我帮你做些什么？”李新荣说：“如果方便的话，请你帮我办一个可以免费复印的卡就可以了。”连续泡了三个多月图书馆，李新荣像饕餮般地对最新知识进行了“饿补”。

回国时，李新荣搬了一大箱子的书。那些重要的科研文献，从 20 世纪 70～90 年代末的，他都复印下来了，“国内当时基本还停留在描述性研究，在这一点上我的起步比较高，通过对土壤结皮国际前沿的系统学习，我了解了国际同行的研究水平”。

“我和 Rob 及 Ken 教授的交往，纯粹是科学家之间友谊的奇缘。”李新荣说：“现在，我们沙坡头站已经成为国际土壤结皮研究的一个中心，我本人也成长为土壤结皮的一位专家。”

4. 敲响挂在院子里大树上的“铁钟”

2003 年 6 月的一天，沙坡头的气温非常高，地面温度达到摄氏 50 多度，下午3点左右，李新荣及站里的同志和往日一样，都冒着酷暑在实验室工作，这时中卫县的领导同志跑进站里，对李新荣说："曾庆红副主席一会儿就要来这里视察，请你们赶快做好接待的准备！"

无论是中国科学院还是当地的领导，事先都没有对站里发过通知，而且因为是在烈日炎炎的夏天，屋里没有空调，大家当时都是光着膀子、穿着短裤。接到这个临时通知时，李新荣的第一个反应就是赶快集合大家。

就像一些贫困地区的小学那样，站上平时吃饭作息就听钟声。他们将锯下来的一截子旧铁轨，多年来挂在院子里的大树上，用榔头一敲打，用来通知大家吃饭或者集合。这时李新荣也赶快敲响了钟声，在院子里扯开嗓子一吼：同志们，中央领导同志来视察了，大家赶快来这里集合！

沙坡头站的30多位职工，在几分钟之内就迅速地在院子里列队站好。过了不一会儿，宁夏回族自治区的领导就陪同曾庆红副主席到来了，"我们站里的同志都很年轻，我当时算是最年老的，也只有30多岁。我代表沙坡头站，向曾庆红副主席做了工作汇报，说我们长期在这里坚持治沙和科研，就是为了保卫包兰铁路和西部的生态恢复。曾庆红副主席说：没有你们工作上的大力支持，包兰铁路就不能畅通无阻几十年。这就是基础研究。一些基础研究在较短的时间内，或许暂时看不出它的效应，但从长时间看就能看出它的作用。"

李新荣还详细讲述了沙坡头站所开展的系列荒漠生态系统"水、土、气、生"监测、研究和示范工作对西部生态环境建设的重要指导意义。

曾庆红副主席在站上一个多小时，对李新荣的介绍听得津津有味，最后把本来安排在后面的好几个参观点都取消了。

国家副主席曾庆红视察沙坡头站，拍摄照片的新华社记者也是位有心人，后来他专门托宁夏记者站的同志，放大了三幅送给李新荣。其中，一副挂在沙坡头站，一幅挂在李新荣在兰州的办公室，一幅挂在中国科学院兰州分院。

5. 神态自若地站在外国的讲台上

2004～2005年中有半年时间，李新荣应邀到德国做访问学者。在柏林工业大学生态研究所，他和Stefan Zerbe教授交谈甚欢。Stefan Zerbe认为，李新荣目前的研究水平，实际上已经与德国学者差不多，欣然让李新荣给德国学生上课。

李新荣婉言推辞不得，只好对学生和大同行讲了三场课：第一场，讲中国干旱区生态工程建设；第二场，讲生态恢复的理论和实践；第三场，讲中国在恢复生态学方面的理论贡献。

李新荣没想到，这三场课都大受师生好评。Stefan Zerbe教授喜出望外，又提出与李新荣合作写论文。"随着我国国力的逐步增强，我国科学家正走向国际舞台，我自己的成长经历，也是从到国外老老实实做‘小学生’，一切都是向别人学习开始，到现在能够神态自若地站在外国的讲台上，和别人平等地进行交流与对话。”

2007年是中俄友好年，中国科学院常务副院长白春礼率团去俄罗斯访问，李新荣是代表团成员之一。李新荣一直想借此机会，与莫斯科大学的老师巴甫洛夫联系，还特地给他准备了两盒高级领带，“因为巴甫洛夫老师的穿着都很体面，过去常常是喷着香水，西装革履地来给我们上课”。但是，因为老师当年的电话都变了，所以李新荣拜会老师的愿望最后只能无功而返。

回国之后的一天，李新荣办公室的电话突然响了，一个人在话筒里对他哇啦哇啦地讲起俄语，这是他当年非常熟悉、非常亲切的俄语！当知道对方就是自己导师的时候，李新荣不由地惊讶了好久：自己在莫斯科苦苦寻找当年的导师，没想到却来到了中国！导师是从成都给李新荣打来电话的，虽然他目前已经退休，但是和中国科学院成都山地所有个合作基金项目。在电话里，巴甫洛夫郑重其事地和李新荣相约：今后，该是他这位当年的学生故地重游，给莫斯科大学的年轻学生讲学了！

6. 国家科技队在地方的“大使馆”

李新荣对《科学时报》记者开玩笑地说：竺可桢先生是位“风水专家”，50多年前他对沙坡头站的选址，背靠沙丘，面对黄河，堪称一绝。虽然在这里的工作比较艰苦，但生活在黄河的拐弯处，起码用水很方便。

李新荣说：“一个好汉三个帮”，团队的文化建设很重要，为此，他要感谢学生和同事的全力相助。“野外台站的工作作风和西北风一样，凛冽而又粗犷，但科研单打独斗的时代已经过去，我们还要在大协作重强调细腻的组织。”全国人大常委会副委员、中国科学院院长路甬祥2005年视察沙坡头站期间，将该站这种良好的学术氛围称为“沙坡头精神”。

“沙坡头站是国家研究站，设有开放基金，无论国内的哪一个科研单位，都可以申请来我们这里作科研。”李新荣介绍说，“我们这里提供的水、土、气、生数据，就是要让大家都来共享，所有的数据都可以向全社会开放。”

目前，李新荣承担着国家杰出青年科学基金、重点和面上基金，以及国家科技支撑课题，他的研究方向是干旱沙区植被-土壤系统修复的生态水文学基础。此外，他也是中国科学院少数几位获“杰青”的野外站站长。

李新荣的科研工作除了在沙坡头外，他也很注重成果的辐射。如甘肃的金昌，镍金属在开采之后，尾矿重金属的土地污染严重，产生了很多生态问题。2007年，李新荣应邀帮助当地政府，作了老尾矿的植物生态修复设计，受到了地方和企业的好评。他们也将干旱区矿区生态恢复作为研究站的一个新的方向，并与地方签约长期合作。

“鄂尔多斯市林业局消息灵通，得知我在早年跟着张新时先生，在当地做过两年的博士后，对这里很有感情，就邀请我帮他们解决一些现实的问题。这里作为国家的能源基地发展很快，想搞一个高科技灌木生态园，把全球干旱区的一些灌木物种搜集到园里，同时展示防沙治沙成就。”李新荣说：“沙坡头也有生物多样性基地，共有 330 多个荒漠灌木物种，我想完全可以将此经验移植或嫁接过去，再加上新的设计理念，便是一件十分有意义的事，于是就答应了与他们开展合作。”

2009 年 3 月 23 日，李新荣承担的“鄂尔多斯高科技沙生植物生态园”规划设计项目，在鄂尔多斯市林业局通过验收。

由院士张新时任主任的评审委员会一致认为，“鄂尔多斯高科技沙生植物生态园”规划设计方案科学合理、起点高、内容翔实。首先该方案突出了植物园的核心功能，植物选择定位准确、数量充分。其次，方案中多处体现了现代化和高科技理念，如设计采用数字化管理系统、沙生植物繁育高新技术等现代高科技手段。

李新荣常说：“我们从事野外生态学研究的科学家，与实验室的科学家有所不同，论文不仅要发表在杂志上，而且还要写在广袤的大地上。”李新荣和他领导的团队的工作，确实也得到了地方的充分认可。作为项目负责人，2007 年李新荣获得了宁夏回族自治区科技进步奖一等奖，2008 年获得了甘肃省自然科学奖一等奖，2009 年获得了国家科技进步奖二等奖。

“要在地方开展工作，就必须为地方作出实际的贡献，才能得到它们的认可。我们沙坡头研究站，就是国家科技队在地方的一个‘大使馆’，从有求必应到主动服务，我们也实现了角色的转变。”李新荣笑着对《科学时报》的记者说：“地方老百姓是‘草根’，我本人也是‘草根’。“‘草根’的力量是巨大的，它是我国野外科学工作最大的力量之源。”

杨学明：献身科学的“反应”与“动力”

杨学明，1962年10月生于浙江德清，现任中国科学院大连化学物理研究所研究员，兼分子反应动力学国家重点实验室主任。1982年毕业于浙江师范大学，1986年获中国科学院大连化物所硕士学位，1991年获得美国加州大学圣巴巴拉分校博士学位。在过去的二十年中，杨学明利用自行研制的分子束科学仪器在态-态反应动力学研究领域做出了系列性的杰出研究工作，共发表论文近200篇，其中在*Science*和*Nature*上发表论文共8篇。他的研究工作两次被选为“中国十大科技进展”。曾获国际自由基会议布洛伊达奖、海外华人物理协会亚洲成就奖、中国科学院杰出科技成就奖、何梁何利基金会科学技术进步奖、周光召基金会杰出青年基础研究奖、长江学者成就奖和国家自然科学奖二等奖等。

2009年1月9日对杨学明来说，是一个非常值得纪念的日子。这天，国家科学技术奖励大会在北京隆重召开，中共中央总书记胡锦涛出席，并亲自为他颁发了“2008年度国家自然科学奖二等奖”的奖牌。

杨学明是中国科学院大连化学物理研究所（简称大连化物所）的研究员、分子反应动力学国家重点实验室主任。

13年前，因为要到台湾的“中央研究院”当研究员，杨学明不得不加入美国国籍；如今回到大连化物所，他终于恢复了自己的中国国籍。献身科学事业，是杨学明的第一“反应”，也是他的第一“动力”。

1. 深得科学大师的真传

1978年，杨学明考入浙江师范学院物理系时，年纪还不满16周岁。对于大学的学习生活，杨学明满怀感念。他说，那是自己真正成长的四年，无论对于学问还是心智。

杨学明认为自己并不是一个特别聪明的人，直到今天他还能在科研的道路上坚持，凭借的就是他对科研执著的兴趣。在大四时为了考研，以前没有学过量子力学的杨学明，必须通过自学，提早通过量子力学的考试——量子力学是大多数物理学研究生考试的必考课目。

杨学明利用暑假的两个月，自学完成了量子力学的课程。为了获得开学以后的免修资格，他必须在开学后的两个星期内参加考试，而且成绩要达到85分以上。但是，那一次的考试，他只拿到了80分。量子力学老师李鹤年批阅了杨学明的试卷，发现他在数学计算等方面毫无问题，只是基础概念稍有欠缺，同时，从整个试卷可以看出，他对这门课的大局把握能力很强。

李鹤年老师把试卷交给了物理系主任，说：“这是一个研究生的好苗子。”系主任问李鹤年：“你敢为他打包票吗？如果你敢，那你就让他通过。”就这样，杨学明得到了量子力学课程的免修资格。后来经过严格的考试，杨学明顺利考上了中国科学院大连化物所的研究生。

杨学明至今仍感念李鹤年老师当年的帮助，从此他对科学研究有了感觉，而这种兴趣一直延续到了今天。

杨学明的人生履历和许多科学家一样，既简洁又厚重。在中国科学院大连化物所拿到硕士学位后，1991年，他在美国加州大学圣巴巴拉分校获化学博士学位。此后的四年，他分别在普林斯顿大学、加州大学劳伦斯伯克利国家实验室做博士后研究，1995年赴台湾“中央研究院”原子与分子科学研究所工作，2001年起，任大连化物所分子反应动力学国家重点实验室主任。

回想自己一路走来的历程，杨学明重复得最多的一句话就是：“我是很幸运的，几乎一路都能与巨人做伴。”

几乎从每一位导师的身上，杨学明都学到了对研究生涯至关重要的东西，而且他所遇到的每一位老师都有一种对科学的痴迷。

在中国科学院大连化物所，杨学明师承张存浩院士和朱清时老师，这两位学术泰斗将他引入了化学物理这一研究领域；在加州大学圣巴巴拉分校攻读博士学位时，他的导师是阿力克教授（Alec Wodtke），这位导师是李远哲的学生，仅仅比杨学明年长三岁，在杨学明的印象中，“他非常具有活力——他让我第一次真正感受到作研究的乐趣，以及解决科学问题后的感动，也让我意识到科学不只是一种数据的累积，数据及理论后面的科学问题才是最重要的”。

而对杨学明影响最大的，莫过于加州大学劳伦斯伯克利国家实验室的李远哲教授，从这位享有国际声誉的诺贝尔奖获得者那里，杨学明学会了从事独立科学研究的能力，学到了一种冲击科学前沿的信心和能力。“这是我今后研究工作的一个重要基础。”

杨学明至今还记得，十几年前，在伯克利分校跟随李远哲教授做博士后时，他得到了科研人生中最重要的一个建议。在同步辐射光束线上设计非常复杂的分子束仪器时，李远哲对他说：“我建议你应该首先跟着工程师们，好好学一学怎么样设计仪器。”

在李远哲的实验室中，几乎所有的仪器设备都是由他亲自领衔操刀制作。在加州大学劳伦斯伯克利国家实验室，有一个实力强大的专门做科学仪器设计和研制的小组。杨学明花了整整一年的时间，跟着实验室的工程人员，在计算机上做出了他人生中第一套复杂仪器设计图纸，“这是我第一次真正从头到尾做仪器，把自已要设计的仪器想得非常清楚。要学会自己做仪器，这恐怕是我这辈子接受过的最重要的一个建议”。

2. 天才的“仪器设计师”

恐怕连李远哲教授自己都没有想到，正是他的这个重要建议，造就了杨学明今日的成就与辉煌，成为至今他最优秀的学生之一。

一谈到科研仪器研制，杨学明立刻就显得精神焕发。现在的分子反应动力学国家重点实验室中，几乎所有的实验用仪器都是他亲自设计的。

在加州大学伯克利分校做博士后期间，杨学明设计、建造了一部与同步辐射光源相结合的通用型交叉分子束的装置。由于他精巧的设计，该装置第一次在光分解与碰撞反应过程中获取了多原子自由基产物的角度与速度的分布，并阐明了多通道产物形成的详细情形。

1995 年，杨学明到台湾的“中央研究院”工作，并参加了世界最先进的交叉分子束装置的设计制造。这部仪器真正成为世界上最先进的此类设备。“当然杨学明的贡献是最重要的。”李远哲在后来评价这项工作时这样说。

杨学明除从事通用型交叉分子束实验研究之外，还独立研制了一套目前世界上分辨能力最高的设备——里德堡态氢原子的速度分布测量装置。

杨学明在自行设计研制的氢原子里德堡态飞渡时间谱仪前

在回到大连化物所工作之前，杨学明还自己动手，研制成功了一部改良型同步辐射专用通用型分子束光化学与化学反应器。这部仪器确实比之前在伯克利国家实验室的同类仪器更加优越。在环丙烷的光分解的研究，尤其是在各种自由基产物的检测上，它证明没有任何一台仪器能够取得更好的结果。李远哲评价说，“这部仪器将会带给交叉分子实验新的一页”。

“能做出别人没有的仪器，就能看到别人看不到的现象，得到别人得不到的结果。”实验室年轻的博士研究生任泽峰把杨学明成功的重要因素，归结于他对仪器的熟悉掌握。

与大多数人惧怕机械设计耗时伤神不同，杨学明乐于亲自设计仪器的技术图纸，随着时间的日长天久，实验室里的图纸摞起了一大堆。杨学明不但不会把图纸设计丢给工人不管，而且还会亲自到工厂车间和工人们一块讨论，对于制作仪器的每一个细节都十分关注。对于仪器设计制造，杨学明总是不吝惜时间，而且保持着一份工匠般朴素的热情。

还在台湾时，杨学明经常从台北驱车，到新竹的一家机械加工厂，观看自己设计出来的仪器的制造过程。曾在台湾访问的大连化物所的戴东旭研究员，仍清楚地记得当时的情景：“杨学明到了工厂之后，原本应该由工人做的事情——对仪器进行超声波清洗、水洗、风干，他都乐于亲自去做。”

“若都是靠购买的仪器作科研，往往抓不到最前沿的东西。干我们这一行的，要想做出点成绩，就必须自己制作仪器。”杨学明说，他坚持自己设计仪器的原因还在于，他想求解的科学问题所需要的仪器往往都买不到，只好自己动手去做。

3. 归来是生命中的轮回

大连化物所分子反应动力学国家重点实验室有一位“孪生兄弟”，它“生长”在中国科学院化学研究所。化学研究所反应动力学国家重点实验室有位研究员王鸿飞，早在七八年之前，就对时任中国科学院大连化物所所长的包信和说过这样一句话：“我个人认为引进杨学明，是你做所长期间做的最漂亮和最成功的一件事情。”王鸿飞还借题发挥说：“如果研究所或大学的领导，都早有包信和他们这样的眼光和胆识，中国的科学和学术界还会没有希望吗？”

作为圈内的一位权威人士，王鸿飞此言不虚。

2001年秋天，大连化物所通过中国科学院出台的各种政策，从台湾原子与分子科学研究所引进了年轻学者杨学明。过去几年中已经证明，杨学明不仅领导自己的团队做出了国际上非常引人注目的研究成果，而且在整体上提升了国内的反应动力学以及实验与理论物理化学的研究水平。

杨学明中等个头，戴一副黑边框眼镜，经常穿一身休闲装。而他那略微有些灰白的头发，与他那孩子般灿烂的笑容，形成了极其鲜明的反差。

杨学明的办公桌上，摆着一张他小女儿的照片。2001年，早在杨学明“全时回归”之前，女儿就先于他“全时回归”了。杨学明只好请来他的姐姐，在国内照顾女儿的生活。“女儿在美国出生，在美国上幼儿园，在中国台湾上小学，在中国内地上初中。”一路不停地走来，她那稚嫩的小脚印，伴随着父亲的大脚印。

回归，是杨学明心中始终绕不开的情结，无论他身在何处。他等待的只是一个契机。

2001年，杨学明应邀来到大连化物所访问，正在外地出差的所长包信和得知此消息，便在第一时间里拨通了杨学明的电话。包信和所长单刀直入，问杨学明是否有兴趣来到大连化物所工作。

在杨学明的面前，呈现出一副极具吸引力的美丽前景——中国内地的科研实力与日俱增，科研支持力度前所未有，科研环境公平、开放。电话中，杨学明对包信和撂下了一句话：“只要你能够说服李远哲先生，我就回来！”

回到台湾之后，杨学明找到李远哲先生，向他“坦白”了到大连化物所工作的意愿。意料之中，李远哲教授并不愿意就这样放弃——毕竟他是自己手下的一员得力干将，再加上考虑到两岸的政治关系，李远哲教授当时建议杨学明，“缓一缓再说吧”。

这一次，做学生的杨学明，却没有考虑接受导师李远哲的这个“建议”。在杨学明的直接引见下，大连化物所所长包信和特地飞赴台湾。在李远哲的办公室中，用了半个小时，包信和说服了李远哲。“国内分子反应动力学国家重点实验室的确需要主任，杨学明是最适合的人选。”

李远哲自己就是分子反应动力学国家重点实验室的名誉主任，他实在无法对包信和推诿。2001 年 8 月 8 日，李远哲亲自给包信和写了一封信，对杨学明的工作聘任加以推荐。信中如是说：“在过去的 30 年内，跟我一起从事研究的研究生与博士后的研究人员约有 140 位，其中真正学会各种复杂的交叉分子束相关的实验技巧，而能够设计、建造并从事精确的实验而做出世界一流的实验工作的人，到目前为止，可能非杨学明莫属了。”

李远哲的信中还说：“杨学明虽然还很年轻，但他已经在世界上建立了很好的声誉。在许多国际分子束会议里，他常是 Invited Speaker。他确是‘中央研究院’内少数能够在美国的研究大学取得教职的一位科学家。他性情开朗，很容易跟人相处，工作非常努力，在他手下一同工作的研究生，对他大师的风范非常佩服。他确是一位非常杰出的实验物理化学家，我想目前很少能找到像他那样拥有丰富的实验成就，并对科学研究这么有热忱的人。从他过去的表现，我相信杨学明教授加入大连化物所，对贵所反应动力学的提升有正面的意义，我愿极力推荐他的聘任案。”

大连化物所采取“特事特办”，立即拨给杨学明 1000 万元启动经费。与此同时，大连化物所还给了杨学明宽裕的“过渡时间”：2001 年作为回来的第一年，他只需在大连化物所工作两个月；第二年四个月；第三年八个月。

对于杨学明这位年轻学者的成长空间，包信和考虑得细致而周到。而后来杨学明所取得的优异成就，也印证了包信和这位战略科学家的远见卓识。

回想起建设实验室的那段时期，杨学明印象最为深刻的，就是那段“非典”时期。

2003 年春夏之交，正是国家重点实验室建设的关键时期，而此时偏偏遇上了 SARS。无论是回大连还是去台湾，只要乘坐的飞机一落地，杨学明首先都要因为 SARS 而被隔离上好几天。那时，两岸包机尚未启动，杨学明只好一趟又一趟地从香港转飞机。到过世界各地众多的机场，杨学明对香港机场最为熟悉，而他几乎所有的衬衫衣物，都是转飞机时在香港购买的。

“那时在机场上网也不方便，不像现在我还能打开便携式电脑，随时随地就可以上网处理事务，来回转飞机的确是很耽误工作。”杨学明介绍说，“有几次为了避免 SARS 的隔离，我只好从台湾绕道去欧洲参加会议，再由欧洲转飞机到大连，因为欧洲没有 SARS 发病的病例，所以人员进出的管制比较松。”

4. 依靠创造的独门秘籍

化学反应共振态研究，是 30 多年来化学研究中的一个经典难题。从 20 世纪

70 年代初美国科学家推测，在氟加氢分子反应中可能存在这种反应共振现象以来，科学家们始终未能从实验中直接观测到它的存在。杨学明早在美国读研究生时，就已经密切关注这一领域的研究动态，来到分子反应动力学国家重点实验室后，他决定向这个“世界级难题”发起冲击。

2004 年 11 月，分子反应动力学国家重点实验室新建造了一台里德堡态飞渡时间谱仪，并顺利通过了中国科学院的验收。杨学明亲自设计和研制了仪器的关键部分——真空腔体和分子束反应器，并与同事们一起，对主要部件进行了优化。

正是借助本领域这一最得力的实验手段，杨学明团队于 2004 年底在这个新装置上，首次获得了氟加氢反应产物转动分辨的微分反应截面，完成了一个极具挑战性的课题。虽然这是一个初步结果，但却具有重要的学术意义。2005 年 1 月，该成果发表于在美国召开的国际高水平学术会议——高登（Gordon）会议上。

虽旗开得胜，但杨学明并不能就此止步。他面临的新的问题在于：如何在这一“初步结果”的基础上，继续将实验研究深入下去？

这个看似简单的反应，难点却不少：一些颇具挑战性的前沿课题，需要在“低能”碰撞条件下进行。因为只有在“低能”下，才能观察到一些奇特而有价值的现象，如共振、隧道效应以及其他有趣的苗头。因此“低碰撞能”实验就成为科学家热心追逐的目标，但同时它又是一个棘手的难题——能量的降低使分辨率变得很差，此时的谱图变成一个大包。总之，“凡是人们感兴趣的位置都是微弱信号，凡是想测的东西都测不到”、“氟原子束的速度分布太宽、分辨率不够高；氟原子浓度太低，小信号难于检测”，实验一时陷入了困境。

对于这些问题，杨学明的解决办法就是他创造的独门秘籍——改进仪器设备。依靠自行设计、自行加工，在双手灵巧的杨学明及其同事的共同努力下，一个经过改造的新氟原子束源出台了。同样在这台仪器上，杨学明重新精确确定了交叉束碰撞角度，不断优化并提高装置的分辨率。终于，他们成功观测到了氟加氢反应的全量子态分辨谱，观测到反应共振态，取得的实验数据达到了有分子束技术以来的历史最高水平。

实验上观测反应共振或者瞬时稳定的过渡态结构，是一项极具挑战性的科学难题，杨学明和课题组将这一突破性成果撰写成文，发表于 2006 年 3 月的 *Science* 上。

利用自行研制的科学仪器，杨学明在分子束反应动力学领域取得了非常杰出的成绩。从台湾回来之后的短短几年时间里，他领导的研究小组发表了一系列的高水平论文，其中在国际顶尖杂志 *Science* 和 *Nature* 上发表的论文就有五篇。2010 年初，又有一篇论文被 *Science* 杂志接受发表。

杨学明领导的研究小组，在仪器研制方面也取得了长足的进步。他们自己设计制造的科学仪器已经达到 7 台——大连化物所领导是“爱乌及屋”，曾专门加盖一层楼开辟出的实验室，4 年前房间里基本还很空阔，但现在也已快放不下这些宝贵的仪器设备，准备不久后又要“乔迁新居”。

当记者询问，他对发明的这些填补国内空白的仪器，是否已进行知识产权保护时，杨学明斩钉截铁地说：“我自己设计出来的这些仪器，不需要作知识产权保护，反而希望更多的人能加以应用。基础研究领域的成果如果封闭起来，科学便无法进步。”

5. 终于恢复了自己的国籍

早在 2003 年，杨学明就已经拿着美国护照“全时回归”。

在美国期间，杨学明手中拿着中国护照，却始终没有申请美国国籍。由于台湾当局的不合理规定，持中国护照的学者不能成为台湾“中央研究院”的研究员，1996 年杨学明到台湾“中央研究院”工作之前，迫不得已，只好将手中的中国护照换成了美国护照。而他 2001 年回到内地工作后，又开始为能够恢复中国国籍，拥有一张“中华人民共和国居民身份证”而四处奔波。

在美国一直在做“中国人”，在台湾一直在做“美国人”，而杨学明回到中国内地工作之后，想要重新变成“中国人”也很不容易。他不但购买房子无法得到应有的贷款，在学术界活动也有诸多不便。例如，当初申请国家自然科学基金委的“国家杰出青年科学基金项目”和中国科学院的“百人计划”时，他都因为国籍的限制，而遭受到了不必要的质疑。

2004 年，杨学明就开始申请国籍的变更，而前前后后大约用了三年才办好。

杨学明国籍的变更事宜，需要通过大连市、辽宁省、公安部的层层上报。为此，杨学明也成为大连市实现国籍变更的第一人，成为国内许多“海归”要变更自己国籍的咨询对象，“就在你们来我这里采访的前几天，还有一位拿着美国护照的北京大学教授，通过别人的介绍找到我咨询，变更回中国的国籍该怎么办手续。”杨学明笑曰。

在跑遍了各个单位办理手续时，杨学明惊讶地发现：他 20 多年前读研究生时，在大连化物所落下的户口资料，居然如今还在大连一二九街派出所完整地保留着。

就像行星的轨迹又回到了它的原点，在时隔 20 多年之后，杨学明终于把属于自己的“户口”，落在了大连市的星海湾派出所——位于他家的楼房底下，距离他工作的大连化物所，走路仅需要 10 分钟的地方。

6. 前进的脚步永不停歇

2009 年 1 月 9 日，胡锦涛总书记出席国家科技奖励大会，亲自为杨学明颁发了“2008年度国家自然科学奖二等奖”的奖牌。

从胡锦涛总书记手中接过奖牌，杨学明听到胡锦涛总书记对他说：“你们在化学反应过渡态的结构和动力学方面做出了这么好的成就，我感到很高兴。”

研究领域里这如此“拗口”的专有名词，总书记居然能一字不易地记住！这让杨学明激动得一时不知道说什么好。做一名科学家，最幸福的时刻莫过于此，“当自己取得的成果能为自己的国家所肯定，还有什么比这个更重要呢?”杨学明对《科学时报》记者说。

在2008年度众多国家自然科学奖获奖项目中，杨学明这个读来颇有些费力的“化学反应过渡态的结构和动力学研究”，是胡锦涛总书记唯一的一个亲自授奖项目。

2009年春天，《科学时报》记者在大连化物所见到杨学明时，他并不掩饰获奖后由衷的高兴：“获得这个奖项我感到很幸运，这是对我们实验室近几年工作的肯定。”

从梦想到光荣的飞跃，杨学明只用了短短的数年。

大连化物所前任所长包信和，可以说是杨学明的一位“伯乐”，他也告诉《科学时报》记者，在杨学明回来之后，分子反应动力学国家重点实验室的研究工作取得了很大的进展，尤其是在交叉分子束实验方面，在短时间内已达到了世界领先水平。

在科学道路的新起点上，杨学明既有自己的第一“反应”，也有着自己的第一“动力”，我们相信他前进的脚步永远不会停歇！

陈曦：在特殊“地理”位置散发“信息”

陈　曦，1964年9月生于浙江，毕业于武汉大学，主要研究方向是水文学与水资源，遥感与地理信息系统。现任新疆生态与地理所所长，研究员，博士生导师，兼任新疆遥感与地理信息系统重点实验室主任、新疆自然资源学会理事长、新疆遥感应用协会理事长。曾在日本富士通公司、加拿大里贾纳大学等进修学习，科研成果获国家科技进步奖二等奖2项，省部级科技进步奖二等奖6项，省部级三等以上奖励4项，获中国科学院“十大杰出青年”和“全国先进工作者”荣誉称号。已发表论文80余篇，出版专著4部。

人们印象中的陈曦，有着学者浓厚的儒雅气息。西北人粗犷刚烈的那些特质，似乎没有在他身上打下烙印。陈曦祖籍浙江诸暨，尽管他不会故乡的吴语，但在微笑与谈吐之间，却也流露了浙江人内敛而细腻的性情。

1964 年秋天，陈曦出生在新疆石河子。父母为了新疆的开发奉献了毕生，而他们的行为准则，也成为陈曦人生道路上的第一座方向标。

1988 年 8 月 8 日，是陈曦人生坐标的一个标记，他每次叙述自己的人生时，总是以此为起点。那是他来中国科学院新疆生态与地理研究所（简称新疆生地所）报到的日子。在这里，他从一名研究生成长为研究所的所长，而此时已经走过了 20 多个年头。

从最初的学习计算机入门，到后来转为研究新疆地理信息系统，陈曦认为，称他是地理信息专家比较确切。也正是在新疆这个特殊的地理位置上，陈曦身上散发的“信息”让人备感强烈。

“目前在科研项目的竞争中，我们已经不输于内地任何一个研究所。”陈曦微笑着对记者说。记者突然感悟到，在他的身上，内敛背后的自信似乎更有张力。

1. 入门，有劳苦心智之备

1985 年夏天，在新疆大学地理系水文专业毕业后，陈曦考上了中国科学院地理研究所与中国科学院新疆地理研究所联合培养的硕士研究生。从此，他便与新疆的水和土、新疆的地理信息资源结下了不解之缘。

20 世纪 80 年代末，新疆地理研究所没有硕士授予权，是与中国科学院北京地理所联合培养研究生。导师吴申燕对临行去北京的陈曦说：“你从事的是一门新兴学科，导师汤奇成说后面还要把你送到清华大学去学计算机。”

在北京第一年的基础课程结束之后，在实验科学和计算机模拟计算两个方向中，陈曦选择了后者，当时之所以这样做的理由仅仅是“我喜欢”。可能他自己也未曾料到，若干年后，计算机技术的迅猛发展，为水资源研究开辟出一方新天地。

陈曦对计算机技术的系统学习，是在清华大学水利系完成的。虽然这时他已经在读研二，但所有涉及的计算机课程，都需要插班到本科生中“重温”。即便如此，他在刚开始时也不太适应，软件上的知识虽知道一些，但硬件知识基本上不太了解。而当时上计算机实习需要插卡，一开始他不被允许进计算机实验室，后来水利系的廖松和翁文斌老师特地给他办了一张卡，他才可以进行计算机操作。

陈曦用最初每月 30 元的补助，买了辆二手自行车，又在圆明园旁边租了一间简陋的平房。求学期间的清苦和艰辛，他早已记忆模糊，但至今仍记得房东大娘那和煦的笑脸，“我多晚回去她都没有抱怨，冬天把炉子烧的很暖”。

在北京的两年时间里，导师汤奇成总是有求必应，且耐心和热心，陈曦每周向他汇报一次。他和刘恩宝老师重点要求陈曦在清华大学系统地学习了运筹学和模型技术，而对计算机课程和模型技术的系统学习，为陈曦日后的科研事业打下了根基。

1988年，陈曦硕士毕业。那一届联合培养的9位学生，毕业后留在所里的仅有4位，陈曦便是其中之一。

是导师吴申燕最初的严格要求，训练了陈曦脚踏实地的科研作风。陈曦说，“我最早申请的一个课题开题报告，连续写了三遍吴先生都不满意。后来他专门找我讨论，说我提出的题目，水文界搞了30多年都没有弄明白，想用一年多时间把它做出来基本不可能。吴申燕老师给了我两本厚厚的英文专著，《水文学原理》、《陆地水文学》是我们专业的经典，他让我学习一些国外先进的研究思路，要求我把两本书读完。我当时做的详细读书笔记，等于把两本书翻译了一遍。”

“工作中若有什么看不惯的事情，吴申燕老师都会直截了当地提出批评，一点也不给人面子，但在日常生活中，他对学生却像对自己的孩子，很和蔼，也很宽容。”陈曦说。

的确，导师吴申燕把陈曦当成自己的孩子，在生活上百般关心与呵护，他把自己家里的钥匙也给陈曦配了一串，让陈曦随时可以方便地开门到他的家。他还常常会留纸条子，说是家里晚上加菜，请陈曦一起过来吃饭。“一次吴申燕老师出差了，适逢周末，因为可以开他家的房门，我便叫了十几个同学去他家里，自己做饭聚会，闹腾得很厉害，结果吴申燕老师提前回来了，开始我们心里都很紧张，赶紧向他承认错误，但他却连连说‘没关系’，对此根本就没有在意。”

与清华大学那大型、先进的计算机机房相比，当时整个新疆地理所只有一台计算机，主要供北京来新疆进行科考的小组使用。陈曦只能在他们晚上11点多下班之后上机，“他们晚上走了我就来，他们早上来了我就走——那时能摸到计算机都不容易”。

20世纪80年代末，国际河流水资源竞争加剧，国际水事纠纷时常诱发地区冲突，而中国西北拥有贯穿中亚的三条国际河流。1987年，中国科学院在国内最早提出对国际河流分水问题的研究。在当时艰难的科研条件下，陈曦在水资源室主任杨川德带领下，完成了科研人生中的第一个课题：建立中国自己的国际河流分析模型系统。“这时研究所系统学习过计算机的一些人，不是‘下海’就是出国，最后所里干脆把计算机房都交给了我，我开展的许多复杂计算和分析模拟工作，都是在这里得以完成的。”陈曦说。

陈曦还记得他第一次野外科考的经历。连续三四个月，他几乎跑遍了伊犁地区的每一个村、每一块样地，学会了如何与村里、乡里、县里各种各样的人打交道。

陈曦带了个小组到伊犁偏僻农村考察，这里民风非常纯朴。进村的那一天，老乡们用当地杀羊喝酒的最高礼节，款待了他们这群远道而来的客人。因为长期野外饮食缺乏蔬菜，陈曦患上了严重的口腔溃疡，他婉拒了老乡热情的敬酒。想不到，第二天，村里所有的乡亲都不再理睬他们。陈曦只好硬着头皮，拿着两瓶酒再去找村长，这样才拿到了原先他同意提供的科考材料。

“在少数民族地区，酒文化的传统根深蒂固。”陈曦笑言，“在中国的大西北作野外科研，与老乡们打交道如果不明酒理、不成朋友，往往很难办好事情。”

“少数民族的老乡们也很纯朴。那时我的胃病很严重，当地的水文大队负责为我们做饭，介绍哈萨克族的土方子给我治胃病，说是喝马奶很管用。”陈曦笑着说，“不太好找到马奶，他们就千方百计地到牧民家里去收，以便让我早、中、晚每餐都能喝一壶马奶。我整整喝了三个多月，终于把胃病治好了。从1989年开始一直到现在，胃病一直没有再犯过。”

2. 开拓，有参天拔地之才

1993年9月，陈曦获得去日本富士通公司深造的机会。那是一个由日本海外研修者协会主办、专门培养海外高级管理人才的研修班。计算机软件开发技术是陈曦的主攻方向。

到东京的第三天，富士通公司就给陈曦他们每人一张地铁票，告诉他们在东京的哪个地点放了哪些东西，让他们必须一天内将其取回来。“对我们这批从字母开始只学过三个月日语的人来说，这的确不是一件容易的事情，分给我们每个人的任务都不同，主要是为了训练我们尽快熟悉东京的地理位置和交通以及独立处理日常事务的能力，我的任务是去取一个小娃娃，小娃娃当时就放在地铁口邮箱的一个盒子里。我们都是初来乍到，语言不熟悉，交通系统更不熟悉，但是经过那一次训练后，我们单独在东京乘车办事的胆子大了。那天很辛苦，我需要倒五次车才能到那里。我们最晚回来的一个伙伴，直到晚上12点多才完成任务。”

三个星期之后，陈曦他们开始转到横滨住宿，白天则在东京上课，学习计算机。“我每天6点钟起床，6点半就必须从横滨出发，挤两个小时车到东京，真正感受到了日本人整天奔忙的生活。”陈曦说，“但上课的教员与国内截然不同，对学生们都很耐心，学生若有什么不懂的问题，他们便不厌其烦地用不同方式讲解，甚至会跪在学生的座位旁边，仔细地给学生讲解，直到学生解决了问题为止。日本人的敬业精神可见一斑。”

短暂的培训结束之后，陈曦被分配到福冈的计算机系统工程研究所。那时微软公司的Windows刚出来，研究所给他的任务是把以前基于DOS系统开发的小型机数据库和Windows连接上，做成一个独立的Windows界面的数据库系统。“现在看来这不算什么了，但在当时这项工作我进行了将近一年，学习到许多知识，开阔了国际视野。”陈曦介绍说，“按这里的规定，进了公司之后就不允许说英语和中文，每天的日报、周报、月报，都必须用日语完成，计算机程序也要用日语完成，但每周三下班之后，部长就召集部下，让他们都跟我学中文，我还要备课，逼着我们互相交流。10个月过去后，我们的日语水平进步很大，不仅完成了学业答辩，而且通过了日语工程师考试，取得了微软的计算机工程师认证。”

按相关规定，期间他可以回国两次探亲。若是本人不回国探亲，亦可以让伴侣前去日本团聚一星期。这是天经地义的人之常情。然而，陈曦既没有回国，也没有让妻子楼婷前去日本。他茶前饭后的所有时间——无论是走在路上、坐在车上，还是上课前、下班后，都用于背读日语单词和学习专业术语。

1995年陈曦准备从日本回国，已经迁回故乡的父母和祖籍同在浙江的妻子楼婷，都希望他能回到浙江，父母甚至为他联系好了大学，他可以出任该校计算机系系主任一职。但陈曦拒绝了家里人的安排，选择回到研究所。毕竟，在新疆他有着更加广阔的天地。

陈曦回所后如虎添翼，研究所为他提供了青年实验室的平台，他很快争取到了几个重量级的科研项目，凝聚了一批具有抱负的青年科研人才，并领衔组建了地理信息系统青年实验室。

3. 领军，有海纳百川之量

陈曦曾担任过中国科学院新疆地理所绿洲生态实验室副主任、新疆遥感与地理信息系统重点实验室主任，以至现今的中国科学院新疆生地所的副所长、所长。一路走来，他强调为地方服务，强调当代科学的立体与交融——“陈氏哲学”中，“合”与“和”，成就了他的科研人生。

作为新疆生地所的“掌门人”，45岁的陈曦对研究所与新疆地方经济社会发展的密切关系非常看重。走马上任后，他将研究所定位于“首先服务新疆地方的经济社会发展，面向中亚，聚焦干旱区关键科学问题，再者攀登科学高峰”。目标务实而清晰，“我们首先是要服务于地方，更多的合作才能促进双方更大的发展”。

今天的新疆生地所正在密切地与一些地州、县市以及企业在项目、示范、咨询等方面进行全方位的合作。仅2001年、2003年和2004年，研究所与地方合作成果推广产生的销售效益就过亿元，社会效益超过了90亿元。

长期以来，由于缺乏有效的全面统一调控，塔河上、中、下游对水资源的调配利用一直处在矛盾中。2001 年 6 月，国务院批准新疆维吾尔自治区关于塔河流域近期综合治理的规划，决定建设“塔里木河流域水量调度管理系统”，强化对塔河水资源的统一调度和优化配置。

“塔里木河流域水量调度管理系统”项目总投资 2 亿元，由陈曦担任总设计师。“从 2002 年开始，我们就完成了项目的软件系统和调度系统的设计，开始研发工作，外围还有十七八家单位参加，负责供应软、硬件，开展工程基建。”陈曦说：“我亲自带队下去，自己扛着仪器。要在一天之内从塔里木河下游考察回来，必须在早上 4 点，天还没有亮就从库尔勒启程，否则当晚就得住在羊圈里，因为尉犁的塔河中、下游没有住宿的条件。大队人马都驻扎在库尔勒，最多的时候达到 100 多人，下去考察大部分都要住在野外。”

参与的单位多了，就必须协调各方的利益，年轻人聚在一起，时间长了就难免会闹一些矛盾，有人吵架，甚至打架，显得有些浮躁。“技术上的事情都是我说了算。我也曾摔过酒瓶子，指着人家的鼻子，当众骂了 20 多分钟。”陈曦说。

想不到外表温文尔雅的陈曦，居然也有骂人的时候，这令《科学时报》的记者颇感惊讶。陈曦解释道：“作工程远比作科研遇到的事情处理难度要大得多。科研我可以关起来在实验室做自己的事情，工程就不行了，每个人的工作都和其他人相关联，且环环相扣。这是 2003 年冬天的事情，当时项目已经进行了一段时期，因为设计理念不同，各实施单位的意见也不同，都想减少工作量、降低成本。而我是总设计师，我关心的是整个项目的质量和最终的运行。反复讨论三个月之后虽然大部分人达成共识，但一些单位和小部分人仍然坚持己见。我怎么说服都没用，时间已经不等人了，当时我一激动，当场就摔了杯子。”

好在事情过去后大家又都成了好朋友、好伙伴，目前“塔里木河流域水量调度管理系统”进展顺利，到 2010 年项目竣工时，将可根据该系统监测到的实时水情和生态状况，制定年度水量调度预案，以及月、旬水量调度实现方案，并实时监控水量调配情况。该系统还运用遥感和地理信息系统技术，动态监测塔河流域土地利用变化、生态环境状况以及水量调度对生态环境的影响，检验水量调度对生态保护的实际效果。

利用研究所对该系统的演示可以看到：塔河流域的 29 个重点生态水闸、47 个重点引水口的地形地貌、水量情况，都可以跃然展现在屏幕上。“届时，人们坐在水资源调度中心的办公室里，就能看到整个塔河流域的水量情况，能够实时地控制闸门的启闭。滔滔的塔里木河水再不会像没有缰绳的野马，任意奔流。”陈曦说。

在陈曦看来，作科研有三种导向：第一种是兴趣导向；第二种是国家任务、国家目标导向；第三类也是最为普遍的，就是任务导向的科研工作，就是国家或地区制定出相应的发展规划和需求，需要开展科技攻关，这就要求科研必须以地方经济发展为主要方向展开工作。“我们承担的正是这样的任务，所以跟地方的合作就是我们的主攻方向。”

近几年来，陈曦主持了国家“863”、“973”攻关课题30多项，经费已近亿元，成为新疆科研战线的领军人物之一。

“新疆生态安全遥感监测与信息系统的技术集成和应用”，2006年荣获国家科技进步奖二等奖。陈曦的“获奖感言”很简朴：“这是在国家‘973’‘863’计划支持下，同兄弟单位的精诚合作与多学科交叉研究的成果。”

陈曦领衔的这项重大成果，利用3S（卫星定位、地理信息系统和遥感）技术建立了国家边界与跨国河流信息管理与决策系统，解决了数据采集、数据规范、实时三维建模、虚拟现实、数据安全等关键技术问题，为高新技术在国际安全上的应用提供了技术支撑和应用系统。同时，提出了新疆迫切需要的、合理调度干旱区大流域水量的理论方法，解决了生态用水调度国际难题。

这个项目，也是陈曦推行跨科学、跨单位、跨部门协作的样板之一。

“他有海纳百川的广阔胸怀。”这是同行们对陈曦的普遍评价。

正是拥有这样的胸怀，2008年陈曦作为首席科学家在国家“973”前沿领域又负责起“干旱区盐碱土碳过程与全球变化”项目，联合欧盟科学家、中亚科学家在更为广阔的国际平台上进行新的攀登。

4. 为师，有以身作则之德

在新疆，生地所所长陈曦指导的学生，总是让人们羡慕不已。

当年的彭加木、夏训诚，成为多少学子的精神标杆；而幅员辽阔的新疆，是生态与地理研究得天独厚的大课堂。西出阳关，已成为越来越多学生的选择。

回想自己刚到研究所工作的那一段时光，“程其畴先生对我的治学和为人影响很大。当时我和他一个办公室，作为年轻人，我总是想好好表现一下，想比老先生早来办公室，但后来发现这其实很难做到。他每天竟提前一个半小时就到了办公室。他的柜子里整齐地摆着野外考察记录本。他一直跟我强调治学要严谨，要把考察的数据都完整地保存下来。”陈曦说，“程其畴先生退休之前，就是用他积累的50多本考察资料，出了3本专著。”

陈曦认为，马棚里是培养不出千里马的。因此，带着学生们奔赴大西北戈壁黄沙，成为陈曦多年来的“必修课程”，从来不曾落下。

2005年夏天，陈曦带着一批学生，千里迢迢奔赴塔里木河下游大西海子勘察。他们在40多度的炎炎烈日下，挖坑取水样化验，测量生态植被情况，并结合考察实际如数家珍似地讲解地表水文与生态植被的学术知识。中午啃干馍馍，晚上睡帐篷，“风餐露宿”成了家常便饭。

2006年5月初，陈曦带领加拿大华人黄国和教授等三位专家，以及他的学生，奔赴开都河流域考察。第六天，当行进至和静县的巴音布鲁草原时，突然下起了新疆罕见的倾盆大雨。草地上坑坑洼洼地没有路，汽车在软绵绵的草上打滑，十分危险。在这种情况下，陈曦第一个跳下车，拼命地把车推出了泥坑。直到如今，博士生刘海隆都还记得陈曦当时的样子——全身湿淋淋的好像落汤鸡，黑不溜秋的又像泥猴。

在10多年的教学生涯中，陈曦讲究的是“躬亲示范”，他赞赏韩愈提倡的“弟子不必不如师，师不必贤于弟子”。他带领一批又一批的学生走入大西北，若干年后，他将收获一批批千里良驹。

陈亚宁：规划别样生态的新疆之子

陈亚宁，1958 年生，1999 年于西北大学获博士学位，现任中国科学院新疆生态与地理研究所研究员、中国科学院绿洲生态与荒漠环境重点实验室主任，兼任中国生态学会理事、中国地理学会自然地理专业委员会副主任、新疆生态学会副理事长。主要从事干旱区水资源研究，发表论文 200 余篇，出版专著 10 部。科研成果获国家科技进步奖二等奖 2 项，省部级科技进步奖一等奖 4 项。首批入选中国科学院“西部之光”人才培养计划和人事部首批“新世纪百千万人才工程”国家级人选。先后荣获中国科学院方树泉青年科学家奖、新疆科技进步奖特等奖、全国“五一”劳动奖、何梁何利基金科学与技术创新奖等，享受国务院颁发的政府特殊津贴。

在天山西段汉腾格里峰下的巨大褶皱里，深藏着一条绿色的伊犁河谷。这里曾是新疆最后一片处女地。现在，427万亩的连片开发计划，将赋予伊犁河在蒙语里“圣大光明”的另一层含义。

“在这里，你不仅可以寻访到《天山景物记》中描述的奇妙仙境，也可以领略戈壁的荒凉之美，更可以体会到绿洲特有的旖旎风光和浓郁的民族风情；集现代文明和完美自然于一身的伊犁正向世人展现出她神圣、神奇和无穷的魅力。”

《中国国家地理》2008年“天府之地”评选，以上这段优美而令人浮想联翩的文字，出自中国科学院新疆生态与地理研究所（简称新疆生地所）研究员陈亚宁的手笔，这是他专门为伊犁河谷撰写的“荐辞”。

陈亚宁已经记不清自己来过伊犁多少次了。从北疆的克拉玛依、南疆的塔里木河到天山脚下的伊犁河谷，陈亚宁这个名字，总是与新疆的碧水黄沙紧紧相连。

1. 塔河生态卫士

“我是土生土长的新疆人，出生在塔里木河的河畔，我对这条母亲河，有发自内心深处的独特情感。”这是《科学时报》记者与陈亚宁初次见面时，他自我介绍的第一句话。

塔里木河（简称塔河）是新疆人民的母亲河，但随着南疆棉田的大面积开发，从20世纪70年代开始，塔河下游已经干涸断流了30多年。

如今，人们正在抚平塔河下游的苍凉，实施巨大的生态工程调水工程，国家对塔里木河流域进行综合治理，共计划投资107亿元，其中向下游生态输水是主要治理措施之一。从2000年5月到2007年10月，塔里木河流域管理局已经先后9次，向塔里木河下游实施生态输水。

而从2000年开始连续九年，陈亚宁带领他的团队和学生，已经数不清多少次跑遍塔河的中下游。

在这片约780公里长、1020平方公里的范围内，他们建成了国内第一个1∶1的生态水文过程原型监测断面。在国际干旱区内陆河流域中，对相关科学问题的实时监测研究这尚属首例。他们针对塔河下游输水后的生态效应，进行了野外监测和科学实验。研究结果表明，生态输水使河道附近地下水位提升，天然植被逐渐得到恢复，塔里木兔等野生动物开始出没在林地之间。塔河下游的物种已由输水前的17种增加到了目前的27种，天然植被对输水的响应范围达180平方公里，植被盖度比输水前最高增长了3～4倍。陈亚宁他们开展的研究工作，为这项巨大的绿色工程提供了科学依据。

九年来，每年塔里木河流域最热的7～8月，陈亚宁都要带领团队成员，到塔河中下游的24个野外断面、84个固定植物样地上做实验。同时，在至今的这九年里，陈亚宁团队的科研人员每年都要在5～10月，带着大批国际上先进的野外便携式仪器设备，到这里对胡杨、柽柳等植物的生理变化进行监测。

英苏是需要观测的重要断面之一。2008年深秋时节，陈亚宁的学生陈亚鹏带着记者，从库尔勒驱车四个多小时，来到英苏查看样地现场。

陈亚鹏出生在新疆哈密，2007年博士毕业之后，他选择留在了所里，“这里就是我们的家，陈亚宁老师和同学亲如手足，相互的感情都很深”。

在英苏样地，陈亚鹏博士向记者介绍胡杨、柽柳、芦苇、骆驼刺，对这里50米×50米的实验样方内的每株植物，他如数家珍。“九年了，每年夏季的四个月，每天早上6点天亮到20点天黑，陈亚宁老师都带着我们来这里搞监测，监测这里的水、土以及植被变化。有些实验要求日夜不间断地监测，我们就在这里连续待上一个星期甚至一个月，搭帐篷，轮流值守。”

轮流在野外住宿帐篷，是陈亚宁团队每个人都有过的经历。午餐是馕就着咸菜；晚餐用砖块搭土灶，拣些木头烧火，煮一些方便面就火腿肠吃。从几十公里之外的城镇上买来的蔬菜，他们一天只能吃上一顿。

他们的“大本营”，在离英苏断面30多公里的招待所，10～20元钱一个床位。“有时人多不够住，我们就把房子让给女生，男生什么地方都住过，包括住在羊圈里，老鼠就在我们睡觉的头顶上窜来窜去。”

说起在野外艰苦的工作，他们经常重复的一句话，就是“习惯了，没什么”。风沙酷暑可以克服，但他们要在戈壁里的疏林地里小憩，却不得不瞻前顾后，“夏天中午太阳很毒，我们也不敢睡在树下，男生都是把脑袋伸进乔木丛下面，可以勉强遮阳，身体就在外面，晒得人身上直疼。即便再炎热的天气，女生也不得不长袖长裤，把自己裹得严严实实”。

他们最害怕的东西叫做“草鳖子”，当地人也谈之色变。一旦被这种虫子叮上皮肤，轻则肢体腐烂，重则可能危及生命。每次出野外的动员会上，陈亚宁老师都要提醒团队和学生们，一定要注意躲“草鳖子”，尤其是在喀尔达依和亚合浦玛汗断面上，更要学会在样地观测中保护好自己。

九年如一日，对塔河下游的生态恢复和保护，陈亚宁他们就是这样风餐露宿，从开展每一个样方、每一株植物的调查开始的。

2. 克拉玛依样本

10年前，陈亚宁在克拉玛依给石油公司的老总作报告，他的第一句话是：“克拉玛依人在20世纪把荒漠变成油田，在21世纪，有没有可能把荒漠戈壁变成绿洲家园?”

陈亚宁自己给了这个设问句以最好的回答。他提出的荒漠高效生态产业思路，正成为克拉玛依新垦土地大农业的重要科技示范和引领。

地处戈壁荒漠的新疆克拉玛依市，那里的第一代石油工人，在“没有草、没有水、鸟儿也不飞”的戈壁中，开凿出了一口又一口的油井。

作为我国的西部重镇，如今克拉玛依的发展，已经从单纯的“石油之城”中走出来，走出了一条大农业综合发展的路子。这其中，作为生态学家的陈亚宁功不可没。

积20多年对荒漠干旱区进行研究的经验，陈亚宁提出了融生态建设与经济发展为一体、可持续发展荒漠生态产业的思路。他们在茫茫戈壁中，选择出能够适应那里苛刻的自然条件的荒漠生态产业内容，提出了发展以甘草、麻黄、罗布麻、肉苁蓉等大宗草药为主要内容的生态草业；选择苜蓿、百脉根、苏丹草等丰产优质的牧草，发展生态草业和畜牧业；选择枸杞、沙棘等经济植物，发展生态林果业；同时对克拉玛依的自然、城市、石油工业景观进行了有效组合，发展荒漠生态旅游业。

在美好的克拉玛依远景规划蓝图中，人们一时很难界定陈亚宁的身份：他既有地质学家的科学方法、经济学家的战略眼光，还有实干家的践行能力。

陈亚宁带领他的团队，建起了克拉玛依荒漠高效生态产业试验示范区20 000余亩。并重点在科技上扶持了三个从事生态产业建设的企业，树立了克拉玛依自己产品的品牌，初步确立了一套荒漠生态产业的建设模式、资本运作模式、产业管理模式和产品开发模式，实现了荒漠高效生态产业基本建设、经营管理、资本运作和市场营销的一体化。

就像马良手中的神笔，克拉玛依的宏伟规划蓝图，今天正在创业者奋斗的足迹中，一步一步地变成现实。陈亚宁心目中的克拉玛依的未来，经济开发和生态保护并重，这或许也可以为西部地区上亿人民实现小康，找到一个可持续发展的样本。

3. 勾勒伊犁蓝图

如果说10年前，陈亚宁在克拉玛依开展的科学研究践行了他对新疆科学发展之路的探寻，那么如今，他又要把他功底厚实的一篇篇论文，抒写到伊犁河谷这片更加丰饶秀美的土地之上。

“我对伊犁的感情很深。”陈亚宁说，这不仅仅因为他的多项科研课题在伊犁，也是因为伊犁是他开发新疆理想的标准符号。

新疆伊犁河谷是全国七大土地开发区域之一，国家将投入巨资，对伊犁河谷的土地进行开发整理。

伊犁河谷的土地开发整理面积总计达1096.5万亩，可增加耕地面积530万亩，预算总投资额129.26亿元。这组宏大的数字，鼓荡着陈亚宁这位新疆子弟的心。

目前，由中国科学院新疆生地所牵头，联合中国科学院地理所、中国农业大学、新疆农业科学院、新疆林业科学院、新疆畜牧科学院、新疆大学、新疆农业大学，以及伊犁州的相关企业和科研院所的20多个单位100多位科研人员，陈亚宁作为首席科学家，带领他的“联合舰队”，承担了“新疆伊犁河流域水土资源可持续开发利用试验与示范”项目。这是一个国家“十一五”科技支撑计划重点项目，经费约4000万元，这笔经费在新疆几乎是一个天文数字。

“伊犁大开发，土地连片开发面积为427万亩，在‘十一五’期间，我们必须把伊犁拿下!”陈亚宁对伊犁的满腔热情，不仅缘于这里“塞外江南”的如画美景，以及“桥头堡”式的战略地位，在陈亚宁看来，国家在对伊犁河谷开发的过程中，科技需求十分强烈，作为第一线的科技人员责无旁贷，而伊犁则是从事水土资源可持续开发利用试验与示范不可多得的理想场所，是中国西部的一块“宝地”。

新疆地处戈壁黄沙，“但是伊犁不一样，这里有得天独厚的资源。”陈亚宁说，“新疆西部多水、东边多地，而伊犁的水土资源组合良好。”

伊犁河谷降水充足、水资源丰富、土地条件优良、光热资源丰富，是新疆乃至我国西北地区水资源最丰富的地区，且水质良好。这里的土地宜用率高达87.22%，为新疆之最，适宜连片大规模开发。

在18亿亩耕地红线日益迫近之时，合理开发伊犁现有的土地资源，是我国西部大开发的战略性举措。面对伊犁，陈亚宁踌躇满志，这是一个无比巨大的工程，但是，“我们对伊犁的开发，绝对不能重蹈过去盲目开荒的覆辙”!

陈亚宁给伊犁规划的蓝图，可以用三个面向来概括：

一是面向国家，建设我国西部中草药栽培基地及产业体系、生物能源开发基地及产业体系、林纸业基地及产业体系、名优特农林牧产品生产基地及有机食品产业体系。

二是面向中亚，建设西部特色旅游及旅游产品生产与服务体系、向西出口加工基地及现代物流产业体系，以及高新技术产业基地及相关科研、服务体系。

三是面向新农村建设，结合伊犁河流域多民族聚居特点以及生产、生活和生存环境，构建社会主义新农村建设模式和体系。

陈亚宁始终坚持，只有大农业开发，才是伊犁河谷的开发方向，“这要求把畜牧业、林果业、种植业、生态建设结合在一起，应该在保护的前提下开发”。

伊犁河谷这篇大文章究竟应该怎样做，陈亚宁已然胸有成竹。

4. 心系新疆大地

“南疆有我的塔里木河，北疆有我的克拉玛依，而在天山脚下，又有了我的伊犁河谷。”20多年的科研生涯，陈亚宁不仅足迹踏遍了新疆各地，也逐步形成了自身围绕国家战略需求的科研棋局。陈亚宁说，自己就是新疆人民的儿子。

1958年，陈亚宁出生在阿克苏一位新疆生产建设兵团干部的家庭。那时，为新疆建设奉献了青春的父母也许不会想到，他们的孩子将用自己的另一种方式，为新疆的发展奉献绚丽的人生。

1978年，陈亚宁考入西北大学地质系，从此与地球科学结下了不解之缘。大学毕业后，他辞谢了留在西安工作的机会，几乎是义无反顾地来到了中国科学院新疆生地所，回到了生养他的故土新疆。当记者问他为何作出这样的选择时，他的回答只有一句话：“回家不需要理由。”

陈亚宁是个典型的西北男人，身形伟岸，声如洪钟，但多年的野外科研经历，他的身上留下了许多伤痛的印迹。

在每次接受采访的时间里，陈亚宁基本都保持一种笔直的坐姿：多年积劳成疾，他患有严重的腰椎间盘突出症。若痛得坐不住时，他就得躺着或者趴着。

2001年秋天，陈亚宁腰间的毛病突然加剧，终于到了疼痛已苦熬不了，必须立即住院动手术的程度。几乎是在家人和医生的“挟持”下，陈亚宁躺在了医院的病床上。而就在手术后伤口拆线的第二天，当他得知自己牵头申请的国家“十五”科技攻关项目，马上就要在北京进行专家答辩时，他在病床上怎么也待不住了。医院的医生和研究所的领导都劝他，还要安心静养一段时间才行，他却执拗地说：“这样的机会我绝不能放弃，是该全力拼搏一下的时候了！”

既是妻子又是科研助手的李卫红明白，陈亚宁这时去意已决，无论如何也阻止不了，最后只好与所里科研处处长一起，搀扶着陈亚宁上了飞往北京的航班。陈亚宁“玩命式拼搏”的结果是，答辩终于顺利通过，并顺利拿下了这个国家科技攻关项目——这也是中国科学院新疆生地所建所以来，得到的第一个国家科技攻关课题。

陈亚宁从医院“逃跑”的故事常常上演。2003年7月中旬，国家科技攻关课题进行中期评估，陈亚宁在胳膊刚做完肿瘤切除手术的第二天，就在克拉玛依的示范区现场出现。从一幅照片中可以看到，当时陈亚宁顶着头上炎炎的烈日，胳膊缠着一层厚厚的绷带，包扎着他正在发炎的伤口。

2006年的夏天，陈亚宁陪同专家到塔里木河流域进行考察，双膝关节止不住地疼痛，使他每当遇到陡坡或者沟坎时，只能一瘸一拐地蹒跚而过。10天之后回到家里，妻子发现他的膝关节已经肿胀变形，竟然不能正常行走了！他被家人“逼着”上了医院，医生检查的结果，又一次让他躺在了手术室里：“膝盖半月板严重损伤，交叉韧带撕裂，必须立即住院手术。”

这是陈亚宁走上科研道路之后，人生中仅有的三次医院之行。除此之外，他对医院的态度是：能避开的就避开，能逃跑的就逃跑。

长期野外工作的艰辛，在陈亚宁看来都不值一提。但跟随他多年的学生陈亚鹏，对记者讲了一个自己终身难忘的故事：

2005年夏天，陈亚宁带着学生又一次来到塔河下游勘察胡杨林的生态状况。那一片区域位于塔克拉玛干沙漠腹地，昼夜气候变化剧烈。一天午后，他们突然听到了远方沉闷的隆隆声，天空骤然变黑，胡杨树林那巨大的枝干也开始摇晃，紧接着飞沙走石以排山倒海之势压面而来。学生们哪里见过这样的阵势，在恐惧与慌乱中，陈亚鹏听到陈老师镇定的声音："脱衣服！包着头！大家挨在一起坐下！千万不要动！"

半个小时，"沙石暴"过去，陈亚鹏看见他们的老师坐在最外围，把他们护在身前。

"我通过目睹当时的这一幕，更加理解了彭加木的精神所在。"陈亚鹏说。

与凶险的沙漠死神擦肩而过的经历，陈亚宁甚少言及。年过五旬而知"天命"，这位科学家的命运与新疆的黄沙绿水维系。占中国陆地国土面积约1/6的新疆版图，他用坚实的一个个脚步丈量；20多个单位100多位科研人员组成的"联合舰队"，他用公信度引领浩荡的群雄。

对多年来培养的30多位研究生，陈亚宁视如己出，"我对他们倾注关爱的精力，比起对我自己儿子所倾注的心血，肯定要多得多"。这位当父亲的人，从不轻易流露这样的情感：如果把他的人生按时间等分，相对于分配给南疆北疆、学生同事的，他留给家人的时间是少之又少。

采访即将结束时，陈亚宁提起了不久前已经出国、就读美国哥伦比亚大学的儿子，在为之感到骄傲的同时，他也多少流露出点愧疚。当时由于在西宁开会，甚至在儿子出国学习临走时，他都没能前往送行。

陈亚宁这位人到中年的新疆之子，全身心都在致力于新疆别样生态的研究和规划。他立足于广袤的祖国西部大地，而自己与众不同的别样"生态"，也由此获得了空前的蓬勃生机。

林文雄：固体激光的能量穿越时代

林文雄，1966年3月出生，中国科学院福建物质结构研究所激光工程技术研究室主任，中国光辐射安全与激光器标准化技术委员会委员，长期致力于全固态激光、非线性光学技术应用基础研究，系统集成技术及工程化应用研究。主持了国家级创新基金重点项目和科研基础项目、国家“863”计划重点课题、国家自然科学基金等15项科研项目。多项研究成果在国际上处于领先水平，对增强我国在激光高技术领域的实力和企业市场竞争力具有重要的意义。近年来在国内外共发表论文50余篇，作为第一发明人获得4项中国授权专利、20项中国受理专利；作为第一责任人获得2006年第13届运盛青年科技奖，2006年福建省科技奖二等奖；作为主要参加者，获得国家科技进步奖三等奖、福建省科技进步奖一等奖、中国科学院科技进步奖二等奖等科技奖励。

1966 年 3 月出生的他，喜欢宋代名将辛弃疾的词，也喜欢岳飞的《满江红》。不言而喻，这些壮怀激烈的诗词和人物性格，都已渗透在他的骨髓之中。他一幅遒劲的《满江红》书法作品，还曾在福建省的书法比赛中得到提名奖。

这就是他，中国科学院福建省物质结构研究所（简称物构所）研究员、固体激光器专家林文雄。

2010 年 1 月，科技部 2009 年度国家工程技术研究中心验收结果公布，依托中国科学院福建物质结构研究所建设的国家光电子晶体材料工程技术研究中心，经专家现场检查评估和综合评议，能以优秀成绩通过验收，与该国家工程中心常务副主任林文雄的直接领导与努力分不开。同月，林文雄也入选 2009 年国家级“新世纪百千万人才工程”。

通过了解林文雄早年白手起家，创建了激光工程技术研究室，以及他本人介绍的诸多固体激光器的研制历程，《科学时报》记者似乎明白，为何林文雄的个头不高，身上却充满雄浑的大气，却有那么大的能量输出——就像他研制的固体激光器一样。

1. 根本没有动过留在美国的念头

在上海交通大学应用物理系，林文雄所学的是光电子专业。还在大学三年级时，系主任谢绳武就从优秀学生中挑选林文雄，进入了他的实验室。谢绳武在我国非线性光学计算是开创性的人物，后来还成为上海交通大学的校长。林文雄好学善问，跟着谢绳武开辟的激光、非线性光学方向，得到了一些如何在第一线作科研的“秘籍真传”。

林文雄 1988 年毕业后有两个选择：一是留在上海交通大学深造；二是到福建家乡工作。“我还在上海交大念书，就倾向于作理论和应用之间的研究，所以，非常向往能够到中国科学院福建物构所——卢嘉锡先生早年在这里打下了很好的基础，当时物构所非线性光学晶体在国际上的地位也很高。”林文雄介绍说，“因为我的学业成绩一直不错，谢绳武老师就推荐我免试到福建物构所读了研究生。在物构所导师的指导和影响下，我选择了现在的研究方向，并一步一步走到了今天。”

林文雄研究生毕业之后，留在中国科学院福建物构所工作。1994 年他由研究所公派，就“高光束质量半导体泵浦固体激光器研制”的课题，赴美国硅谷开展国际合作研究。“在这期间，我同时收到新泽西理工学院和伊利诺伊大学芝加哥分校攻读博士学位的入学通知书，但我根本没就有动过留在美国的念头。我快出国时爱人才怀孕，孩子出生到这时，都还没见过我这当父亲的呢！况且国内的经济和科技那些年都在蓬勃发展，也有我们年轻人少不了的机会，所以在课题圆满结束之后，我就坚决地回国了。”

2. 终于答应了洪茂椿所长的点将

进入 2000 年，福建物构所正面临学科调整的重大转型，出任该所所长才不久的洪茂椿知人善任，眼睛不由地盯上了尚未出道的林文雄。

这年 12 月底，所长参加研究室召开的元旦座谈会，洪茂椿所长又对林文雄说："你能不能挑起头来，负责在所里新成立一个课题组，搞激光器的应用研究和高技术研究？"

对洪茂椿所长的这一提议，林文雄虽然感到有些突然，但他心里明白：洪茂椿所长更多的是考虑研究所学科布局的整体发展，搞晶体材料和高技术，研究所正处于青黄不接之时，而战略的储备更是一片空白。

林文雄回答："所里人才济济，是否别人挑起这个头更为合适？"

洪茂椿继续敲打他："为战略高技术研发做一点事，也为研究所的后继发展做一点事，我相信你有能力挑起担子。"

林文雄沉吟不语。洪茂椿给予的很大期望，让他感到了领导厚爱的温暖。

考虑了一个多星期后，林文雄终于答应了洪茂椿所长的点将，"实际上在我前几年从美国回来之后，国外的朋友已有好几次伸出友好的橄榄枝，包括我一位大型跨国公司在美国研发中心主任的朋友，都在邀请我出去工作。我平时也在跟一些朋友讨论人生的目标，现在有这样一个独自挑大梁的机会，对我今后的科研生涯来说，也许是一个很好的发展契机"。

3. 长青苔的水磨石当光学平台

新成立的激光组刚开张时，满打满算就两个人：除了林文雄本人外，还有一位是年轻的助手。洪茂椿所长同意拨给了 5 万元，这是研究组的全部经费。

白手起家创业，林文雄只好四处"化缘"：到原先研究室的老同志那里，求来了一个破旧的电风扇；到木工仓库里淘了一些废弃不用的旧家具，简单修理了一下，请工人重新上了一点漆，拿来当办公的桌椅。旧凳子上有一些钉子头，坐上去稍微不注意就会划裤子，为此林文雄的裤子都被刮破了两条。

"别的组里有个不能用的氦氖管激光器，也被我拿了过来，实际上它根本就不能点着；还有一段生锈的导轨，我拿来擦一擦，也摆在了办公室——这些根本不能用的东西，我们都拿来撑门面，否则办公室就两张桌子太不像样了。"

做光学实验，没有一个工作平台就好像厨师没有灶台一样。若去买不锈钢的防震光学平台，一台大概就要花 3 万～4 万元，研究组刚成立时根本买不起。林文雄在所里到处转悠，看见空地上有一块水磨石，上面已经长满青苔，两个人把它抬了回来，锯一锯，磨一磨，就当成了自己的工作平台。

至于研究组用的热水瓶、万用表、电烙铁等物品，林文雄干脆从自己家里搬来。

“我还做了件至今都很后悔的事，因为实验室里如果没有空调，做激光实验很有问题，我不得不花了几千块钱，入夏时买了一部空调装上，这也是当时实验室最大的一笔花费。但过后不久，研究所对所有实验室都进行装修改造，装上的空调都是由所里统一安排。”林文雄回忆起来仍惋惜不已，“这部空调后来所里充公了。可当时我一分钱都恨不得当100元来开支，几千块钱买的空调的确算得上是‘血本’”。

简陋的办公室算是有了，但具体的项目到哪里去争取？要搞激光器这样的战略高技术产品，谈何容易！

“激光实验室在中国的布局已经完整，除去一些高等院校不说，在中国科学院就有四大光机所，其中长春光机所是‘爷爷’辈，仅科技人员就有上千之众，我们区区两个人，生存的立足之地在哪里？”林文雄反复思考：没有鲜明的科研特色，自己的团队就无法生存。要先生存后发展，最终获得学术地位和为国家需求服务。

首先必须基于福建物构所原有的基础。林文雄认为：物构所传统上材料和器件的力量很强，但也有些后劲不足的地方。现在基础研究和应用研究的边界越来越模糊，正如恩格斯所说：真正的市场需求，比起10所大学对社会的推动来得重要。搞应用科研更不能漫无目的，应有明确的目标导向。

此前，福建物构所承担的战略高技术项目很少，林文雄想，凡是国内可能应用激光器的地方，自己都应该去走访一遍，调研国家的需求。因此，研究组5月底成立，林文雄6月就到全国各地走访了一遍，“那时我是所里出差频率最高的。‘精诚所至，金石为开’，慢慢地，有些单位就会试探性地给我们一些小的预研项目”。

“经历过的这些困难都是人生财富，现在我们即便有再大的困难，也不会像当时那样窘迫。作科研要有积极进取的心态，我给自己的学生推荐了两本书——卡耐基写的《人性的优点》和《人性的弱点》。”林文雄说。

4. 去闻闻超市里各种水果的味道

前几年，为了承担一个高技术项目，按工程化必须的进度要求，时间节点非常严格，“按照合同，我们必须在八个月的时间内，不但要将科学原理走通，还要形成样机，并能在极端严苛的条件下应用。下游用户单位的所长亲自督阵，甚至在福建刮台风的天气里，都飞过来到研发现场了解进度。”

“我们在第五个月，发现原来设计的技术方案行不通，要一切推翻重来。那时我们的压力很大，连续好多天都睡在实验室，寻找可替代的工程化解决方案。”林文雄说，“大家虽然还是天天加班，但思路都枯竭了，我的头发为此也白了很多。有次我去理发，理发师甚至告诉我：如果你的头发再不焗油的话，乘公共汽车别人会把你当成老大爷让座的。他不这样说还不要紧，越是这样说，我的头皮就越发麻。”

这段时间的林文雄，甚至到了这样的程度：吃完了东西就想吐，植物神经功能都已经紊乱，身心疲惫不堪到要崩溃的临界点，“我又把卡耐基《人性的优点》翻出来看，虽然这本书我曾看了不下10遍。当然，我也喜欢金庸的小说《笑傲江湖》，很推崇侠客的英雄气概，在工作中遇到困难，需要一股英雄气概来藐视它。这是对自己的一种激励”。

林文雄想了个调节自己情绪的办法，就是去逛一逛附近的大型超市。因为超市里面的人非常多，但彼此又都不认识，“其实我从来都不买菜，就是到那里漫无目的地走走，看看各种蔬菜的价格，闻闻各种水果的味道，分散自己的注意力，让高度紧张的大脑得到完全的放松”。

这样没有多思多想的信步，转移注意力的效果蛮好，精神轻松了许多。林文雄先后持续了将近一个月，都是吃完晚饭便去逛超市，逛半个到一个小时，再回来加班。

林文雄就这么硬挺着熬了过来，“一些原先没有注意到的问题，相关文献和教科书上没有写出来，我们最终自己动手彻底解决了。在这个基础上，我们还在国际上提出了一个全新的激光锁定判据技术”。

林文雄在研究组提出的“奋战最后100天”，以系统各项关键指标全部超额完成而告捷。过后，出于对物构所科研和人才培养能力的信任，相关合作单位与物构所联合培养博士生，并把毕业的博士送到物构所做博士后。

“作科研要有勇气，敢于面对挑战。正像与我们物构所毗邻的闽江有300米宽，我们原先顾虑自己只可能游50米，而‘置之死地而后生’，游到了对岸再回过头来看，才知最初的那些顾虑纯属多余。”林文雄说。

5. 科学家做的科研工作就像打井

搞高技术研制项目，靠的是业界对产品性能的口碑，而能推翻的第一块多米诺骨牌就显得尤其重要，如今，林文雄取得的“多米诺效应”已初步显现。

最初的几年过去，林文雄领导的激光研究组进一步扩展，发展成立了激光工程技术研究室。研究室的人员大多是研究生刚毕业，平均年龄只有20多岁。

林文雄领导的研究小组，承担了多项国家重要科研项目，包括“863”计划重点项目、国家创新基金重点项目、中国科学院重要方向性项目、福建省科技重大科技专项项目等课题任务，近年来致力于激光技术链的中、下游研究和开发，即开展激光、非线性光学技术与材料开发的应用基础研究，系统集成技术及工程化应用研究。近20项成果在国内多家科研院所及高新技术企业中获得了推广、应用。

林文雄带领的研究团队，在国家重大科技计划项目的支持下，经过三年多的技术攻关，2007 年完成了人眼安全自拉曼全固态激光器的研制。该项目采用“复合异性腔自拉曼结构”等多项单元专利技术和系统集成创新技术，研究水平比国际同类研究提高了近一个数量级，使该系统技术进入实用化阶段。

2008 年 7 月，由林文雄主持完成的福建省科技重大专项前期预研项目“5 千瓦全固态激光器中的关键支撑技术——高效半导体泵浦耦合问题研究”，通过了省科技厅组织的专家验收。该项目立足解决 5 千瓦高功率全固态激光器的关键支撑技术，开展了高效半导体泵浦耦合模块的设计与特性研究。与高功率制冷系统进行了联机调试，获得了三级模块 5 千瓦的高功率输出，其电光效率达到 23％以上。该项目开发的多项瓶颈性单元技术，为实现全固态激光器的产业化提供了技术支撑。

2008 年 11 月，林文雄主持的“千瓦级全固态激光器的研究开发与应用”，作为福建省科技重大专项专题，在高功率全固态激光系统研制方面取得了重要进展。该研究项目的实施，重点突破了高功率高光束质量的全固态激光器关键技术，并应用于激光加工，实现了智能控制加工、系统集成等，解决了制约我国激光技术在先进制造中的实用化技术难题。

“科学家的科研工作就像打井，需要耐得住寂寞，坚持不懈，持之以恒。如果自己正在打一口井，看到别人的井里冒水了，就赶紧又换一个地方，那就永远也打不出井水。”林文雄由衷地说。

6. 工程化应用不能像脚踩西瓜皮

林文雄领导的研究所激光工程技术研究室、福建省激光工程技术集成与应用研究中心，属于研究所已经形成的科技链条的中下游环节，它要用材料对其性能进行表征，并对科技链条的上游形成反馈。

几年来，林文雄研究室研发的多种固体激光器，以其优异的功能得到了相关单位和部门的青睐，而良性循环的同时，也增强了研究室自身的竞争力，“我们和国外的系统打了很多次擂台。在许多苛刻的条件应用下，我们往往都是笑到最后的胜利者”。

国家投入巨资且历时五年还没有得到解决的问题，研究室里有好几位敢于“异想天开、胡思乱想”的年轻人，对一些通常人们并不看好的现象进行了研究，并将研究成果很好地应用到相关国家任务中。

“年轻人但凡有创新思想，都需要我们及时发现，不断加以鼓励。”林文雄总结说，“我在读小学四年级时，属于很多科目不及格的差生，就因为有一次在作业里，我写了‘学习’的‘学’字，老师在上面画了个红圈，给了个‘优’

作为鼓励，我就觉得好好写字也很不错，可以获得老师的表扬，从那以后就对书法十分感兴趣，在家里能坐得住，各科学习成绩从此也上去了。”

我国的全固态激光器许多技术在实验室的研究水平很有特色，甚至许多还处于国际领先水平，但系统集成与工程化、产业化水平却与国外有相当大的差距，从而限制了我国的竞争地位。林文雄的目标，就是要在系统集成创新与工程化上领先一筹，“我们战略高技术产品的推出，就是要瞄准工程化的应用，在高技术研究上面应当有明确的目标导向，不能一味地满足于所谓的‘自由探索’，就像是脚踩西瓜皮，滑到哪里算哪里”。

近年来，林文雄在国内外共发表论文 60 余篇，作为第一发明人获得 4 项中国授权专利、20 多项中国受理专利。他的多项研究成果在国际上处于领先或先进水平，并在国内多家科研院所、高新技术企业中获得了推广、应用，增强了我国在激光高技术领域的实力和企业市场竞争力。

林文雄所承担的多个全固态激光技术项目，不但获得了国家“863”计划的支持，福建省也将其列入科技支撑项目。漳州维德焊接公司的产品在欧洲的市场占有率很高，经过福建省科技厅的穿针引线，林文雄领导的研究室已与该公司取得成功合作，“和一个优秀的企业合作，能够缩短我们的研发周期、节约成本、提高效率。我们实验室里的指标已经远远超过原定标准，现在需要更多地考虑工况环境的适应性问题。”林文雄说。

7. 激光器扮演了闪光灯的角色

汶川地震之后，林文雄冒着余震的危险，奔赴地处四川绵阳的一个相关单位。为了试验的顺利完成，他在绵阳天天晚上都睡帐篷，遇到了三次 5 级以上的余震，与相关单位一起整整奋战了 100 天，最终拿到了相关项目实验的关键数据。

传统的激光器造价很高、成本也很高。林文雄他们不但走了一条捷径，而且现在还能反过头来做原理和机理研究。知其然，还要知其所以然。

这个相关单位地处偏僻山沟，他们的生活十分艰苦，怎样才能留得住人才？对此，其中一位领导告诉林文雄，他们自己种地瓜、自己买菜、自己做饭，而正是这日常生活中的一点一滴，增强了集体的凝聚力。相关单位的艰苦奋斗精神，无形中也感染了林文雄带领的团队。

在这个大型实验中，激光器虽然成功地扮演了“闪光灯”的角色，但在记者的追踪采访里，林文雄却极其不愿意面对明亮的“闪光灯”。他更愿意隐身在后台，做一位高技术研究领域默默无闻的英雄。

8. 宁可从获多项国际第一中“退步”

注重系统集成中的工程化问题，林文雄首先要画出思维导图，然后如抽丝剥茧地把所有外在的干扰因素剥离，进行去伪存真、去粗存精的推演。其中的一个战略高技术项目，林文雄与其带领的团队，前后整整花了四年的时间，才捅破了那层“薄薄的窗户纸”，最终在2009年6月成功地将其做了出来。

“我们中国科学院的研究所作为科研国家队，要靠理论指导与实验结合完成工作，科学的方法论显得尤其重要，不能像做一般的工程那样，同时使用十几个实验组来研究。”林文雄介绍说，“大家开展大量艰难困苦的实验，有的一个中间环节的研究甚至要花费大半年的时间，实验数据写了密密麻麻的好几大本，所作的研究却没有丝毫进展，最后发现这条路行不通。最终我们还是把那些外表花里胡哨、仅仅是为了出指标的技术因素首先排除出去，留下的却是一个乍看起来非常不起眼但却是能够真正使用的技术。为此我们花了很多年的时间探索，才真正感悟到其中的道理。”

“虽然早在2007年，我们的成果就由国家有关部门组织专家进行了技术鉴定，认为该项目的技术指标达到了许多的国际第一，如技术转化效率第一、同步精度第一等，但所有这些光鲜的技术，我们却认为在一线长期应用中未必能靠得住。现在捅破的这一层‘窗户纸’，可能从技术指标上看，有些人觉得我们是在‘退步’，但其实我们是真正获得了进步。抛弃掉华丽的、站不住脚的数据，做到了返璞归真。”林文雄感慨道：“我们不会为了激光器技术指标上的‘创新’，而去搞论文上的所谓‘创新’，而是要用激光系统的生命力来作衡量，作具有激光系统旺盛生命力的创新，这样才是真正有意义的原始创新。”

由林文雄领衔研发成功的紫外大能量脉冲激光器，在通过国家项目验收时，得到了包括多位院士在内的专家的高度认同。原先国家认证的系统要花100多人运行维护，用现在福建物构所研制的紫外大能量脉冲激光系统，只需要几个人就可以运转了。有的专家甚至还提议，应该在中国本土上诞生的这一激光器上标上用中文而不是用英文的缩略字母，写上中国科学院福建物质结构研究所的名字，“这是真正具有原创性、高水平、实用化的激光器，我们应该为此感到自豪”。

虽然完成这个项目的条件非常艰苦，许多人几乎都无法坚持下去，如在摄氏三四十度的天气里，实验室都不能开空调，必须在阳光直射时获得数据，然后在极短的时间内，迅速将温度降到极致，简直就是“冰火两重天”，但林文雄和做实验的同事一起，高标准，严要求，在既定的困难环境里完成了项目研制。

9. 最高评价应该是产品的“皮实”

目前由林文雄继续牵头，正在做一项国家从“八五”到“十二五”期间，被许多专家视为拦路虎、而不得不放弃的激光器工程技术，“我们在啃一块极难啃的‘硬骨头’，已经解决了基本核心的问题。我们每天一次讨论，逐个解决接踵而来的新问题。”林文雄说：“这样的磨砺对我们团队的年轻学生而言，是一个很好的锤炼经历。洪茂椿所长也说过，学生只有经过这样的锤炼，今后才能在自己挑大梁时不畏惧困难。这是一个无法跨越的阶段，虽然是非常艰苦的打磨过程，但却非常值得他们去磨砺成器。”

“我们曾经研发的一项高性能单频激光器，可能在实验室里踮着脚尖走路，或者稍微大声说话，甚至一些空气的振动都会影响到技术指标，真是‘含在嘴里都怕化了’，但这在工程产业化应用中却绝对不能容忍。我们就是要把那种含着怕化掉、捧着怕摔破的激光器，做成最为‘皮实’、可以经历千百次捶打、能抗极端条件下外界干扰的产品。”

林文雄介绍说，为了激光系统能接受这样的性能考验，他们甚至不惜将激光器放在震动实验台上用手捶砸，将大音箱开到100分贝“振聋发聩”的程度。只有这样的严格考验，才能让激光器接受工业化应用的挑战，“这就像考验我们的学生和年轻员工，也需要在科研第一线中不断摔打，让他们做到‘皮实’”。

“激光技术最终得到的最高评价，应该是产品的‘皮实’。现在如果人家说激光器的指标做得好，我们甚至都不觉得这是夸奖，我们的理念已和过去大不一样，不做那些只片面追求数据漂亮的技术——虽然做出这些漂亮数据和指标的工作，可能只需要不多的几个月。我们追求‘皮实’应用的激光技术，得出来的数据可能未必漂亮，有些无法写成论文，甚至不能写成专利，但却是业界非常急需的。既然我们的价值取向已经起了根本性的变化，所以，考评体系也要随之变化，再不能沿袭纯基础研究的‘新’、‘奇’、‘高’。”

林文雄介绍说，“我们现在鼓励的，是在真正的技术应用中，能够立于不败之地的原创性工作，比如，我们做出的单纵模稳频激光器，率先提出了一个能量缩减数据，也已经申请了国际专利，日本的一家株式会社想转让我们的该项技术”。

10. 在“七八个星天外”的闲暇

2009年10月，由中国科学院福建物构所和福建省有关部门共建，成立了福建省激光技术集成与应用工程技术研究中心。接着，根据中央提出的海峡西岸发展战略精神，2010年1月，福建物构所又在福建省科技厅的支持下，成立了海西工业技术研究院激光技术集成与应用工程技术研究中心，林文雄任重道远，同时兼任了这两个省级研究平台的主任职务。

“我们紧紧抓住这两个研究中心，学科目标的凝聚和产业的导向更加明确。加上依托物构所的国家光电子工程技术研究中心，我们研究所的固体激光器研发和产业化架构了三个平台，这样，吸引国内外优秀人才加盟的力度就可以更大了！”让林文雄颇为得意的是，国家光电子工程技术研究中心从海外吸引了多位核心技术的高端人才。

林文雄正在积极筹建光电子学的学术沙龙，既能让国家工程中心不同学科的人才在这里多交流、多接触，也能让作高技术研究和基础研究的人才在这里“高谈阔论”，开展彼此学科间的交流和融合。

智者爱水，仁者爱山，林文雄更喜欢看山。连日奋战获得成果后，每逢节假日，他都喜欢独自一人坐在家门口看山，看哪里有树杈伸展进去，但又一时看不明白那朦朦胧胧的意境。或者淅淅沥沥下着小雨，整个山岚被烟雨笼罩；或者明媚的阳光编织成千万条金线，听着山谷里布谷鸟清幽的叫声，“那种大战过后的短暂休憩，感觉非常之好”。

在林文雄的办公室中，有一幅书法遒劲的字画——那是他酷爱的辛弃疾词的《西江月》。“‘七八个星天外，二三点雨山前’，我们既要有‘一张’，也要有‘一弛’，需要在紧张拼搏之后的闲暇时分，追求属于精神家园的宁静。”林文雄说。

洪文：雷达指引行径的“工程科学家”

洪　文， 信号与信息处理专业博士生导师，中国科学院优秀教师奖获得者。1997～2002年服务于北京航空航天大学电子工程系雷达信号处理教研室，期间在德国宇航院微波与雷达技术研究所（DLR-HF）从事为期一年的客座研究。2002～2006年在中国科学院电子学研究所执行“百人计划”，2006年至今为微波成像技术国家重点实验室研究员。当前主要学术方向包括极化/极化干涉合成孔径雷达数据处理及应用、三维微波成像等新概念、新方法研究。

在中国科学院电子学研究所（简称电子所）的研究员群体中，洪文是屈指可数的几位女性之一。她的实验室在一座不起眼的楼房里，推开门，几乎每天都能在这里找到她。

洪文留着清爽利落的短发，几乎从来就不施脂粉。而她的举手投足中，却无不散发出一位女科学家的自信与从容。

洪文从未接受过记者的采访。在战略高技术应用领域，高度严格要求的工程性项目，把她打磨成一位“工程科学家”。

洪文的主要研究领域是合成孔径雷达数据处理及应用。这种成像雷达的最大特点就是分辨率高，可全天时、全天候地工作，是对地观测和资源管理最重要的手段之一。洪文的科研人生之所以能一路顺利直行，也正像有了合成孔径雷达的正确指引，才能够清晰准确地辨别自己前进的方向。

1. 并非没有机会改变自己人生

洪文的科研之路，看起来走得特别顺畅。学习电子工程，与合成孔径雷达成像结缘，走进中国科学院，人生的每一个转折点，她似乎都在不经意间作了决定，用她自己的话来说，是没有什么很长远的考虑。每一步都是直接而必然的选择，但这些脚印、这些坚持，铸造了她今天的成就。

1986 年，考入西北工业大学电子工程专业，是洪文科研人生的起点。在这所理工科院校中，作为“少数”女生中的一员，她自得其乐。

1990 年，洪文被保送攻读本校的硕士。本科阶段打下的坚实基础，使她研究生阶段的学习更加得心应手。洪文每天抱着书本，穿梭于实验室、图书馆和教室之间，三年的研究生时光悄然流走。

西北工业大学的七年，西工大的“三实”作风，在洪文身上留下了深刻的烙印，“基础扎实、工作踏实、作风朴实”——毕业已过十余载，从这里走出去的洪文，现在几乎成为西工大“三实”的代言人。“西工大‘三实’对我的影响太大了。”洪文说，这也是她工作和处世的行为准则。

1993 年，洪文顺利考入北京航空航天大学，开始了她的博士研究生生涯。

在科研路上一路走来的同学并不多，女生更是凤毛麟角，在每个岔路口都选择了直行的洪文，几乎成了“孤品”。但是，她并非没有机会改变自己人生。

考入北京航空航天大学（简称北航）的洪文提前半年来到北京，她的眼前展开的是一副热闹的画卷。春天，外企集中招聘的季节，朋友拉着她去赶一场外企招聘会。在和一位人力资源的管理者随便聊了几句后，这家实力强大的文化公司当场敲定，让她第二天就去公司报到。

第二天，洪文来到这家公司位于中关村的写字楼，接待她的是该公司的老板。他很痛快地交给洪文两样东西：一台笔记本电脑，一个 BP 机，并留下一句话："你不用去北航读书了，我给你办北京户口。"

洪文惊得半天没反应过来：那时的北京户口，对许多像洪文这样的外地学生而言，是求之不得的"稀有资源"。

两天后，洪文再次来到这家公司，把两件贵重物品原封不动地还给了老板，她的理由很简单："我是来北京读书的，我只是想通过求职看一看，如果改变我的人生道路，有没有其他的可能性。"

1995年，北京国际展览中心举行了一次国际航空展。一家知名的意大利参展公司，需要具有航空电子专业知识背景的英文口译人员，北航的老师向他们推荐了洪文。洪文在长城饭店第一次见到这家意大利公司的高管时，想不到对方居然当即邀请她，成为该公司进入北京的第一位雇员。得到洪文否定的回答后，对方提出她也可临时工作，只需要每周工作三个半天，还可以报销往返打车费用，薪酬更是她绝对没有想到的高额数字。面对类似的用人"价码"，这一次，洪文干脆连参展口译也放弃了，"我得为自己当初的选择负责，不能就此放弃或松懈自己的学业，还是给您介绍其他人选吧"。

选择走科研的路，就注定了平凡淡泊的人生，这点洪文很清楚。而她放弃的通往其他人生道路的机会，也绝不止这两次。"如果当时我和许多同学一样，选择'下海'或出国，现在可能过的是一种完全不同的生活。"洪文说，"但我是一个比较执著的人，不太愿意改变。"

2. 想起梁思成笔下的龙门大佛

命运似乎充满了某种必然。1998年，博士毕业后留校任教后的第二年，洪文获得了去德国的机会，参加第二届欧洲合成孔径雷达国际学术会议。那是她第一次走出国门，她至今难忘。

刚毕业不久的洪文只是北航的讲师，而此次与她同行的，是中国科学院电子所的一个代表团，其中包括时任电子所所长的朱敏慧女士和现任电子所所长的吴一戎院士，她成了团队中最年轻的一位学者。赴德国旅行的途中，她几乎包办了填表、问询等所有的琐碎小事。英语出色、热情好学，成为她留给同行前辈的第一印象。

会后，洪文顺道访问了德国宇航院微波技术与雷达系统研究所。这是一家在微波成像领域享有国际声誉的著名科研机构。这次访问邀请来自该研究所的所长，原因是前些年作为学生的洪文，曾为到访中国航空工业集团总公司的这位德宇航所长和其他几位德国专家担任过技术口译。

几个月后，作为中德政府间首次航空电子合作项目的中方人员，洪文再次赴德，以客座研究人员的身份，开始了她在这里的学术研究工作。

在德国宇航院为期一年的访问，是洪文人生难忘的科研经历。德国人近乎过分的严谨与认真，对她来说是一场新的洗礼。

洪文被安排的第一个仿真实验，是作点目标二维匹配滤波处理。这个领域的“上手题”，用洪文自己的话来说，她不知道已经做过多少遍。但是当她驾轻就熟完成仿真之后，德国同事约瑟夫却给她指出了一大堆错漏：“你做的不准确，不仅要看峰值旁瓣，要看第二旁瓣、第三旁瓣，你还要看它们的对称性。”

估计全世界的科学家中，只有像约瑟夫这样的德国人，才能提出这样严格的近乎苛刻的要求。洪文接受了这位“不客气”的德国同事的批评，“只要他是对的，我就无条件接受。作科研就应该这样，从起点开始就必须准确”！

从这位德国科学家身上，洪文还学到了做蛋糕的手艺。约瑟夫在他18岁之前，一直从事家族糕点和面包师工作，后来因为个人兴趣，才转行学习电子工程。“工作之余，有一天约瑟夫教我烤苹果蛋糕，他真的用天平称面粉、糖、盐、黄油，而且称每一种东西，居然都有不同的工具。”后来洪文从他那里学会了用各种配料，自己烤制出美味可口的蛋糕。

在这个以严谨著称的国度，火车都要按照分秒计算到站的精确时间，洪文思维、工作方式的严谨性，也都得到了全面的提升。“对一个优秀的科学家而言，这是非常重要的品质。”她说。

洪文在学术上的日益长进，仅仅只是德国送给她人生宝贵财富的一部分。

1998年的冬天，德国下了第一场大雪，虽然时隔10多年，洪文还清晰地记得自己当时的心境：那天午饭后，她像往常一样，沿着德宇航大院内的机场跑道散步，听着自己脚踏雪地发出嘎咕嘎咕的声音，忽然感觉心里一阵特别的空荡。回到办公室，她立刻翻出了梁思成的《中国雕塑史》——这是一本自己连同《本草纲目》一起从国内随身带来的书。

一页接着一页，沉浸其中的洪文读到了梁思成笔下的龙门石窟大佛，“千二百年来，风雨之飘零，人力之摧敲，已将其近邻之各小像毁坏无一完整者，然大卢舍那仍巍然不动，居高临下，人类之伎俩仅及其膝，使其上部愈显庄严。且千年风雨已将其刚劲之衣褶使成软柔，其光滑之表面使成粗糙，然于形态精神，毫无损伤。故其形体尚能在其单薄袈裟之尽情表出也……”

身在异国他乡的洪文，此时此刻忽然情不自禁地泪流满面：千年风雨只能断其肢体，不能毁其精神。“这是一个非常特殊的场合，给了我一个了解自己的机会。”而立之年的洪文第一次真正体悟到，“祖国”这两个字的分量。

3. 成为工程科学家的脱胎换骨

一年后，刚回到北京航空航天大学，洪文就开设了国内第一门关于合成孔径雷达成像基础和算法的研究生课程。

在高校任教六年之后，洪文作出了她人生中“最重要的一次选择”，转身来到中国科学院电子所。北京航空航天大学与中国科学院电子所之间，只不过是跨了个北四环，直线距离不过 2 公里，但对洪文而言，却是从此选择了不同的科研人生。

洪文曾经在许多不同的场合多次说过同一句话："在中国科学院的知识创新工程中，我本人只是一个非常不起眼的例子，因为我是以副教授的身份，破格入选中国科学院的国内'百人计划'的。"

按照中国科学院"百人计划"的相关规定，当时还只是北航副教授的洪文，暂时达不到一些"硬性要求"。时任中国科学院电子所所长的阴和俊慧眼识珠，主动为她争取了"百人计划"的优厚条件，因为电子所雷达成像领域的发展，特别需要洪文这样的人才。"不拘一格降人才"，引进洪文便是最好的例子。

到中国科学院电子所从事战略高技术的工程研究，几乎成了洪文的不二选择。"促成我自己最终的选择，主要是两个原因，一是我喜欢协同作战的集体生活；二是我希望尝试工程研究。自己在大学里作了那么久的算法，特别想让它在实际中得到验证。在电子学研究所经过几年的历练之后，我终于明确认识到了在实践中提炼科学问题的含义，这个转变的过程十分重要。"洪文由衷地对《科学时报》记者说："电子学所这个团队需要我做什么，我就融入其间去做什么，而且总会有新的发现和收获。我非常热爱这个集体，也很享受其中的过程。"

30 多年来，我国的科学家在微波成像领域，始终坚持走一条以自主研究为主的道路，从"十五"规划初期至今，国家持续、迫切的应用需求牵引，带来了这个专业技术领域的蓬勃发展。2002 年，洪文刚到电子所时，正赶上开展国家大型工程项目的研发。对她而言，首先遇到的是思维方式、工作方法的转变。

信号与信息处理的项目预研，要求洪文迅速建立系统的框架，准确发现其中的核心问题，同时开始组织关键技术攻关和系统研发。而最重要的是，在实施工程项目中，除了严格的质量、进度要求，还有大量的技术攻关和技术协调。这对在高校作惯了理论和算法研究的洪文而言，要实现这样的角色转换并非易事。

在洪文对自己的工作定位感到困惑时，她当年的博士生导师、北京航空航天大学的毛士艺教授告诉她："你应该学会转变观念，使自己成为一名工程科学家。"

"工程科学家"，这个提法促使洪文思考，她在不断努力工作的同时，也体会着其中的深刻含义。

2006 年，洪文的"百人计划"项目被评为优秀。她在自己终期总结报告的结束语中这样写道："过去四年的经历，使我刚刚开始具备了对工程科学家这个名词的内涵进行初步理解和描述的能力，也使我深深意识到作为一名工程科学研究人员在日常实际工作中每时每刻都不能回避的来自责任、素质、技能、经验、体能、意志、胸怀等各个方面的持续挑战和考验。”

4. 总是一脸的严肃和不苟言笑

洪文刚来电子所时加入的工程研发部门，已从当时仅有的 20 人，发展到现在的 100 多人，目前已成长为国内遥感卫星地面处理和应用系统建设的核心团队。“我有幸参与并组织了一项遥感数据应用系统工程的研发，感触很深。”洪文对《科学时报》记者解释说，“这个项目我们是工程总体单位，因为我本人的主体专业背景和极强的团队观念，所以很快学会了从全局看问题的同时，发现最关键的环节。”

为什么需要这么大的团队，洪文举了一个例子：单是研究所自主研发的软件，在测试的时候，就有 2000 个测试用例，每一个用例测一项指标，需要一个系统的团队支撑。“设备交付用户时的细节也很重要。在设备发运出所的时候，我们就作了仔细的考虑，如设备何时断电下架，如何打包标识，磁盘阵列怎么防震……考虑到这些细节之后，还得由一个大型货运卡车运输。”洪文说，“我们的设备从北京长途运输到用户现场并立刻调试运行，没有一个环节掉链条，靠的就是严格的管理、认真的态度和团队的配合。”

在项目的研究过程中，总是不可避免地要遇到各种各样的协调和沟通问题，既有内部的，也有与用户方的、合作方的、管理机关的，等等。洪文原来是高校老师，平时习惯对学生说话细声细气，有着年轻女性固有的温柔，“但在一些工程测试和验收现场，我总是一脸严肃和不苟言笑，有时态度很强硬，说话声音还很大”。

在一次工程现场测试中，一位年轻的管理者代表由于并未按批复的测试大纲和测试用例，结果进行了几个极限测试，其中就有两个没通过。洪文说，“当天下午的小结会上气氛很僵。第二天，这位代表一到现场，我就拦住他仔细地描述了整个工程的设计思路、主体框架和关键技术突破，整整讲了三个多小时，讲得我唇焦口燥，他终于认同了系统测试的核心在于用户需求的技术实现程度和水平，而非测试本身。测试总结会上，又有人提及极限测试问题，我也忍不住提高了嗓门，那位管理者代表赶快站出来说：‘哎呀，这个问题就定在 C 级以下，洪大姐，你看这样行吗？’我当时听得扑哧一声就乐了”。

争执归争执，一个工程做下来，洪文在同事、用户、合作伙伴、机关管理人员中，交到了许多志同道合的朋友。

2006 年，洪文出任微波成像技术国家级重点实验室常务副主任。从工程部门到实验室，洪文有了高校教学、国外研究、工程研发和组织管理的经历，并很快适应了这一次的角色转换。几年来，作为中国科学院高技术研究机构的一分子，实验室坚持做“面向国家战略需求、面向世界科学前沿”的实践者，获得了国家科技进步奖一等奖，主持了国家自然科学基金重大研究项目和国家重点基础研究发展计划（“973”）项目，被授予“国家级科技创新团队”的称号。

为进一步推动微波成像研究领域的影响并培养后备力量，洪文和她的同事们组织了实验室领域前沿翻译著作系列，开设了中国科学院研究生院学位课程。此外，洪文指导的多位研究生获得了国际学术会议优秀论文奖，她本人也多次担任国内外学术会议的科学委员会和技术委员会委员，并作为三个国际合作项目的 PI 和 co-PI，活跃于国内外学术交流活动中。

现在，洪文更乐于把自己定位于“工程科学家”，她认为，做中国科学院的研究员是一件幸福的事情，这里与高校及其他的科研团体相比，将能够凭自己的科研实力，承担更多的国家级科研项目。自己的研究成果能够为实际工程所应用，是科学家实现自我价值的最佳途径。“能够做国家层面上的工作，这不是所有的人都可能拥有的机会。”洪文说。

洪文的孩子今年 6 岁。在过去的几年里，洪文的日子过得“特别艰苦”，“就说最近这个月吧，我已经有很多天，都是夜里自己先陪着孩子睡着了，然后再爬起来工作”。对于这样的状态，洪文和她的孩子都早已习惯。尽管工作压力很大，但洪文和所有做母亲的人一样，只要不出差，她都坚持把孩子带在自己身边。

“许多女同事问我，这些年是如何坚持下来的。我都会说这样一句话：像享受生活一样享受工作。不仅是坚持，更是真心投入。如果你不这样想，你会坚持不下去的。”

洪文很享受她现在的生活。她告诉《科学时报》记者，学习几门外语、练习写毛笔字、和家人一起到处去旅行，那只能是退休以后的事情——这些东西对现在的她而言，属于很遥远的未来。

倪四道：赶在地震波的前面预警

倪四道，1996年获中国科学技术大学地球与空间科学系地球物理硕士学位，2001年获加州理工学院博士学位。长江学者特聘教授，获中国科学院引进海外杰出人才计划、国家杰出青年科学基金资助。现任中国科学技术大学地球与空间科学学院地球物理学教授、博士生导师、中国科学院壳幔物质和环境重点实验室副主任，《应用地球物理》英文版编委，国际科学院组织自然减灾项目专家组成员。汶川地震发生时，其课题组在地震发生后8秒就获得了震中定位，误差小于10公里；确定震级的时间为震后8～9秒，误差为1级。随着地震被更多的台站探测到，地震的参数可以更新为更精确的数值。其精度还与地震台分布的疏密程度相关，在首都等拥有密集地震台网的区域，确定这些参数的时间可以进一步缩短。

1. 提前 20 秒预警，能夺回多少鲜活的生命？

1976 年 7 月 28 日凌晨 3 点 42 分，河北唐山。

2008 年 5 月 12 日下午 14 点 28 分，四川汶川。

联系起这两个时空的，是一个人类暂时无法抗拒的灾难——地震。

这些数字将被历史永久性地记忆：汶川大地震发生后，中国国家地震监测部门仅在 5 分钟左右，就确定了地震位置及强度，10 分钟后上报地震信息——比 12 年前对唐山大地震的报告，谁都不可否认，这是历史性的巨大进步。

但是，假如那些正在教室里读书听课的孩子们，能够早一些知道地震即将降临——哪怕仅仅是提前一秒——有多少如花的生命还将能够继续绽放？

追问这个问题的人中，有一位中国学者，他名叫倪四道。

2009 年《中国科学》杂志的第一期，发表了倪四道和他领导的研究团队的最新研究成果——用两个三分量地震台站，就足够在 10 秒钟内确定震中的位置，误差只在 20 公里范围内。

对于汶川大地震，这个数字意味着，当强震刚在边远农村映秀镇爆发时，成都市足足有 20 多秒的预警时间，而在这 20 秒的时间里，学生可以撤出教室，人们可以逃离危险建筑，医生可以立即终止手术以转移病人，高速列车可以迅速停驶以防止脱轨，水电煤气可以暂停供应以确保安全。——提前 20 秒预警，能夺回多少鲜活的生命？

历史不能重演，但绝不可以遗忘。汶川大地震发生后，倪四道也没有停止对自己的追问。他研究后认为："汶川地震发生在成都以西 100 多公里处，地震面波需要 40 秒左右才能到达成都。如果利用该地震附近 50 公里内的两个地震台的 P 波，可以在十几秒内初步确定地震地点及强度，成都可以有 20 多秒的预警时间终止关键性活动。"

倪四道指出："在汶川大地震发生后 10 多分钟，强烈的面波才抵达北京、上海等东部城市，一些高层建筑内的正常生产、工作和学习也暂时中断。我国如果形成地震早期预警系统，完全可以在地震面波还没有到达东部大城市之前，向民众及相关部门通报有感地震波将到达，避免不必要的社会恐慌。"

而问题的关键，在于地震早期预警系统。

2. 对日本的经验，我们复制还是创新？

对地震早期预警系统的探索和研究，最有经验的国家当属日本。

中、日两国国民之于地震，有着许多相同的体验。就在汶川大地震之后的一个月，日本东北部的岩手发生 7.2 级地震，造成 10 人死亡、12 人失踪——五位数和两位数之间的差距，足以让我们对这个岛国上的国民心存敬意。

在地震领域，日本研究水平相对于中国的优势，显然毫无疑问。在国内记者一窝蜂地追着专家，询问诸如“地震究竟能不能猜测”之类的话题时，日本地震学家在忙着建立和改善他们的速报系统。

“无论碰到多么强烈的地震，尽量做到没有人员伤亡，这就是地震大国日本多年来地震对策的最大目标。”日本文部省的新闻发言人增子宏先生，在2009年举行的一次中日地震防灾减灾研讨会上对《科学时报》记者说。

日本10多年前就放弃了对地震猜测的努力，因为直到目前，猜测完全没有理论基础，甚至人们至今没有搞清楚地震发生的机理，何谈猜测？日本的目标很“务实”：仅仅是再多给人们一两秒钟的逃生时间。

日本每隔29公里就设置一个预告站，这些监测仪在全国平均分布，并且互联成网。这些密布全国的地震台构成了世界上第一套地震速报系统的基础。

日本开发出来的这一套世界领先的地震预警系统，准确地说，它并不是预告地震，而应该称之为“地震速报系统”。它的原理是，在地震发生的第一时间，检测到地震的震源、震级等信息，并根据地震波传播需要一定时间的规律，利用地震发生后的纵波与横波时间差，可以在破坏力大的横波到来时，提前几秒到十几秒发布地震警报，但这对于震中的人们作用不大。

显而易见，日本速报系统成功的基础，在于分布于全国的1000多个地震检测台站。而中国的国土面积大、地形多样、情况复杂、力量有限等客观因素，将极大地影响速报系统在中国的建设。

许多学者对于中国复制日本的“地震速报系统”并不乐观。从技术上来说，假如中国能够自己建立或者引进该系统，照样可以发挥相同的功效。但是它实际的可能性比较小。原因很简单，中国的国土面积太大了，假如没有足够的观测点，观测点分布过于稀疏，就不能稳定而快速地探知地震。

倪四道研究的成果，克服了“地震速报系统”对观测点密度的高要求。他们结合基于地震台网的波前探测方法和基于单地震台资料的P波预测方法，对地震的震中位置、发震时刻和震级这三个最重要参数进行了快速确定。

用他们的方法，在地震发生后10秒内，即可对地震的震中位置进行初步确定，其精度随地震台分布的稀疏而定；同时地震的发震时刻也能得到确定。对汶川大地震而言，这种定位能在地震发生后约8秒获得，其误差小于10公里。地震的震级，则能通过分析离震中最近地震台的前4秒波形得出；对汶川大地震来说，确定震级的时间为震后8～9秒，误差为1级。随着地震被更多的台站探测到，地震的参数可以更新为更精确的数值。最重要的是，这还是在汶川附近地震台站比较稀疏的条件下取得的。在拥有密集地震台网的首都圈等区域，确定这些参数的时间还能进一步的缩短。

在过去10年中，中国已布置了许多宽频带地震台站。中国国家地震台网由遍布全国的150多个骨干台站组成，平均间距300公里，每个省也分布有区域地震台网。而汶川大地震，其所处的龙门山断裂带仅有几个台站，平均站间距达100公里。“我只是利用中国现有的宽频带地震台站，给出了一种能快速得到地震位置和震级的早期预警方法，为缩短地震灾害后的反应时间提供了理论基础。”倪四道这样评价自己的这个研究。

3. 最是难忘，“5·12”那沉重的记忆

对2008年5月12日，每个中国人都有自己的感悟。作为中国地球地质学家，在接受采访的三个多小时里，中国科学技术大学教授倪四道重复最多的一句话就是：“这次已经做得很好，但我们原本可以做得更好——责任不在于政府，而在我们科学家。”

5月12日，和往常一样，在位于中国科学技术大学国家实验室大楼11层，倪四道正在自己领导的壳幔物质与环境实验室工作。下午2点半左右，他忽然感到一阵头晕，定定神后他对自己说：“可能是这两天没有睡好”，几分钟后的又一次晕眩，终于让他回过神来：是地震发生了！倪四道带着同事和学生，顺着楼梯赶忙向楼下撤离。在空旷的操场上，他终于拨通了安徽省地震局的电话，对方能够提供给他的信息，仅仅是一句“地震发生在四川”，除此之外别无其他。

“我是学地质出身的，但这一次，我居然不知道这是地震！地震发生在四川，千里之外的安徽都有如此震感，这是一场多大的灾难！”

10多分钟后，倪四道几乎是第一个冲到楼上，重新回到实验室里的人。他的第一个动作，就打开计算机，下载所有实时汇集到美国地震研究中心的、全球1000多个台站记录到的数据。“我一看，震级竟然达到7.6～7.8!”多年研究地震的倪四道清楚地知道，在这个骇人的数字背后，意味着什么样的灾难。

倪四道下载完所有数据，拨通了所有能够拨通的电话，在获得了所有能够获得的信息后，晚上回到家里，他在电视上看到，温家宝总理在都江堰对灾区人民讲话的情景。

“温家宝总理在地震发生后，仅六个小时到达了都江堰，而我们当时仅仅知道震级是7.6级，震中信息还未确定，这是我们科学家的失职。”倪四道说，“我心里非常难过，别的许多人在救灾，而我们就只能在看新闻。”

这种自责的糟糕情绪不断升腾，折磨得倪四道根本无法入睡。到了半夜12点，他穿好衣服几乎是跑着回到了实验室，他给他的博士生们打电话，叫他们赶紧起床，赶紧打车回到实验室。这时他心里只有一个念头——“我要赶快做事情，赶快做任何能够对灾区有帮助的事情！”

倪四道等一夜无眠，八个小时后，他们赶制出震后国内第一张“地面震动图”。在这张图上清晰地显示出地震受灾最重的三片地区——汶川、北川、青川——“特别是青川，那里的通信完全中断，连海事卫星也被拿去用于救援汶川，他们是骑着自行车，冒着生命危险出来通报灾情的。”而当时我们几乎所有的抗灾救援力量，都被堵在了都江堰前往汶川的路上，倪四道在第一时间发现了我们救灾方式存在问题，他即刻把图纸传送给了国家地震局。

“现在回想起来，关于这张图，当时没有时间考虑太多，也许我们不用这个专业的学术名称，而是通俗一点，直接一点，叫它‘受灾程度图’，也许它会发挥更大的作用。”尽管汶川大地震已过去两年的时间，但每每说到这件事，倪四道依旧难掩心中的遗憾。

5 月 21 日，国家汶川地震专家委员会成立，它集纳了中国地震科学领域的老、中、青三代顶级科学家，在国务院抗震救灾指挥部的领导下开展工作，倪四道被推选为专家委员会灾害评估组成员。

2008 年 11 月 14 日，在国务院抗震救灾 26 次会议上，温家宝总理和我国的地震专家们见面，作为蒙城地球物理国家野外科学观测研究站的站长，倪四道也参加了这次会谈。“第一次见到温总理本人，我当时心情很激动。在会议结束后，我就给远在美国的妻子打电话，她也很高兴，她说你快把照片寄过来看看。”

倪四道对温家宝总理提出：“今后如果再发生 7 级以上大地震，第一，我们要立刻确定地震的位置和震级，做到早期预警；第二，在难以救灾的地区，迅速出来成灾图，发挥成灾图的指导作用。”他的这两个观点，得到了包括陈颙院士在内的多数专家的认同。

4. 利用时差，完全有可能进行预警

这次大地震之后，倪四道养成了一个习惯，只要得到任何关于余震的消息，他都要在第一时间跑到自己的实验室，下载实时数据并作出分析；只要看到“龙门山”三个字，不管是不是有关地震学的内容，他都把资料搜集起来，并逐一地载录到计算机上。

倪四道对《科学时报》记者说：“在短短几年之内，就遭遇了苏门答腊岛地震和汶川大地震，尽管我们很痛心，但是却不得不面对。这对作地震研究的人也是一个机遇，因为它是一个客观事实，不管人们愿不愿意，地震今后总是还会来的。”

倪四道永生难忘的，还有 2005 年 3 月 28 日 23 时 15 分，那场引起印度尼西亚大海啸的苏门答腊大地震。

同样是地震发生的几个小时之后，倪四道就从实时的数据中获取到了地震

资料。这是40年来发生在地球上的最大的地震：9.2级，破坏延续近1300公里，巨大的海啸吞噬了2000人的生命。

对印度尼西亚大海啸的这些数字，倪四道在悲痛之余，更多的是疑虑——延续了近1300公里之后的地震，是否可能造成这么大的海啸灾难？

当时倪四道在直觉上感到数据存在一些问题——近30年来，人类对地震的研究，始终局限于震级较小的地震，对“小地震”的研究方法早已成型，但这一次，震级高达9.2级、持续了300多秒的震动，所有的地震波形都混合在一起，以前用于小地震的研究方法是否依然适用？

回答这个问题，倪四道用了整整半年的时间。刚开始，倪四道和他的团队将现行的所有方法全部试了个遍，每天工作12个小时以上，但依旧没有得到他想要的结果。那半年里，他脑海里都充斥着“地震”的波纹和“海啸”的巨澜，吃饭时心不在焉，谈话时文不对题，“我天天在问自己，海啸都已经过去个把月了，你居然还不知道答案！地震学发展这么多年了，为什么这个问题都解决不了”？

一次在实验中的偶然机会，倪四道终于发现：高频P波的传播不会被混合，杂乱的波形将被过滤掉，观测的效果十分明显。

倪四道通宵达旦，三个晚上几乎没有合眼，终于得到了结论：苏门答腊地震，持续时间为500秒，破裂1300公里——这是人类已知的最大的破坏。他们同时还发现，利用这种方法能够进行地震预警，高频P波一秒传播10公里，海啸一秒钟仅能推进100米。如果利用这种方法计算，15分钟之内就能确定地震的震级和破坏程度，而当时的海啸要传导到斯里兰卡，还需要2～3个小时，“利用这个时差，我们完全有可能进行预警”。

作中国地震早期预警，倪四道也同时开启了一扇门。

“作地震，还是需要从事大地震研究。大地震能够将包括建筑安全、水库安全、次生灾害、地震机理等学科在内的不同学者联合起来，促进学科交叉。”倪四道说，“日本和美国的地震虽多，但都是以小地震为主，大地震不能基于原有的意识和方法。昆仑山口的8.1级大地震是很好的研究对象，那里没有人口，没有伤亡，可惜我们也没有重视。如果珍视这样的机会，我们就能在这个基础之上，做到别人做不到的事情。”

5. 生命无悔，三次“异类”的选择

让倪四道颇感欣慰的是，经历了汶川大地震的巨灾之后，第一志愿报考地震学的学生越来越多。“这非常重要，我们可以挑选更好的学生了。”

回想当年，倪四道还清楚地记得，在中国科学技术大学，00级少年班20个同学中，自己是独一无二的“异类”，选择了攻读“地球物理”这个冷门专业。

1970年出生于江苏徐州睢宁县的倪四道，1988年考入中国科学技术大学近代物理系，由于高考成绩优秀，他被选入了教学改革试点班，跟着少年班一起接受教育，“多好的一个班级啊！我们有比较成熟的优势，他们有天性聪颖的优势，两者互相帮助，共同进步。”倪四道觉得自己无比幸运，他常常说，已避过“文化大革命”，又赶上了改革开放，“我比那些早生20年的人要幸运很多”。

在少年班中，入学前三年接受通识教育，第四年选专业的时候，几乎所有的同学都选择了当时的热门专业——计算机、物理、工程等，而倪四道给自己挑的专业，是几乎无人问津的“地球物理”。他记得，过后班主任对他说：“地球物理专业主要作地震研究，在少年班的学生中，已经很久没有人选择这个专业了。”

对地震的恐惧，倪四道很小就有感受。1976年唐山大地震时，6岁的倪四道随着父母，在防震棚中住了很长时间。父母口中对关于那场灾难的描述，让他清楚地记住了四个字：“天崩地裂”。

在中国科学技术的图书馆里，倪四道找到了报告文学《唐山大地震》，几乎是一口气读完。“读了这本书之后，我感觉地震有很多科学问题没有解决，这是我选择地震学的初衷。”倪四道说，“当然，我选这个专业也有功利性的思想。和理论物理相比，地球物理这个领域中尚待解决的科学问题比较多，地震我们甚至连基本的机理都不清楚——这个骨头虽然难啃，但是肉比较多，比较吸引人。”

1997年，在中国科学技术获得硕士学位的倪四道，赶上国家对留学政策的调整，拿到了加州理工学院地质与行星科学系读博士的奖学金。

美国加州是地震频发的地方，从1906年旧金山大地震，到1992年、1994年的加州大地震，加州的历史从来就与地震密不可分。这也促成了加州理工学院的地震研究走在世界前沿，里氏震级就是以这所大学Richter教授的名字而命名。Richter教授提出地震的数学测量方法，并测算了加州多次地震的强度。从Richter开始，地震学进入了数理计算的时代。

《科学时报》记者问倪四道，谁对他的科研人生道路影响最大？倪四道说是他在加州理工大学的博士生导师。“他能深刻地认识到地震科学的特点，由地震波观测地震。我读博士生三年级时，一次看到了非洲的地震波异常，出现了两个波峰，导师就让我仔细研究，后来得益于他的指导，我在*Science*上发表文章指出，以前人们认为地震波的速度不同，是由于地球温度的不同造成，而在实际上，地震波的速度并不完全是由地球温度的高低造成的，还有一个重要的影响因素，就是地球底下的物质成分。”

“这位导师对我最大的影响，就是他教我研究地震现象要以观测为主，要深入到地球的内部。”倪四道妙语连珠，“地球绝不会说谎，出错的往往只是我们的理论。作为我们最大的天然实验室，那显然就是地球本身。”

在加州理工学院这个地震研究领域优秀的环境里，倪四道以优秀的成绩提前半年毕业。倪四道第二次成为“异类”——几乎所有同学都进了跨国石油公司，或者转行到华尔街作金融，而他却选择了留校，在地震学实验室继续他的科研。他的理由是：“我对地震研究始终放不下，它有这么多的科学问题还没解决。”至于收入，他说：“能够满足基本生活需求就行了。反正我是家庭中老小，上面还有两个哥哥，家庭压力小，不等着我赚钱。”

2004年，倪四道作出了人生中第三次“异类”的选择——回到自己的国家。“我选择了地震研究这个专业，选择了回国继续搞地震研究这个行当，现在看来完全是正确的。就算再选择一次，我也还是要走这条路。”倪四道说。

为了要赶在地震波的前面预警，倪四道迈出的人生步履，也总是不由自主地那么匆忙、那么急促。

郭爱克："果蝇院士"的生命礼赞

郭爱克，1965年毕业于莫斯科大学生物物理学专业，1979年获慕尼黑大学自然科学博士学位，2003年当选为中国科学院院士。现任中国科学院生物物理研究所、中国科学院上海生命科学研究院神经科学研究所研究员。2006年获"中国科学院先进工作者"称号。曾任"973"项目"脑发育和可塑性基础研究"（2000～2005年）和"脑结构与功能的可塑性研究"首席科学家（2006～2008年）。多年从事视觉信息加工、计算神经科学研究，在视觉图形-背景相对运动分辨的神经计算原理、复眼的颜色和偏振光视觉的生物物理机制方面有重要研究成果，1993年获中国科学院自然科学奖二等奖。15年来，他以果蝇为模式动物，从基因-脑-行为-认知相结合的角度，研究学习、记忆、注意、抉择等高级脑功能以及神经退行性机制：开创了果蝇的基于价值的两难抉择研究；发现了果蝇在视觉和嗅觉之间跨模态的记忆协同和传递，以及基于先期知识和经验的视觉特征模式识别等。他于2006年获何梁何利基金科学与技术进步奖，并获2008年度亚太神经网络协会杰出成就奖。

这是上海冬天一个普通的清晨，郭爱克先生和《科学时报》记者约好，上午 8 点钟在他实验室见面。前一天深夜，他刚刚从北京出差回沪。

7 点 50 分，郭爱克先生准时赴约，走进中国科学院上海生命科学研究院的大门。他略显疲惫的步态和在朝阳下闪着的丝丝白发，那一个瞬间，那一幅画面，永远定格在记者的脑海之中。

1. 被耽误的青春岁月里

1940 年，战火纷飞的年代，郭爱克出生在辽宁沈阳。青年时代大浪淘沙般壮阔的历史变革，反而蓄养了他坚韧的性情。“外表平和，内心坚强”这是郭爱克在总结近 70 年的人生时，对自己作出的八字评价。

1959 年，郭爱克在沈阳二中高中毕业后，被选入北京外国语学院留苏预备部，成为留苏预备生。1960 年春，正是“三年困难”时期的开始，恰逢中苏关系紧张之际，当时大部分预备生没有能够按原计划出国。这些优秀的学生被“兵分三路”，一部分被派遣往总参、总后等军事单位，一部分选送到国内重点大学如清华大学、北京大学继续深造，只有少数人按原计划被选派出国留学。

提起少年留学的往事，郭爱克常说自己是很幸运的。当时，莫斯科大学是中国青年学子美好的向往。1960 年夏天，根据国家安排，郭爱克进入莫斯科大学生物物理学专业学习。那时的信仰是“祖国的需要就是我们的志愿，哪里需要哪安家”。生物物理学在当时是一门新兴的边缘交叉学科，但若干年后，在这个领域里的涉足，却奠定了中国生命科学家的国际地位。

在莫斯科大学的五年，郭爱克亲历了中苏两党意识形态大论战那段特殊的历史。在中苏关系最恶劣的时期，许多中国留学生曾在中苏边境上被扣留遣返，他的许多同学也没有能在苏联完成大学本科学习就选择了回国。在那个年代，郭爱克成为少数在苏联完成大学学业的中国留学生之一。

中国的老一辈科学家大多经历了十年动乱的“文化大革命”岁月，许多往事给他们留下了历史的伤痕，也夺去了郭爱克整整 10 年的青春年华。“子在川上曰，逝者如斯夫!”这是为何郭爱克最珍惜的就是时间。令《科学时报》记者没有想到的是，郭爱克在叙述那段人生历程时，竟然如此平静，并无喜悲，他觉得那只是历史长河的一段曲折。他告诉我们，他的许多外国学者朋友很愿意听他讲那段历史的故事，他们对那段历史都太缺乏想象力了。

“回过头来看，我那时候头脑比较清醒。觉得不管怎么“造反”“革命”，科学和文化还是要的。”不论历史如何起落，郭爱克只重视“学问”二字。在那样一个嘈杂喧嚣的年代里，郭爱克开始自学德语，因为他对德国的科学文化和哲学有太多的偏好。他有一本特殊的自学教材——德语版的《毛主席语录》。在食堂吃饭，排队的时间他也在背单词。那时物质供应极度匮乏，春节每户只有一张发放的票证买只小肉鸡，即便在北京黄庄菜市场排长队的大半天里，郭爱克也闷着头在看德文。

有一次郭爱克在下班回集体宿舍的路上，看到路上都是被从高楼摔下的古典音乐唱片的碎片，“红卫兵”说那叫“破四旧、立四新”。在那个年代，贝多芬的“无标题音乐”、爱因斯坦的相对论都成了革命大批判的靶子，学外语是“爬行主义，洋奴哲学”。郭爱克说，“但我头脑里却明明白白认定，无论如何，知识都很重要，知识就是力量”。

1971年，“文化大革命”进入到一个“如火如荼”的年代。研究所几乎全部的科研人员，都被陆续分期分批下放至“五七干校”，任务是“学工，学农，批判资产阶级”。第一批报名的时候，郭爱克带头了。“当时我心里很矛盾，知道这样一来，又没法做学问了。但是考虑到自己是一名党员，觉得我应该带头。”

郭爱克和同事们一起，被下放到中国科学院在湖北潜江农村的“五七干校”。历史上，潜江是个“绿水清山枉自多，华佗无奈小虫何”的地方，血吸虫闹得许多村里几乎都没有了男人。因为男人下水田，染上血吸虫大肚子病而丧命，从而使村子成为“寡妇村”。在旧社会，当地许多农民营养不良，甚至双目失明。

干校生活的艰苦现在的青年人难以想象：中国科学院湖北潜江“五七干校”所在地，过去是一个劳改犯农场，为了办干校，劳改犯都被迁走了，犯人们留下的低矮的草棚，就是这些“臭老九”——那个年代对知识分子的称谓——遮风挡雨的居所。因为有血吸虫，河水不能碰也不能喝。郭爱克所在的连队300多人，一个月才能杀一头猪改善一下伙食。在“三同”期间，要离开干校与当地老乡“同吃、同住、同劳动”，早上吃一碗稀饭就下田干活。

当时，每个研究所组成一个排，郭爱克是“生物物理排”的排长——“菜排”，管理整个连队的菜地。郭爱克这位科学家每天的“工作”，就是用南方的整日都要泡在池塘里的大木桶挑大粪给菜施肥。

1972年，由于长期劳作，郭爱克患上了非常严重的肝炎，黄疸指数达到惊人的80，整个人像蜡一样发黄，住进了县医院的传染病房。幸亏主治大夫中药西药双管齐下，郭爱克严重的肝病居然奇迹般地康复。

科学家即便下田也与当地农民不一样，他们讲究科学的防范，每人都穿着在药水中浸泡过的“防护袜子”，以此防止可怕的血吸虫。他们也把这些“血防袜”分发给老乡们。

干校的劳动很艰辛，“晴天一身汗，雨天一身泥”。农场的田垄长得一眼望不到边，每位“五七干校”的战士都背一个军用水壶。“我没有干过农活，锄草时每人一条垄，我只能看着干过农活的‘五七’战友，把自己远远地抛在后面，看到他们渐渐远去的背影。那时我们的口号是：苦不苦，想想长征两万五；累不累，想想革命老前辈。”

“五七干校”留给郭爱克的精神财富是什么？是拼搏，是磨炼！

2. 新中国第一位留德博士

岁月如歌。改革开放对郭爱克这一代人，有着不可估量的重要价值，就如同旱天的禾苗遇到了及时雨。郭爱克说，他是中国 30 多年改革开放生动的历史见证。

1976 年，中国着手准备向国外派遣留学生。郭爱克有幸被选派到北京语言学院德语 76 班，强化德语的听说能力，并成为“德 76 班”的班长。

1977 年，郭爱克成为中国留德的八个科研生之一，来自中国科学院的学者仅有四人，其中有现在化学所的朱道本院士。在德国科学技术交流中心（DAAD）奖学金的支持下，郭爱克只身前往慕尼黑大学。

慕尼黑大学实际上是郭爱克的第三志愿。他的第一志愿报的是德国马普学会生物控制论研究所的著名教授赖夏特，但由于“文化大革命”十年期间，郭爱克的科学实践几乎完全空白，这位德国教授当时拒绝了他的申请。郭爱克还记得这位德国教授当时对德方工作人员讲的话：“我不能接受这样的没有一点学术训练的学生，不管他是从哪里来的，中国内地的，或是台湾的，他的学术都应该是优秀的。”

这句话，在郭爱克心里生了根。他在心中对自己说：“在德国的两年，一定要当成 20 年来用。马克思讲过一天等于 20 年。”“一万年太久，只争朝夕”。尽管第一志愿被拒，但郭爱克没有放弃自己的志向，他来到了第三志愿的慕尼黑大学。

当时，郭爱克的指导教授斯穆拉教授比他仅年长两岁。真实、勤奋是郭爱克这位 37 岁的中国科技留学生给德国教授斯穆拉留下的美好印象。导师斯穆拉建议郭爱克攻读博士学位。

中国当时还没有自己的博士生制度。斯穆拉教授很执著，他对郭爱克说：“也许现在的中国还不需要博士，但是将来肯定需要。在西方，如果你是一位科学家，但却没有博士学位，人们是不太理解的。”导师斯穆拉不厌其烦，为郭爱克办理了大学毕业证书公证等手续，确认郭爱克的莫斯科大学学历与德国学历等价。这些给了郭爱克最大的支持，他下定决心：“我的目标不是拿博士学位，但一定要在两年中做出博士水平的工作来。”

1979 年 9 月 20 日，郭爱克用了两年时间，以“特优”（ausgezeichnet）的总成绩，在德国慕尼黑大学动物研究所，通过了自然科学博士学位论文答辩，获得了博士学位。DAAD（德国科学技术交流中心）负责与中国学术交流事务的伯兰特·多恩女士，在郭爱克博士学位论文答辩前夕，给他的一封祝贺函中写到："这将是二战以后，来自中华人民共和国的科学工作者在联邦德国获得的第一个博士学位。"

新中国在1980年才开始建立自己的博士生制度，培养自己的博士。郭爱克成为中国博士制度的一位先行者。他的博士学位论文被他分成四篇研究论文连续发表在《中国科学》，并被广泛引用。

"这是我的一个正确的抉择。"30年后，在《中德科学30年交流回忆录》中，郭爱克这样写道："德国导师斯穆拉帮我开了路，办好了所有证书文件，为我作了很大的铺垫。他是我永远感谢的人。""我很幸运，一路走来，所接触到的教授都是一些顶尖的学者。这对我今后的科研道路和形成自己的学术思想，具有潜移默化的影响。"郭爱克说。

冯·弗力士教授曾任慕尼黑大学动物研究所所长，曾因为蜜蜂舞蹈语汇的发现而获得诺贝尔奖。他的治学理念是"热爱你的实验对象，向它们正确地提出问题"，郭爱克牢记并努力实践了这位大师的教诲。

1978年，在慕尼黑大学学习了一年之后，他访问了曾拒绝接受他的德国马普学会生物控制论研究所所长赖夏特教授。赖夏特教授郑重向他作了解释："上次我没有接受你，这只是一个推迟，为此我需要特别向你说明。我希望你能够来我这里工作。"

这样，根据中国科学院和马普协议，1982年11月至1984年6月，郭爱克作为访问学者，来到了德国马普学会生物控制论研究所，从事家蝇视觉系统"图形与背景"分辨的生物控制论研究。在那里，郭爱克第一次使用飞行模拟器研究家蝇的飞行控制。用郭爱克自己的话来说，"当时的感觉好极了"。

从此，郭爱克"迷上"了飞行模拟器。赖夏特教授一丝不苟的科学作风、严谨的治学和思考精神，在他身上留下了深刻的烙印。郭爱克从赖夏特教授那里得到的最深刻的教诲是：思考，学会敏锐的思考！

3. 到53岁才开始迷上果蝇

1992年，回国10年之后，成为郭爱克科研人生坐标系上的又一个重要转折。

这一年的夏天，在北京召开第19届世界昆虫学大会。开幕式在人民大会堂隆重举行。分组会上，德国乌尔茨堡大学海森堡教授的同事蓝哈特博士作了果蝇视觉学习、记忆的研究报告，这项研究工作是在飞行模拟器上完成的。听了这个报告，郭爱克兴奋极了，立刻提出向海森堡教授学习和合作的请求，并得到了海森堡教授的积极回应。

1993年末，郭爱克第三次赴德国，先后去了乌尔茨堡大学以及马普学会生物控制论研究所。这时郭爱克已经53岁，许多人可能不理解，已经这么大年纪了，还去作一个全新的领域，能有多大突破呢？郭爱克看得很明白："第一我有基础，'果蝇'与我之前做的东西有关联。第二我觉得很有趣，为什么这么小的虫子能有学习的能力？"

"基础＋兴趣＋执著"成为53岁的郭爱克敢于"另起炉灶"、开创新天地的不竭动力。

临要出国之前，郭爱克特地前往北京王府井的眼镜店，买了一副比自己实际度数高出很多的老花镜——果蝇实在是太细小了，他害怕自己看不清。

在海森堡实验室三个月的实验结果，郭爱克发现，果蝇学习记忆与营养条件，以及果蝇的日龄都有关系，"这是一个有趣的发现"。三个月后，他又转战到马普学会生物控制论研究所盖茨教授实验室。这样，郭爱克分别与海森堡教授、盖茨教授合作，在国际著名杂志《学习与记忆》上发表了两篇研究论文。

在德国，郭爱克收获的不仅仅是学术上的成功，更令他感动的是德国科学家的友情。德国老一代学者有"言必信，行必果"的良好作风。

1993年12月24日，圣诞节前夜，郭爱克还一个人在海森堡实验室里工作。由于不小心，他把仪器中一个比头发丝还细的旋丝给弄断了。为了不影响实验进度，他不得不给德国朋友高级工程师蓝哈特打电话。圣诞节的前半天，这位德国工程师赶回实验室，一边修理，一边给他讲解仪器的工作原理。

从那以后，这台仪器上便多了一个警示牌，上面写着"小心操作"，那是郭爱克亲手做好并挂在上面的。此后，郭爱克再也没有出过差错。

在对郭爱克绝对保密的情况下，马普学会生物控制论研究所由盖茨教授指导，为郭爱克加工了他最需要的实验系统的主要部件。在郭爱克即将回国之际，盖茨教授和车间的那些工人师傅们给了他一个巨大的惊喜，这让他感动得流泪。是啊，仪器设备对科学家多么重要，而这又是有钱也买不到的实验系统啊！

1994年，乌尔茨堡大学的蓝哈特高级工程师来到北京，将这套仪器改装成研究果蝇视觉学习、记忆的系统。正是有了这套实验系统，郭爱克才能够在中国科学院生物物理研究所建立了自己的"果蝇学习记忆实验室"，这也是中国第一个以果蝇视觉操作条件为评价范式的实验室。

自此，郭爱克开始走近果蝇的微妙的"认知世界"。

4. 果蝇成果三次荣登美国 *Science*

从摩尔根1933年获奖以来，比家蝇要小很多的果蝇，已经三次"飞进"瑞典诺贝尔生理学奖或医学奖的颁奖殿堂，与线虫、小鼠和斑马鱼并称为四大模式动物。人说"六十岁学吹打"，而郭爱克却是53岁后探果蝇。

果蝇有着一些简单的学习和记忆能力，但国外的实验室在研究果蝇的学习和记忆时，大多是研究果蝇嗅觉的学习和记忆，从未想过把果蝇放到一个视觉两难的境地，而郭爱克的实验室却成了第一个“吃螃蟹”的。

郭爱克和唐世明博士合作的实验“四两拨千斤”，发现果蝇还有比学习和记忆更高的认知行为，果蝇可以在环境变化时作出趋利避害的抉择。这样，抉择也不再被认为是灵长类所特有的生命特征。

这也成为2001年，郭爱克作为通讯作者，在 *Science* 上发表的第一篇论文，它也是中国内地的神经科学工作者在 *Science* 上发表的第一篇论文。与郭爱克合作的第一作者，是由计算机智能和自动化领域转向神经科学研究的年轻“土”博士唐世明。1998年，唐世明在北京航空航天大学拿到博士学位后，选择到郭爱克老师的实验室做助理研究员，相当于从事博士后研究。

郭爱克还记得第一次与唐世明见面的情景。在读了郭爱克写的《计算神经科学》这本书后，唐世明直接找到了生物物理所大楼的211房间——那是郭爱克的办公室。他进门开口就问：“您是郭爱克吧？”郭爱克笑了笑，说：“您不会是查户口的吧？”

“很有想法，很有智慧，很有个性，动手能力极强”这是唐世明留给郭爱克的印象。贝弗里奇曾说过：“青年的敏感和独创精神，一经与成熟科学家丰富的知识和经验相结合，就能相得益彰。”这话在郭爱克的实验室得到了很好的印证。

唐世明工科出身，从事计算机信息与人工智能研究，而郭爱克一直是研究神经信息处理的，研究手段则是通过果蝇在“飞行模拟器”中的“行为举止”，从而探知果蝇的学习与记忆。

交叉科学思维撞击出了火花，郭爱克与唐世明“磨合”后，决定利用信息科学的研究思路，设计一种全新的研究方式。他们将颜色和形状两种视觉信息，在“飞行模拟器”中同时呈递给果蝇，果蝇被悬挂在“飞行模拟器”中的悬丝上，它的正前方是模拟器环绕圆筒壁上不断交替变化着的颜色与形状图形，它必须学习并记住这其中的变化规律与被热惩罚的关系，并作出正确的反应，从而在随后的测试中达到趋利避害的目的。

研究发现，果蝇是可以同时掌握并识别颜色和形状两种信息的。而更有意思的是，当这两种信息的线索所代表的利害相互矛盾时，正常的野生型果蝇会根据线索的强度对比而判断出利弊，作出趋利避害的选择。而基因突变或化学方法使脑中的蘑菇体结构缺损的果蝇，则会失去这种判断能力，抉择是犹豫的，不能作出有利的选择。

这也就是说在某种意义上动物也是有一定智慧的，果蝇除了学习、记忆外，还能作出抉择。即便是低等的昆虫类的果蝇，也初步具有认知能力的元素。他们的这一研究论文，成为新中国神经科学工作者以完整的本土研究工作，在 *Science* 杂志上实现的“零”的突破。饶毅教授2001年11月在《科学时报》发表评论说：“他们现在的研究，奠定了他们在任何动物决策和选择这一问题的世界领先地位，他们对果蝇高级行为的研究也进入了与海森堡和特利相当的水平。”“这项工作也是中国20年来生命科学实验设计最漂亮的工作之一，具有开创一个新领域的可能。”

人们或许并不知道论文背后的故事。2001年的上海，正是7月的梅雨天气，雨水特别大。当时，美国*Science*杂志的编委给他们10周时间修改并完善论文，还要补充一些实验。天天下雨，湿度太大，果蝇不飞，没法做实验，眼看时间来不及了，于是，郭爱克他们决定移师北京，在中国科学院生物物理所做实验。唐世明先行，将防震台等大型仪器运往北京。

两天后，郭爱克在上海突然接到电话，在搬运防震台的大铁板时，唐世明的脚骨被砸伤了。郭爱克连夜飞往北京。唐世明怕误实验，没有住院，每天由郭爱克的研究生奚望背上出租车，去解放军306医院换药。为了抢得宝贵的时间，唐世明坐在可移动的椅子上，翘着打着石膏的脚做实验。

在2001年神经科学所的学术年会上，郭爱克借用毛主席的诗词“俏也不争春，只把春来报，待到山花烂漫时，她在丛中笑”表达了自己的心声。

2003年郭爱克当选为中国科学院院士，他不但没有就此停顿下来，反而加快了在科研道路上行进的脚步。

2005年，*Science*杂志第二次发表他的实验室的研究论文——这是郭爱克和博士后郭建增合作、关于记忆跨模态协同共赢的研究成果。“这是果蝇认知世界里又一个十分有趣的故事。在一定的时空条件下，果蝇的视觉和嗅觉两个模态的学习记忆之间，可以通过协同机制达到非线性的放大，而不是对两个模态的各自的学习记忆作简单的线性叠加。”郭爱克说。

2007年，郭爱克实验室更加深入的研究成果，第三次发表在了*Science*杂志上，第一作者张柯是郭爱克的博士研究生。这项研究证明，果蝇中央脑的蘑菇体结构和多巴胺系统共同掌控果蝇的基于价值的抉择，若没有二者共同参与的抉择，是简单的“犹豫不决”的线性“减法”抉择过程，而二者的协同运作才使果蝇的两难抉择成为“当机立断”的非线性抉择。该成果不仅被评为2007年“中国基础研究十大新闻”，在国际上也深受国际同行的重视。

全部研究工作皆在中国本土完成，且六年内连续三次登上*Science*杂志，目前在中国，郭爱克还是唯一的一位。当记者问到他的科研体会时，郭爱克的答案是：要“敏锐思考，正确提问，潜心工作”。

而在中国科学院生物物理研究所，郭爱克当年带出的博士研究生刘力，现在也成为果蝇研究的著名科学家。2006年，由刘力领衔的“果蝇脑对两种视觉参数的记忆”论文，以长文的形式发表在国际顶尖学术期刊*Nature*上。他曾经的合作者唐世明博士2004年又在*Science*杂志上发表了关于果蝇的视觉不变性的研究论文。

5. 花甲之年对生命的感悟

郭爱克院士今年70岁，这位本该在家中儿女承欢、颐养天年的长者，却在知天命之年走进了“果蝇”的世界，又在其花甲之年，选择只身在北京和上海两地间飞行，重新开启他新的科研征程，生命不息，求索不止。

1999年11月，中国科学院在上海成立了神经科学研究所，在研究所所长、美国科学院院士蒲慕明教授的力邀下，郭爱克来到神经科学研究所，建立了果蝇学习与记忆实验室，后还担任了该所的副所长，协助在美国和中国两头飞的蒲慕明所长的工作，但是自己在北京的科研团队也要继续运作。

神经科学研究所是充满激情、充满活力、充满挑战的地方。很多人问过郭爱克，为何在别人都已经退休的年纪，他却要放弃和家人在一起的生活，独自一人来到上海神经研究所，协助蒲慕明先生的工作？他的回答没有太多的考虑：“因为我从内心深处感到蒲慕明先生的赤诚所在，而且神经研究所是个可以真正做好学问的地方，自己也想在科学研究工作中有更大的突破，出一些精品。”

自此，10年来，在上海拥挤的地铁1号线，莘庄和衡山路区间中多了一位长者。为了避开地铁高峰，郭爱克早出晚归，在上海生命科学研究院的食堂里，每天中饭时间、晚饭时间和周末都在这里出现的老教授，仅他而无别人。

郭爱克由于常年高负荷工作，身体状况并不是很好。2003年“非典”期间，郭爱克曾几次几乎晕倒，但他依旧坚持给学生讲课。一次上课前，郭爱克悄悄对他的博士生张柯说：“你上课的时候尽量往前坐一坐，我怕自己头晕，坚持不下来。”半天的课程，郭爱克还是以顽强的毅力坚持下来了。

“非典”期间，郭爱克的夫人丰美福教授身在北京，没办法来上海。郭爱克感谢这么多年学生和同事们对他的照顾，他说：“我在上海生病时住在中山医院，学生每天都轮流照顾我，给我送饭。研究所的老师每天都去医院看望我，周末的饭菜也都是由当时的所长秘书现今的党委书记王燕亲自备好，送到医院。”

郭爱克心中最为感念的，是与他一起度过各种困难和坎坷的妻子丰美福。她是中国科学院动物研究所生物膜与膜生物工程国家重点实验室的研究员，她也和郭爱克一样，为科学奋斗了大半辈子，而她还要承担起照顾一个家庭的责任。

郭爱克充满深情地说：“我能够走到今天，人生路上的每个重要抉择，都有她坚定的支持。当年我在德国慕尼黑时，她曾写信鼓励我说：‘你一定要拿学位。’后来我独自来到上海工作，她虽然是复旦大学毕业的上海人，但因为她在北京也有自己的科研事业，不能伴随我同来。她对我说：‘不要顾虑，你尽管去做自己的事吧。’现在我的老母亲已经 96 岁，很多事情都是由她关照。几年前我母亲大腿骨折，如果没有她的精心料理和安排，我母亲可能就永远也站不起来了。”

郭爱克曾先后担任我国“973”项目“脑发育和可塑性”以及“脑结构与功能的可塑性研究”首席科学家。他无论是带领上海的研究团队，还是北京的研究团队，依旧是一副平和而谦逊的表情，但他那背后隐藏的，却是一颗科研道路上刚毅而坚强的心。

因为研究生命，所以热爱生命。在与郭爱克先生的谈话中，人们很容易得出这样的命题和结论。

2003 年，在祝贺贝时璋院士百岁寿辰之际，郭爱克饱含深情地写了一篇《生命的礼赞》：“从贝老整整一个世纪的人生教科书中，我所领悟到的是：生命第一、健康第一、创新第一、真善美第一。”

郭爱克接着诠释：“世间万物中，生命是最可宝贵的；在人生旅程中，健康是最可宝贵的；在科学探索中，创新是最可宝贵的；在做人准则中，真善美是最可宝贵的，核心是真，是真实的真、真诚的真、真情的真、追求真理的真。”

如此言简意赅的四个“第一”，就是郭爱克这位“果蝇院士”的生命礼赞。

曹军骥：眼光穿透世俗中飘荡的粉尘

曹军骥，男，1971 年出生，博士，研究员，中共党员，中国科学院地球环境研究所副所长，“新世纪百千万人才工程”国家级人选入选者、国家基金委“杰青”获得者。兼任国际空气与废弃物管理学会（A&WMA）环境监测技术委员会主席、亚洲气溶胶研究会副主席、SCI 期刊 *Aerosol & Air Quality Research* 与 *Particuology* 编委。主要在碳气溶胶理化性质与环境效应方面做出突出成绩，为我国气溶胶科学作出重要贡献。发表期刊论文 150 余篇，包括在 *Science*、PNAS 等期刊上发表 SCI 论文 77 篇（以第一/第二作者发表 42 篇），被 SCI 引用 1000 余次。曾获 2009 年度亚洲气溶胶研究青年科学家奖（AYASA 奖）、第二届“中国科学院王宽诚西部学者突出贡献奖”（2009 年）、第五届中国颗粒学会青年颗粒学奖（2008 年）。

2010年初，“新世纪百千万人才工程”国家级人选公布，中国科学院地球环境研究所（简称西安地环所）副所长曹军骥荣获了这一光荣称号。

曹军骥从事大气气溶胶的科学研究。所谓气溶胶，通常是指悬浮在地球大气中的固体和液体微粒，其对大气圈和生物圈的影响与破坏作用不可低估。曹军骥以其清澈明亮的眼光，既穿透了世俗中飘荡的粉尘等悬浮物，也看清了自己人生的科研道路。

曹军骥在国际学术界也颇有名气，是国际空气与废弃物管理学会环境监测技术委员会主席、亚洲气溶胶研究会的副主席。他牢牢扎根在祖国西部工作20年，取得的成果已在11个国际会议上作大会邀请报告，发表论文150余篇，包括在*Science*、PNAS等期刊上的SCI论文77篇。

1971年出生的曹军骥，怎样从当初一名普通的研究生，在短短的10年时间内，成长为国际气溶胶研究领域一位著名青年学者的呢？

1. 投身黄土研究之初的“锯土高手”

“70后”的曹军骥虽然年轻，但涉足大气气溶胶与地球化学领域时最初的科研生涯，却是从一块又一块地“锯黄土”起步的。

1996年，曹军骥即将从当时的西安地质学院毕业，专业是矿床地质学，在那个“下海”氛围浓厚的年代里，这是个地学冷门学科中的热门专业，但对从小就热爱科研的他而言，选择了中国科学院几乎是义无反顾，而能够师从黄土学泰斗安芷生院士，则是他人生道路上的一个重要机缘。

初识安芷生院士是个很偶然的机会。有一天，曹军骥骑自行车经过西安第85中学，校门口拉着一条醒目的横幅，上面写着“欢迎安芷生院士来我校讲学”几个大字。曹军骥从小就对科学家很有好感，“安芷生院士”这五个字对他产生了巨大的吸引力，“我回来一查资料，原来这个院士的确够牛！这使我下决心要报考安芷生的博士，跟他从事黄土学研究”。

曹军骥通过自己的硕士生导师李英，在这年夏天联系上了安芷生——李英和安芷生是中国科学院贵阳地化所的同事。得知安先生住在西安植物园，曹军骥便迫不及待地赶到西安植物园，“我以为安先生住在植物园里的小别墅，想不到找到他的房子时，我都不敢相信，那竟是座有很有年头的四层小楼，安先生家住一层和三层，一层是会客厅和餐厅，很小”。

对安芷生先生的第一印象，曹军骥用了“思维敏捷”四个字来形容。真正成为安先生的嫡系弟子后，曹军骥才真正领教了这位老院士：他和黄土打了一辈子交道，具有浑厚而质朴的“黄土精神”。

1996年12月，曹军骥硕士还没正式毕业，就提前进入了黄土研究室。第一件事情，就是跟着安先生指导的一位博士生，作古地磁研究。这通常是临时工干的活——一天从早到晚，拿着锯条锯古地磁样品块。

整整要锯三个月的黄土块，这可不是所有人都能干下来的活。曹军骥的舍友、与他同年考入所里的另一位博士生，三个月乏味的"锯土工作"，愣是把他"锯"得吓跑了！可是曹军骥不仅坚持下来，而且几乎成为"锯土高手"。他的理由特别简单："这样艰苦的活我都能干下来，以后还有什么事干不成？"

2. 与大气刚结缘采样仪却"水土不服"

1997年，干了要锯黄土、搜集资料、整理文献等杂活后，曹军骥终于可以选择自己的科研方向，他在同位素地球化学和大气化学中选择了后者，由此与大气科学结缘。

曹军骥参加的第一个科研项目，就是跟着张小曳研究员上了青藏高原，作大气粉尘的输送与沉降研究。"我们是1997年6月30号下午到西藏，"记者惊诧于他对这个时间结点的记忆如此精确，他解释说："那天不正好是香港回归的交接仪式吗？我头痛得只能躺在宾馆里，完全顾不上看电视了！"

那次西藏之行，实在让曹军骥终身难忘！

拉萨是进藏采样的第一站，为了省钱，两个人同住一间房。他们需要在宾馆楼顶上架设大气采样仪，拉电线换滤膜，每隔三个小时，需要爬到楼顶测试风速风向记录实验数据，一天上上下下地折腾了十几遍，"刚从西藏下飞机时没有什么反应，折腾一天，到了晚上终于开始头痛，哪里还顾得上回归仪式？"

到了第二天，和曹军骥一样，他们的采样仪也开始"水土不服"，拉萨毒辣辣的太阳把他们的采样泵烧坏了。曹军骥和张小曳只好满街找修理厂，好不容易绕好了线圈，却发现泵片也坏了。拉萨没有原装的泵片，临时换了两个替代品，尽管工作起来噪声很大，但还可以勉强坚持工作。

进藏的第二站是那曲。那时科研经费紧张，曹军骥和张小曳两人，坐大客车一整天才到了那曲，"坐车很辛苦，工作很累，但是高原的自然景色真的很壮美"。

从西藏回来之后，张小曳开始放手，让曹军骥独立承担一些采样任务。休息了三天，等厂家把他们在拉萨烧坏的采样泵修理好之后，曹军骥就马不停蹄地赶去郑州。

郑州夏天的温度很高，曹军骥只好放个电风扇吹着采样泵，而且定时爬到楼顶采样的地方，拿着湿毛巾敷在上面给它散热。

整个项目在国内的14个城市采样，曹军骥就这样跑下来了10个城市，"我这个人做事很认真，只要接受的任务我会不计成本、不计代价，就是要完成好！"

3. 每晚工作得很迟反而长胖了 20 斤

1999 年，曹军骥由安芷生推荐和张小曳具体联系，获得联合国“大气颗粒物污染控制能力建设”项目（UNDP）资助，去美国学习半年的机会。

在美国的半年学习生活，曹军骥有两个收获：一是长了学问和经验；二是长胖了 20 斤。不是因为美国生活太安逸，恰恰相反，“因为每天晚上都工作得很迟，吃饱了饭就睡，所以胖得特别快”！

异乡求学的生活是艰苦的。UNDP 项目每个月给 1500 美元生活费，曹军骥硬是用三个月的费用，在这里学习了六个月。

“4 月 8 日我刚去时，原定的住处在大学宾馆，一个月仅住房就要 900 美元。这么贵可不行啊！第一天我就到处重新找住处。汽车旅馆最便宜，但一天也要 20 美元，而且没有厨房。好在我遇上了内华达大学的学生会主席，第二天早上 9 点，就跟着他去看房子。一个月 300 美元，这样省了不少钱。”

曹军骥住在 Reno 的小城里，距离工作的沙漠研究所约一个小时的车程。他每天 6 点起床，自己做好了午饭，带着饭盒去研究所。8 点上班，晚上要加班到 9 点左右才回来，11 点吃完晚饭后就睡觉，所以人长胖了不足为奇。

除了在实验室里，曹军骥几乎把所有时间都花在图书馆。自己去图书馆找资料复印，回国时带回来大包小包，塞得满满的全都是资料。“同时还要下载资料，我下载了一个多月，有几个 G。”曹军骥说，“我在那里的日子过得很清苦。虽然 Reno 是美国的第二大赌场，但我没有去过赌场，更没有在那里玩过一次。”

美国教授 Judy Chow 和 John Watson 给曹军骥定了一个日程表，设置了每个阶段的科研目标，其中的第一阶段是称滤纸重量。这项基本功曹军骥稳扎稳打，两个月后，别人一天称 100 张左右，他最多的一天竟称了 216 张，破了研究室的纪录。第四阶段是作碳分析。此前曹军骥从来没有接触过，他仔细看了“标准操作程序——SOP”，在第一天理解了基本原理后，第二天就开始独立操作，“月底实验室四个人评比，我获得了第一，连美国人也吓了一跳。后来我复印了这份成绩单，拿回来作纪念”。

曹军骥在这个美国最好的大气颗粒物实验室里，把一整套的实验流程都干了下来。六个月后，他婉拒了美国导师的挽留回国。理由很简单，“安芷生先生对我很好，他推荐我出了国，我不能失信辜负他。哪怕我回去后凭自己的本事，争取再出国也行。做学问和做人都要诚信，这个道理是一样的”。

当时也有朋友劝曹军骥：“像你这么年轻就出国深造的，哪个不想办法待下来转个身份？”但曹军骥还是希望能够回国做点事情，他还说：“在美国当时的生活那么艰苦，我为什么能坚持下来？我有自己的个性，就是在不断挑战中越挫越勇。”

曹军骥在美国实验室作气溶胶样品的碳分析

“小时候我们接受教育，立志要做科学家，并不知道这句话的真正含义；大学时我们忘了这句话，因为觉得科学家很神圣，离科学家很远。直到1999年从美国访问回来，我才明白什么是真正的科学研究，从而坚定了走学术研究道路的信念。”

4. 不用空调只用电扇的“卧薪尝胆”

李顺诚是香港理工大学的教授，1999年8月美国沙漠所访问时，在与曹军骥聊了一次后，便看上了曹军骥这个西北小伙。他从曹军骥那里拿到的第一张名片，恐怕也是他收到过的最“寒酸”的名片。那时候曹军骥实在拮据，就自己将名片打印在一张A4纸上，然后裁剪，“我把这种名片给他了，没想到后来他就是用这张名片，居然与我联系上了”。

2000年曹军骥博士毕业前，李顺诚发来了邀请信，开出的条件着实“刺激”——去他实验室做研究助理（research assistant，RA），一个月14 000元港币，“那时候我每月才拿400块钱工资。说实话，对我刺激很大”。

2001年10月16号，曹军骥从西安直飞香港，下飞机时天气很热，他也很兴奋，没顾上休息就直奔实验室，“李顺诚教授向我描绘了研究的前景和蓝图，我准备撸起袖子干活了”。

创业的激情在燃烧，让曹军骥头天晚上完全睡不着，“香港是不夜城，夜晚亮如白昼，噪声很大。我12点钟才躺下，3点钟就起床去学校，从3点整整待到7点，直等到实验室开门”。

那晚，曹军骥在校园里坐了三个小时，犹如壮士出征，充满了亢奋与激越。

就在10个月内，曹军骥在香港理工大学，帮助建立起了一个完整和先进的碳分析实验室，并把碳气溶胶的研究工作带起来，包括后来协助李顺诚教授指导本科生、研究生等。

在李顺诚教授先后招聘的20多位国内外RA中，曹军骥是迄今为止工作最为出色的一位。

在香港的10个月，曹军骥每天也工作到深夜一两点。但为了节约时间，他不像在美国时那样天天自己做饭，而是饿了就在学校餐厅里吃。

曹军骥租住的房子很小，夏天很炎热，他放着现成的空调不用，却自己买了个电扇。起初他与房东商谈时，房东说电费另算，结果他第一个月只用了4度电，后来，房东干脆不再收他住房的电费了。“我不给自己开空调不是因为钱的问题，是我自己给自己增加压力，仿照卧薪尝胆的意味，逼自己晚上迟些回来，早晨能早些起来去实验室工作。”

曹军骥作科研到了入迷的程度，曾在一个月里写了三篇高质量的SCI文章，写到什么时候困了，就在办公室的地上铺一个毯子，躺在桌子底下睡觉，睡醒了就干活。

“我在香港繁华之地，理工大学更处在闹市区，能静下心来做学问已是不易。”曹军骥说，“有一年元宵佳节，哥哥从国内给我打电话，我说我这时正在写文章，把他吓一跳。从事如此艰辛工作而能乐在其中，更属不易。”

作珠江三角洲地区大气污染项目时，曹军骥选择了广州、香港、深圳、珠海四个城市的八个采样点，每次都要带着微流量采样仪，往返于香港与珠三角之间。由于仪器很贵重，不好托运，且仪器又很沉，曹军骥甚至拉坏了几个拉杆箱。

曹军骥在香港野外工作采样照

随着这个项目的完成，2003年，曹军骥瞄准国际著名刊物 *Atmospheric*

Environment，在上面发表了一篇重量级的论文。该文被 Thomson ISI 检索为被引 TOP 1%的论文，SCI 引用率单篇高达 110 余次。作为国内最早深入进行大气碳气溶胶研究的学者，曹军骥也由此一举在圈内成名。

5. 站着坚持在计算机前修改论文

如果说曹军骥人生前的两个阶段，完成了羽翼渐丰的艰辛蜕变，那么他人生的第三个阶段，正是大展宏图的开始。

2004 年 8 月从香港访问结束回所后，曹军骥即被中国科学院西安地环所提名，担任粉尘与环境研究室领导，带领研究团队开始工作。当时该研究室人才流失严重，研究经费短缺，仪器设备也不足，“地环所和安芷生先生把重担交给了我，为我提供了一个舞台，在这里能不能表演好，就是我如何努力的事情了”。

在安芷生的鼓励和支持下，曹军骥投入自己的全部心血，致力于发展该学科方向。

首先，大力调整研究室研究主攻方向的布局，然后是大力培养和引进人才，建设结构合理的研究梯队。经过近五年的努力，研究室引进了一名“千人计划”国家特聘专家和两名中国科学院“百人计划”；研究室博士生以上人员，每人至少送到境外培养三个月。

其次，积极招收印度籍博士后和美国籍研究生来工作，以促进研究队伍成长。

再次，着力抓成果的产出。从 2003 年发表第一篇第一作者的 SCI 论文开始，迄今已发表 SCI 论文 70 多篇，曹军骥作为第一作者发表的 SCI 论文达到 16 篇。

最后，争取重要科研项目任务。2007 年后获得一项国家“十一五”科技支撑项目、三个国家自然科学基金面上项目等，使研究经费有了较大幅度的增长。特别值得一提的是，在 2009 年度国家基金委杰出青年科学基金项目的激烈竞争中，他脱颖而出一举获得了“杰青”项目的资助，成为地环所第九名自主培养的“杰青”获得者。

为此，曹军骥付出了诸多的艰辛。他的一位硕士生毕业答辩，由于他白天工作很忙，只能利用晚上加班。而在坐了一整天之后，他的大腿已经肿胀，他只好站着，坚持在计算机前为学生修改论文。这样坚持了近一星期，他才把论文逐字逐句地修改完毕，从而使这位顺利毕业的学生获得了很高的评价。

曹军骥本人也开始活跃在国际科研舞台上。2007 年 11 月，他被亚洲气溶胶研究会选为执行委员，2009 年又被推选为该学会唯一的一名副主席。在 2009 年 11 月的第六届亚洲气溶胶学会泰国年会上，他在九名候选人中以第一名的成绩为国内学者第一次摘取了亚洲气溶胶青年学者的最高奖——亚洲气溶胶研究青年科学家奖（AYASA奖），同时还争取到第七届亚洲气溶胶会议2011年在西安举办的举办权。作为大会主席，2010年5月他在西安主办了国际空气与废弃物管理学会第一次中国年会，参会的国外空气污染领域专家达到39个国家的200多名学者，在国内外影响很大。

2006年，日本庆应大学一位助理教授来实验室访问，当见到曹军骥时他感到非常吃惊。这位学者说他之前读了曹军骥发表的很多文章，并虔诚地认为作者肯定是位白发苍苍的老教授。因为他觉得，在中国只有老教授才有很高的水平。曹军骥当时听后不由得哈哈大笑。

2007年，曹军骥率气溶胶代表团赴台湾参加海峡交流会，作了当时内地方面唯一的大会报告。一位陪同参观的台湾中山大学的研究生，报告之后私下里问曹军骥："为什么你这么年轻，名望这么高?"

这，也是《科学时报》记者和大家都想探究的。

总结自己的成功经验，曹军骥认为，自己之所以能在较短时间内快速成长，主要的原因有三：一是得益于国内外著名科学家的指点。从由安芷生先生带入黄土研究，到张小曳研究员带入粉尘研究，从由美国Judy Chow和John Watson教授带入大气颗粒物研究，到李顺诚教授带入碳气溶胶研究，在自己成长的每个转折关头，他们都起到了至关紧要的作用。二是得益于中国科学院西安地环所，在这个优秀研究所良好的学术氛围和环境里，能快乐并高效地工作。三是自己多年瞄准主攻方向不懈努力，有辛勤耕耘就有喜人的收获。

蒲慕明：但求慈航心中渡
不著袈衣亦如来

蒲慕明，1970 年毕业于台湾清华大学物理系，1974 年在美国 Johns Hopkins 大学生物物理系获博士学位。1983～1986 年参与筹建清华大学生物系，并任首届系主任。现任中国科学院上海生命科学研究院神经科学研究所所长。

蒲慕明博士主要从事轴突导向和突触可塑性的分子与细胞机制研究，是一位国际著名的神经生物学家。积极引入西方科研院校的科学管理模式，并根据国内实际水平逐步建立了与国际接轨的科研运行、管理和评估体系，从真正意义上建立并实施了国际化评估体系，推行以业绩为基础的资源分配原则，有效地推动了神经科学的国际交流与合作，并致力于我国生命科学领域科研文化建设，融汇中西方科技创新文化，为中国科研体制的改革作出了积极的贡献。

出生于内地，成长于我国台湾地区，求学和工作于美国，而数个轮回之后，他又重新踏上了祖国的土地……诸多故事串起了一位华人科学家的人生脚印，这已经变成一个时代的镜像。

1999 年，世纪之交，中国科学院迎来了 50 年历史上第一位外籍所长——上海生命科学研究院神经科学研究所所长蒲慕明教授。当蒲慕明出任神经科学研究所的首任所长时，杜克大学的马克·卡伦教授对美国 *Science* 杂志说：他是科学界的一位“super star”（超级明星）。

此言不虚，蒲慕明是一位国际著名的神经生物学家和生物物理学家。2000 年任美国加州大学伯克利分校分子与细胞生物学系讲座教授。而从 1999 年 11 月 27 日起，他还是中国科学院上海生命科学研究院神经科学研究所的首任及现任所长、神经可塑性研究组组长。他是台湾“中央研究院”的院士，也是美国国家科学院院士。在世界华人科学家中，能够有如此荣誉者，委实是屈指可数。

10 年只是弹指一挥间。蒲慕明注定会被写进中国科学院建院 60 周年的历史，并成为其中一位不可或缺的重量级人物。接受《科学时报》专访时，蒲慕明由衷地说：“我受过中国传统文化和西方先进科技的教育，能够较深刻地了解这两方，我的一个特殊价值就是做跨越中西方的桥梁，发挥自己最大的作用。30 年前我就开始朝着这个方向走，走到今天这一步，完全是合情合理的。”

为创立中国科学院上海生命科学研究院神经科学研究所作着不懈的努力，蒲慕明外表貌似淡定而内心坚毅，虽然生性平和却行动执著。

中国科学院上海生命科学研究院神经科学研究所党委书记王燕说得好：要全面地了解蒲慕明，一个鲜活无比的蒲先生其人，就不能只靠嘴巴，而要靠眼睛和心灵。

《科学时报》记者写到这里，则想起当代著名中医王琦教授的《五台莲界》诗，曰“佛光梵音绕五台，无边清凉远尘埃；但求慈航心中渡，不著袈衣亦如来。”

1. 一拍即合：与神经科学研究所从此结缘

蒲慕明出任中国科学院上海生命科学研究院神经科学研究所所长一职，按中国科学院院士吴建屏的话说，几乎可以称得上是“临危受命”。

“我们当时正处于困境。”时任中国科学院上海脑研究所所长的吴建屏如是说。由于传统的管理机制缺陷，上海脑研究所运行一直不甚理想，当时优秀的科研人员纷纷选择了离开，整个脑研究所仅剩下三个研究组在开展工作。

此时恰逢中国科学院启动知识创新工程试点，为国家创新体系建设探路的一件大事——1999 年中国科学院党组决定整合上海地区从事生物学研究的八个研究所，成立“中国科学院上海生命科学研究院”。

这一次体制创新几乎涉及迄今为止研究所改革的所有类型：撤销、合并、转制、搬迁、新建……首任院长吴建屏领导的班子推进了最初的改革，并奠定了基础。一个重要的切入点，就是将脑研究所撤销，创立神经科学研究所。

而蒲慕明与神经科学研究所结缘的故事，早在20世纪90年代初就已埋下伏笔。当时，美国国立卫生研究院的鲁白、阿拉巴马大学的梅林、华盛顿大学的饶毅三位海外华人学者联袂，在脑研究所建立了联合实验室。1997年夏天，鲁白在美国戈登会议上见到蒲慕明时，谈起他们在上海脑研究所联合实验室的工作。蒲慕明听后十分高兴："很好啊，将来有机会我也可以去帮帮忙！"

鲁白回到国内后，向吴建屏转达了蒲慕明的意愿。吴建屏当即给蒲慕明发了一封E-mail，邀请其回国，为脑研究所作一份"定位报告"。

在引进蒲慕明的故事背后，还有一位科学家发挥了重要的作用，他就是中国科学院院长路甬祥。1998年春天，路甬祥率团访问美国，刚在旧金山机场落地，鞍马劳顿的他便在机场的咖啡屋里会见了"赴约"的蒲慕明。

与蒲慕明的会谈，是路甬祥此次访美"行程表"的内容之一。一个多小时的会谈，内容涉及从中国的国情现状到中国科学院知识创新工程的设想。"我对他谈了神经科学研究的重要性，他谈到中国科技体制改革宏观层面的情况，鼓励我回国来看看，有机会帮帮忙。"蒲慕明对《科学时报》记者回忆，"这完全是一拍即合，为祖国多作点贡献是我多年来的意愿，时机一到，我就可以着手进行了。"

就这样，1998年夏天，蒲慕明来到上海，参观了几个与神经科学有关的研究所，并受吴建屏委托，撰写脑研究所的定位报告。当时脑研究所人几乎已走空，在传统体制的束缚下，要从海外招聘人才很困难，几乎没有人愿意回来。

"如何在这种情况下给脑研究所的未来定位，我实在没有什么好办法。"30年在西方先进的科研体制下成长的蒲慕明有着自己的判断：只有建立一个全新的现代科研体制的研究所，用一个新的体制和机制，配合知识创新工程的支持，才能吸引人才。

对蒲慕明的这一建议，吴建屏不由得击节赞赏："这是一个Good idea（好主意）！"由此，蒲慕明、吴建屏、鲁白、梅林、饶毅五人"联名上书"中国科学院，建议成立一个全新的研究所。"要大力推行改革，在一个已存在的研究所会比较困难，建一个新的研究所是最佳途径。"蒲慕明如是说。

1999年春天，这个报告送交了中国科学院高层领导。当时中国科学院在上海的数个研究所急剧动荡，正面临着大刀阔斧的调整和整合，这个犹如"及时雨"一般的建议，很快得到了正在推行"知识创新工程"的中国科学院的积极回应，科技部、上海市等也表示支持。时任国务院副总理的李岚清接见蒲慕明时也承诺，在今后10年，新的神经科学研究所将获得稳定的经费支持，并由科学家自己制定自己的“游戏规则”。

1999年11月，隶属于中国科学院上海生命科学研究院的神经科学研究所正式成立。“当时在岳阳路320号大院里的震荡很大，因为神经所的开张意味着脑研究所的结束，据说当时有些人甚至酝酿举行一场游行示威。”蒲慕明回忆说。但即便困难重重，也并不能挫伤蒲慕明矢志改革创新之锐气。

2. 一流之人：吸引凝集一流之善

“Recruit the best people and keep them happy”（“招募最顶尖的人才，然后提供好的环境，使其乐此不疲”），这也是世界著名大学具有共性的、最基本的管理之道，这样才能吸引有才能、有眼光、有胸怀的优秀人才。

研究组的选人和筹建，成为蒲慕明最初工作的重中之重。“我最初的计划是，从国内的研究所中先挑选几个已有的研究组，组建核心力量。这几个组必须在几年之内作出令人瞩目的成绩，然后才能吸引更多的人才加盟。”

根据吴建屏的建议，神经科学研究所聘了六位组长，包括郭爱克、李朝义、张旭、何士刚、周专、冯林音，除此之外还有吴建屏和他本人联合带领的小组。蒲慕明也亲自去落实了周专和郭爱克两位组长加入神经研究所。

“许多人是因为有了蒲先生这样的所长而来的。”王燕告诉《科学时报》记者，“他是个真正‘做’科学的人，线条很简洁，是非、黑白也很分明，不仅对待科学是这样，对任何人和事也都是这样。”

正如郭爱克院士对蒲慕明的评价：“他是一位理想主义者。”

蒲慕明所期待的，在中国尝试建立一个可持续发展的科学研究机制，机缘终于在步履蹒跚中来临。“我不希望神经研究所成为一个与世隔绝的孤岛。”蒲慕明壮怀激烈，“我们可能影响到的，或许将是中国的整个科学界。”

神经科学研究所从1999年底提枪上马，在而后的短短四年里，就已连续突破了中国生命科学发表论文的纪录。2003年11月29日，在神经科学研究所建所四周年暨年会上，蒲慕明的语音铿锵，信心溢于言表：“今天非常高兴地在生科院的大礼堂看到，神经科学研究所现在人数已经大增，研究组由最初的7个已经发展到目前的13个。我想，再过几年后，楼上肯定也要座无虚席了！”

紧接着，蒲慕明谈到了未来的“路线图”（road map），亦即神经科学研究所的前程。蒲慕明认为，神经科学研究所的发展可以分三个阶段。第一阶段是“起步期”，“今天可以视为‘起步期’的结束。在这头四年里，神经所初步把应有的设备和机制建立起来，下面的六年，将是其‘成长期’”，“再过六年，到神经所10周年时，我们要有30个研究组，那时就是‘收获期’的开始”。

“目前这个‘成长期’，将是一个最为‘critical’的时期。”蒲慕明一语双关，将生命科学领域的专业术语导入了研究所的未来路线图。他说：“我们是从事神经系统研究的，大家肯定都知道，神经系统的发育有一个‘critical period’，换句话说，‘成长期’的‘activity’是神经系统结构形成最为重要的因素。这个‘成长期’，将是我们神经研究所发展最为重要的时期！”

“critical period”既可以翻译为“关键期”，其中也包含着“批评”、“责难”之意；而“activity”的语义，兼有“活力”、“活跃”的深刻表达。

3. 文化反思：神经所绝非“发神经”

自从蒲慕明出任神经科学研究所所长以来，研究所推行的种种改革创新举措，尽管岳阳路320号的院墙之外看似不动声色，但却像有股无形的飓风在将之裹挟席卷，而无论是对于蒲慕明本人还是神经科学研究所，也自然而然地被抛向了风口浪尖。

中国科学界在瞩目神经科学研究所发生的一切。关爱有加者有之，呵护备至者有之，骑墙观望者亦有之，当然，也不乏冷嘲热讽者。个别人甚至有点酸酸地说：神经科学研究所都在干些啥？纯粹是在那里“发神经”嘛！

更不消说在神经科学研究所内部的“自激震荡”了。最初的自激震荡是在研究所的初建阶段，蒲慕明要求每个研究小组，每过半年都要做一次“review”。“review”，从英文的字面上翻译，可以说是“回顾”、“复习”、“检讨”、“温习”、“校阅”等。其中，除了“检讨”这一含义多少有点负面外，其他的含义都是正面的或者中性的。但凡科研机构与组织，每过一段时间就要进行review，这在国际上已是一件司空见惯、大有裨益的事情。但就是这样的review，最初在神经科学研究所内部推行时，却引起了一阵不小的反弹和骚乱。“可见一项新的改革制度的推出之难，要推而广之更是难上加难！”蒲慕明说。

在神经科学研究所成立的第二年，蒲慕明首次郑重其事地提出，只要是该所的PI（课题组长），都应参加研究所学术委员会的review，“三位年轻的PI竟然拒绝出席，他们的理由很简单：你是PI，我也是PI，我作的研究不需要你来指导。我当时感到很意外，也很吃惊，因为在国外，年轻的科学家都希望那些有经验的科学家给他们提些批评建议、出点主意。可是我们这几位年轻的PI，怎么就偏偏不能理解我的一片好心？我大老远地从美国过来帮助他们，他们却这么不领情”！

如果是年轻的PI不懂“review”的内涵，尚且可以理解，但这三位PI都是货真价实的“海归”，都有在国外科研机构学习和工作的经历，如果不是他们聪明的脑袋已经“进水”，难道真是像个别喜欢飞短流长的人所说的那样，蒲慕明是异想天开、乱出主意，要“micromanage”（事无巨细、微观管理）神经所？

在反省、检讨了自己提出的review语境之后，蒲慕明认为，自己工作的方法与方式虽然有待商榷，但坚持推行review是毋庸置疑的，“一些人在开始的时候，的确不愿意作诸如 review 这样的学术讨论。但我们顶住种种压力，最终实行并坚持了下来。几年之后，包括 review 在内的一些学术讨论风气，也就逐渐地养成习惯，变成顺理成章的事情了。现在无论是组长还是其他研究人员，都很乐意接受并参加 review。上面每个人在介绍、回顾自己半年的工作，下面每个人都可以提意见、作批评，每个科学家都自觉地养成了接受批评的习惯”。

“虽然当初我推行的所内 review，以及国外专家学术评审的做法得罪了不少人，与一些组长的关系也因此受到影响，但我却没有别的选择。”蒲慕明坦荡地对《科学时报》记者敞露心扉，“一位资深研究员因为不肯接受国际专家的学术评估，我们不得不终止他的聘书。”

蒲慕明说到这里，声音不由得低沉下去，多少有点伤感地摇了摇头，“为了这件事情，他跟我红了脸到最后翻了脸，但我实在是想不出两全之策”。

蒲慕明推行的 review，坚持至今已有 10 年之久。今天的中国，如此这般的 review，在诸多科研机构已是家常便饭，而一些政府部门也已经在开始尝试：他们做这样的 review，不就是在作述职报告吗？但如果把坐标中的时间轴，迁移到 10 年前试一试，那显然就是另外一番景象。

前些年，蒲慕明在“中国的科技创新——文化的反思”一文里，旗帜鲜明而又一语中的地指出：“有一个曾引起很多中国文明史学家的兴趣的问题，就是为什么近代科学是在欧洲得到发展而不是在中国，尽管在早期中国文明中已经清晰地出现了科学和技术的源头。经过几十年对中国科学和技术史的研究，李约瑟得出的结论，是中国形式的‘官僚封建制度’阻碍了近代科学的发展。在新世纪，中国面临的挑战，就是怎样克服一些残余旧文化的约束，使科研机构能得到飞跃的发展。”

“克服一些残余旧文化的约束”，就是蒲慕明本人所面临的挑战——推行国际评审也是如此。

4. 国际评审：需要“严苛到近乎残酷”

绝顶聪明、做事果断、是非分明，这在神经科学研究所，几乎是认识蒲慕明的人们的集体记忆。

“他凡事考虑得当后，说干就干，从不疏忽，从不苟且。如果他对事情有不同意见，就会立刻直截了当、坦率清晰地讲出来，从来不会拖泥带水。”王燕对蒲慕明有这样的评价。

蒲慕明到神经科学研究所推行的改革之一，就是曾经引起过不小的震动和争议的、邀请国际学术同行进行评价的“学术评审制度”。

神经科学研究所开展的这一学术评审，在许多学者眼里看来，可以用“严苛到近乎残酷”来形容。在这里，每个研究组都必须经过严格的、由国际权威学术同行进行的定期评审。其中，研究员每四年要接受一次评审，高级研究员每六年一次。这种制度的实行和建立，对中国科研机构传统体制中的评价体系不啻是一种挑战。这一评审包括进行实地评审前半年就进行的国际同行通信评审，每位被评者有六份国际同行匿名评审意见。实地评审由神经科学研究所国际顾问委员会和其他国际著名神经生物学家组成的专家评审小组进行实地考评。每位被评者有两个主评的专家。实地考察内容包括被评者工作报告、答疑、参观实验室、与被评实验室全体学生的会谈，此时研究组长和实验室的工作人员被要求回避。

这项制度在神经科学研究所开始推行时，遇到的阻力可想而知。一些研究人员因此而选择了离开神经科学研究所。一时间，神经科学研究所风声鹤唳，当时还是所长秘书的王燕甚至也因此有过隐隐约约的担心，“这么严格的评审再继续做下去，会不会影响到神经所的正常发展”？

怀疑、担忧、非议甚至是嘲笑和责难，蒲慕明都可以坦然面对，加以克服，唯有人为制造的阻碍，为蒲慕明深恶痛绝。他认为，严格的国际学术评审制度，是必须毫不动摇地坚持下去的“游戏规则”，只有这样，才能保证神经科学研究所的健康发展。

“蒲先生不留情面，没有一点含糊，他不会考虑话讲出去之后对方是否喜欢。”在王燕看来，不管对象是谁，蒲慕明从来都是有话就说，不怕得罪人，“他从来就不是那种只会‘和稀泥’的人，而神经所的确也需要蒲先生这样的人。”

在研究所的创建初期，有很多的事情不好处理。王燕深知其中的困难和艰辛，“当年在神经所内部有好多争论，蒲慕明都能超脱于个人的恩怨之上，才终于有了今天的成果。这实属不易”。

2004 年 3 月，世界著名的 *Nature* 杂志眼光独到，推出了名为“中国：来自西方的观点”的“中国特刊”，以一些知名学者的评论性文章为由，剖析了中国科研多个领域的发展现状和潜力，将世界的目光引向崛起的中国科技。蒲慕明在为之撰写的文章中明确说到：“科学家之间缺少公开的批评性的学术交流在中国是一个普遍的问题。公开、坦诚的交流将使许多学术研讨会不仅仅是友谊性的聚会，而是使人受益的学术活动。对学术批评的正面态度将有助于建立这样一种科学文化，即科学的真实性比‘顾面子’重要得多，而且负面的评语不总被认为是人身攻击。过度的礼貌和虚伪，可能在一个传统的中国家庭维持儒家式规范是必要的，但对于一个研究单位是有害的。”

“成功地建立以业绩为准的考核体系，首先需要能对科研业绩进行客观评估，且对评审者的身份能够保密。除了各学术领域中合格的评审专家不足外，‘保密’在中国的科研机构是一个非常生疏的概念。缺乏保密性会使得客观的评审非常困难。广泛地聘请国际同行评议，是目前国际上主要研究机构普遍采用的方法，这对解决客观评估的困难会有些帮助。”外表温文尔雅的蒲慕明，这样犀利的剑锋指向却既不含糊，亦不躲闪。

在目前国内的科研机构中，能真正坚持做到严格执行国际学术评审制度，而且不徇私情、不讲情面的，委实是凤毛麟角，神经科学研究所或许算得上是做得最坚决、最彻底的一个。蒲慕明对神经科学研究所持续坚持至今的现状，有着自己清醒的认识和明确的态度，他说：“国际同行学术评审制度，我们一定要不走样地继续做下去，还要做得更好！”

越是激流和漩涡，越是要闯关和抢滩。也就是在蒲慕明的掌舵下，神经科学研究所建立了很好的人才流动和退出机制。

在神经科学研究所，允许研究员名下的学生、仪器设备可以带到其要去的新单位。这样，就建立和推动了一个良性循环的人才流动机制。

按照过去国内的惯例，所有的仪器设备都应属于原来的研究所，要离开的研究人员只能“净身出户”，这对离开的研究人员重新建立实验室、日后继续开展研究工作有很大的阻碍，对国家的资源也是一个浪费——因为留下来仪器设备中的相当部分，很可能其他研究组根本用不上，“所以我们制定出一个公正合理的退出机制，我们经过很多的努力才做到了，这也是我们建所过程中，对国家科技体制和机制改革一个很重要的贡献。”对此，蒲慕明既毫不含糊，也无须过谦。

“神经所真正的竞争力核心，不仅仅在于引进了一些科学家，发表了高水平的论文，在学术水平上有所拔高，而是在于真正引进了一个全新的、富有竞争力的机制，这种机制是极富生产力的。”王燕说，“蒲慕明为神经所带来的，是一条比较完整的‘生产线’，受其影响的是一大批人的思想和观念。”

5. 年会报告：一道足可饕餮的心灵“盛宴”

蒲慕明领导、建设着神经科学研究所，并在不断地进行着深层次的反思：中国科技创新的文化土壤究竟是什么？如何才能将这一文化的土壤改造得更为肥沃？他把神经科学研究所当成实验田苦心经营，而每年一度研究所在年底召开的年会，他都要精心准备，以拿出一份有纲要、有观点、有数据、有分析、有结论的报告。

在2003年的年会上，蒲慕明说，可以保证在未来的10年、20年之内，我们研究所能够达到有重大科学发现的那个目标。怎样达到这个目标？在未来的“成长期”里，他觉得最重要的一个工作，不只是招人才，不只是争资源，而是建立一个一流的科学文化。“没有科学文化，不管有多少人才、多少经费都没用。我们不缺人才、不缺钱，我们缺的是一个文化。什么是科学文化？很简单，第一个就是要有严谨的科学态度。”

“现在的科学发展这么快、竞争这么强，过去的 Cavendish 实验室的宽松环境，让 Max Perutz 用 20 年去解决一个蛋白的结构，那个世纪已一去不复返了。现在在加州大学伯克利分校、麻省理工学院、普林斯顿大学的结构生物学实验室，只要有好的结晶体，有人甚至提出‘one protein a day’（一天分析一个蛋白质的结构）的口号。这就是现在发展的速率。”蒲慕明作如是阐述，“我们就是要努力创造有‘必要的紧迫’环境，使得大家能够发挥最大的创造力。国外对中国科学家的勤奋、聪慧、基本训练都是有很高的评价，很多人在国内没有这样的成果，一出去到人家的研究机构里就变成最好的研究人员，为什么？这就是国内的研究机构缺乏必要的紧迫感，没有这个，我们就达不到这个最高的、一流的研究所的目标。”

在 2004 年的年会上，蒲慕明几乎是在疾呼：几十年社会运动遗留下来的浮夸风在科学界里还仍然盛行。我们就是要做一个榜样，把不浮夸、脚踏实地、严谨地做科学的态度在中国神经科学界好好建立。

“我们有些科学家动不动就向国家要几亿的钱，举个大旗就要几亿，为他们自己的项目要国家投资大笔的经费，就没有想想，作这种研究到底是否真正能解决问题？在目前的情况下，在一些基本功还没有建立的实验室投入大量资金，这对社会是多大的浪费。我想提醒这些科学家，去看看我们社会现在的情况，看看农村的情况。我们现在有些农村还很穷，你买个大仪器放在实验室却不能好好用，应该想想这些钱可以养活多少困苦的农民？所以我觉得现在不浮夸，谨慎地使用科研资金，好好做科学，是我们做科研人员的一个基本的社会良心。”

“有些人批评我到神经所做的事情，就是把美国那一套带回来，‘不合国情、要安定团结’。这样的说法，是中国社会腐败现象、科学界虚假浮夸、人事关系主导一切等各种弊端的最好挡箭牌。我们科学界甚至整个社会改革目前最大的阻力，就是来自这种所谓的要安定团结、要合国情、要讲人情的做事方式。”蒲慕明直截了当地指出，“这些，不仅是我个人，也希望神经科学研究所的同学和老师们要坚决抵制。虽然我们所这五年来在科学研究上有一个好的开端，但我希望我们的意义不止在这里。我们要在神经科学界乃至整个学术界做一个榜样！”

在 2005 年的年会上，蒲慕明又提到了英国的 Cavendish 实验室：这也是 DNA 双螺旋结构发现的地方，在 20 世纪的前 50 年，这里是世界科学的主要中心，物理学和结构生物学发展的许多重大成果都出自这个实验室。“在这里工作的年轻人，一个个变成大科学家，许多成了诺贝尔奖得主。难道那些年轻人都是天才吗？Cavendish 实验室选人都选得那么准吗？为什么那些年轻人进去之后就都变成一流的科学家？Cavendish 实验室那个环境到底有什么特别？”

连续的几个设问之后，蒲慕明自问自答：“我觉得，并不是那里的仪器设备特别好，也不是那里的大师特别聪明、出的题目特别好。最重要的一点就是，那里的环境给了所有进入实验室的年轻人以信心。只要自己建立了信心，持之以恒，就肯定会有重大发现。还有大师对年轻人的期盼，年轻人对自己的期盼。正是信心和期盼，成就了该实验室辉煌的历史。”

年会报告末了，蒲慕明自我“爆料”：“最近有很多人都在问我，说我的所长职务是不是马上要被解聘了？”在满场笑声中，蒲慕明也笑了：“我可以告诉大家，建立神经所是我这辈子最重要的一件事，我什么都可放弃，神经所绝不会放弃，赶我走还真是不容易呢！”

蒲慕明接着说：“大家都知道，我们在国内的科学研究做得很好，若真有什么人想要赶我走，绝不是件容易的事情。能够赶走我的是谁？是我们神经所的老师和同学！只要你们认为我应该留在所里，那我就留在所里，即便不当所长，我也会留在所里！”

全场的掌声雷动，给了蒲慕明报告完美的谢幕，而热烈的掌声，也验证了研究所全体人员的信心和期盼——就像是 Cavendish 实验室那样的信心和期盼。

在 2006 年的年会上，蒲慕明透露了一个“小秘密”：在神经科学研究所成立以来的七年中，除了得到与其他研究所一样的正常运行费外，中国科学院每年向神经科学研究所只是多提供了 200 万～300 万元的所长基金，作为支持一个新的研究所用以引进人才的专项经费。倾尽全所的一切经费，包括各个研究组从其他部门得到的科研经费，每年的总额还不足 2800 万元，这相当于美国一个几十人的实验室的经费。但是我们还是得到了快速发展，离国际一流科研机构的目标已越来越近。

“但是我为什么有信心呢？”蒲慕明说：神经科学研究所至今所取得的一切研究成果，靠的不是从政府那里得到大量资源，靠的是新的科研管理机制，靠的是神经科学研究所的老师和学生没日没夜地在实验室工作，靠的是我们坚守建设世界一流科研机构的理想，坚持抵制旧体制旧观念的影响。如果从科研资源角度来看，神经科学研究所业已取得的诸多科研进展，在中国许多其他科研机构同样也可以实现。这才是神经科学研究所的经验对中国科技发展的真正意义。世界上还没有任何一个国家，可以只靠巨额投资到少数精英单位就能成功地发展科学事业，并且引以为豪。中国科技的长远健康发展，需要的是许多科研机构普遍提升它们的科研水平。

“困境孕育创造力！”蒲慕明为莅会的老师和同学们鼓劲。

在 2007 年的年会上，蒲慕明直击穴位，针砭时弊：“每个人的科研能力都是训练出来的，没有哪个人天生就有非常强的科研能力。只有通过接受别人的批评，好好地改进自己，能力才会越来越强。”“时下，一些对科学研究的真谛进行扭曲的观点，正在威胁着传统的科学精神。如果这些扭曲的观点得以盛行，从事本来应是圣洁的科学研究，将不再是在座的你们和我值得骄傲的职业。”

蒲慕明在这次年会讲话中，对导入“灰色地带的不端行为”的概念加以抨击：“我认为最严重的科研不端行为，就是现在日益蔓延的灰色地带的不端行为，这些行为正严重威胁着科学的核心精神，也就是对追寻自然界真理有共同兴趣的科学家之间的自由交流的精神。因为许多灰色地带的不端行为的存在，科学交流变得日益困难，因为科学家必须小心自己的想法可能被‘偷窃’。”“现在许多人有这样的倾向：就是不恰当地强调自己的贡献而淡化别人的贡献，严格来说这也应属于灰色地带的不端行为。”

“今天我所谈的这些，是在所有年会讲话中最严肃的话题。现在是我们必须认真思考科研诚信问题的时候了。”蒲慕明最后再次掷地有声，为自己所作的年会报告破题：“为了我们的科学生涯，为了神经科学研究所的未来，为了国际科学界关注的中国科学的未来，我们必须坚守最高标准的科学诚信和道德!”

蒲慕明每年所作的年会报告，经过录音后稍加整理，往往会挂在神经科学研究所的网站上。正应了中国“好酒不怕巷子深”的老话，这些思想深刻、言辞隽永的讲话，在中国的科技教育界不胫而走，也在国际科学同行中广为流传。许多圈内人士已经知道：这个年会报告如“品牌”一般精彩。

当然，蒲慕明的诱惑力和鼓动性还不仅仅在于此。深谙现代互联网及其传播之道的蒲慕明，也把互联网、电子邮件的好处应用、发挥得淋漓尽致。

仅仅举出《科学时报》记者信手拈来的一例为证。那是在2009年秋天，蒲慕明给研究所所有PI群发的一份电子邮件：“请不要购买近期用不着的东西。请注意，我十分严肃地反对那种赶在年底之前把今年未用完的经费全部花出去的观念。如果我们不能用完这些钱，说明我们并不需要它，我们必须把它还给中国科学院或者其他来源之处。这才是一个有社会责任感的科学家的正确态度。神经所不允许浪费资源的事情存在。”

言之凿凿且义正词严，一如蒲慕明的率性风格。如果有什么能让蒲慕明更疾恶如仇、义愤填膺的事情，他在惯常的渠道上已经不能一吐心中之块垒，谁敢保证并阻止他不到互联网上去大声疾呼呢？

6. 魂牵梦萦：还一个多年的心愿

蒲慕明是美籍华裔科学家，但他却有一颗纯正的中国心。这位美国科学院院士、中国科学院上海生命科学院神经科学研究所的首任和现任所长，多年来一直兢兢业业、孜孜以求，对中国科学的发展，做了最真诚、最实质也最为具体的工作。

内地出生，台湾长大，美国留学，又回到中国，这是蒲慕明的特殊经历，他不管在什么地方，始终对中华民族的状况深深关切，而且如果能够做一点事情就尽量去做，在两岸三地用自己力量促进交流，加深彼此的理解。

“打从年轻时代起，我就有比较关心社会的倾向。我走到今天的这一步，也是自然而然的。”蒲慕明说。

蒲慕明 1948 年在南京出生。还在襁褓之中，他便随父母远渡台湾。

蒲慕明的父亲蒲良梢先生，1938 年毕业于上海交大，是机械系航空工程组的第一届毕业生。那一届的毕业生全部投笔从戎，加入抗战成为空军后勤人员。后来国民党政府要造飞机，蒲良梢不久便被派往美国，学习螺旋桨发动机制造技术，学成回国之后，他成为南京发动机制造厂的第一批技术人员。

1949 年，母亲带着蒲慕明和他的姐姐，从南京的下关乘船到武汉，然后到了广州，再从广州坐船到台湾。当时被母亲抱在怀中的蒲慕明还没有记忆。但蒲慕明在后来知道，中国航空工业的先驱们大多都是父亲的同学，而父亲的毕生志愿，就是想制造出一架中国自己的飞机。

蒲良梢先生 60 多岁时，任台湾航空工业发展中心主任，终于造出了“经国号”飞机。蒲良梢先生退休之后，在其事业的最后 10 年里再创辉煌，在逢甲大学创办了台湾最好的航空工程系。“父亲的人生经历对我的影响很大，他的一些好朋友都成为我的师长。”蒲慕明对《科学时报》记者回忆。

蒲慕明家中的墙上挂着一幅诗作：“忘却离乡今几年，水隔青山天外天，旧时欢笑浑为梦，新来思绪总难眠。海外飞传无限意，天涯相赠有诗篇，相知一世知何事，长留肝胆照人间。”这是蒲慕明的父亲与其同学、曾任铁道部总工程师的邹孝标的唱和之作。父亲作诗，由邹孝标书写，时空阻隔不了父辈归根的心愿。

1999 年回到中国内地，年逾 50 岁的蒲慕明已经是世界知名科学家，他最重要的是还一个心愿。

因为蒲慕明决定到上海工作的缘故，蒲慕明的父亲也希望来上海常住，不幸的是，2000 年冬天老人家从浦东机场到市区路上遭到车祸，他所乘坐的出租车被一辆环保卡车冲撞，造成头部、肺部、眼睛多处挫伤，在医院住了两个多月。因为这次车祸，此后老人家一直伴有失眠、哮喘、失明、行动不便等，身体就此每况愈下。

蒲慕明父亲遭受的车祸，其实是开卡车的那位肇事环保工人的全责。

但老人家在住院治疗期间，当工人带着一串香蕉去看望他，老人家自己反而过意不去。因为手头没有现金支付，老人家就向来探视的王燕借了 50 元钱，感叹地对王燕说：这位工人给我送来了香蕉，冬天里的香蕉很贵，他的妻子已经下岗，小孩还在上学，他的家很穷困，真是很不容易呐！等那位工人下次再来医院看望，老人家当即就给了这位工人 50 元作为补偿。后来，老人家又给了那位工人 100 元钱。

2007 年 12 月 5 日，接到父亲不幸在美国去世的噩耗，红着两眼的蒲慕明早上一走进办公室，就对王燕哽咽地说："我的父亲已过世了。"王燕说："那您就赶紧回家料理丧事吧。"蒲慕明却说："不用了，即便我现在就回去，也已经见不到他的最后一面，还是把我在上海的工作忙完再说吧！"

一个小时之后，处理好当日电子邮件的蒲慕明从办公室出来，又郑重其事地对王燕说："父亲逝世纯属我的私事，请你不要告诉任何人，更不要影响研究所的正常工作。"

但是蒲慕明内心一直存有遗憾：当父亲去世时，自己不能守候陪伴在身边，给父亲以些许的慰藉。蒲慕明只记得自己小时候，有一次父亲送他去上学，而后在霞光中匆匆离去的背影。那正像是自己少时熟读过的、朱自清先生写他父亲的《背影》。

7. 立志报国：一份延续至今的浓情厚爱

蒲慕明从小接受的是中国的传统教育，中国的历史和地理他了然于胸。"我虽然学的是自然科学，但是我始终对文学历史很有兴趣。台湾毕竟地方很小，大家一窝蜂都认为理工科好，学理工有前途，台湾流行的理念是，出国一定要学理工。所以我在大学时学的是物理。但我对中国内地的关切是从小一直延续至今的。"蒲慕明说。

蒲慕明认为，20 世纪 70 年代初期的"保钓"运动，是对在美国华裔留学生的一场教育。"教会了我们如何关心国家大事，学生不应该只关心自己的实验室工作。这个'保钓'运动影响了很多学生，也影响了我的心态。"

"保钓"运动之后，许多台湾学者放弃了自己原有的专业，加入联合国等各种国际组织，从事社会公益事业活动。

1976 年，蒲慕明在美国普渡大学完成了博士后研究之后，他申请的第一份工作，便是联合国教科文组织的一个职位。"我想为世界的科学文化教育作点贡献，但是很可惜，我连面试的机会都没有得到。"

蒲慕明申请的第二个职位，是回到他的母校——台湾清华大学。蒲慕明给徐贤修校长写了一封信，信中言辞恳切，希望回台教书。徐贤修校长用毛笔回信说，"年轻人立志报国是好事，此事交由沈君山院长办理。"尽管后来蒲慕明并没有能够如愿以偿回到台湾任教，但徐贤修校长的毛笔字他至今仍然清晰在目。

也许是命中注定蒲慕明的学术之路，最终，他申请的第三个职位，美国加州大学埃文分校助理教授被录用，从此开始了他真正的学术人生。

蒲慕明第一次回到中国内地，是他在32年前在襁褓中离开故土之后的1981年。当时，北京医学院和美国加州大学埃文分校交流项目，合作开办了一个讲习班，加州大学派遣蒲慕明赴中国讲课。

蒲慕明对这次回国的情景依旧历历在目："当时我住在北京医学院的外国学生宿舍，到晚间肚子饿了，想出去找点东西吃，但街上的饭馆基本上都已经关门，回来时连学校的大门都已经关闭，我只好爬门回宿舍。"这一年蒲慕明虽然才33岁，但已是加州大学埃文分校生理系副教授，第一次回到改革开放不久的中国内地，北京留给他的印象是"到处的灯光都很暗"。

尽管如此，蒲慕明对这片古老的土地并没有感到丝毫的陌生。他依然记得一次在长安街上的饭馆吃刀削面，与其同桌吃饭的一位老师傅问他："老弟，你是从上海来吧?"老师傅不经意的一句话，蒲慕明竟永久性地记下了，"我听了这话很高兴。虽然我是从海外回来的，但这里的人们还是把我当成自家人"。

毕竟，中美两国关系的坚冰已经打破，毕竟，枯树已经开始绽放绿芽。当时，全国30多个医学院都派教师来北京医学院学习，暑假一个月的时间，蒲慕明教授神经生理学与细胞生物学课程。每天的课程分上午两个小时、下午两个小时，上午授课，下午介绍在美国开展的科学研究。

"记得我在讲课时，下面听课的学生年纪都比我大，最大的都已经超过50岁了，甚至有来自新疆医学院的老师，大老远赶来北京听课。"蒲慕明回忆，"两个班，每个班三四十人，每个学生尤其是那些高龄的学生，都在很认真地做笔记，他们虽然不太提问——当时还没有形成这种风气，但我依旧很感动。"

那是中国科学的春天，"大家重新捡起丢掉了10多年的东西，这种发奋努力的精神委实让我钦佩，肃然起敬。"说到这里，蒲慕明的目光依旧闪闪发亮。

8. "清华"情愫：更是"亲我中华"情结

蒲慕明的名字，曾几度与"清华"二字相连。

蒲慕明1970年毕业于台湾清华大学物理系，14年后，1984年北京的清华大学复建生物系，时任美国加州大学埃文分校生理系教授的蒲慕明，冲破大洋的万里波涛阻隔，欣然受聘兼任该系的主任。

不知蒲慕明者，认为他此举是因为母校的缘故，才有解不开的"清华"情结；知蒲慕明者，便晓得让他真正魂牵梦萦的，是那终身的"亲我中华"情结。

起初，蒲慕明为清华大学生物系定名为"生物科学和技术系"，直到最近，清华大学才将其改为"生命科学院"。

蒲慕明不是"怀才不遇"，但在北京清华大学工作的那段时光，的确是荣光与艰辛的纠葛交织，梦想与现实的冲击碰撞。当时的中国教育科学界，教育科研等经费捉襟见肘，没有足够的能力支持基础研究；而对以基础研究为本的蒲慕明来说，当时刚打开“改革开放”门户的中国，也不具备他拳打脚踢施展才华的环境。

清华大学生物系尽管有着全国最为优秀的学生和教师，但经费支撑严重不足，仅有的一点经费几乎全部用于教学工作。而最令蒲慕明先生感到无奈的是，世界银行的贷款全部用于购买大型仪器，而会使用这些仪器的人员却少之又少。

“当时国内的大型仪器设备虽然多，而我们却没有生物系最常用的电子显微镜，形成了资源的极大浪费和耗散。”蒲慕明回忆：“我在清华大学之所以没有继续做下去，原因在于，一是我当时还很年轻，显然力不从心，二是国内科研的大气候还没有形成，我也很无奈，无力更多地改变什么，所以我两年后只能选择了离开。”

虽然是在做一件正确的事情，但选择了在一个不适宜的时间做，蒲慕明此时应有的结局可想而知。

但这时的离开并不意味着遁逃。在清华生物系复系 10 周年时，蒲慕明专门从美国哥伦比亚大学发来了他的一篇感言，谓之：“1984 年我以兼职身份参与了清华生物系复系初期的筹划工作，10 年来看到了生物系步步茁壮成长，培育了许多优秀的本科生和研究生，为国内的生物科研和教育都作出了重要的贡献。对我个人来说，与清华生物系的联系是我学术生涯中极为珍贵的一段经历。”

清华大学生物系创建 20 周年时，当孙自荣老师邀请蒲慕明为此写几句话时，最先映入蒲慕明眼帘的情景，是 20 年前在清华生物系草创初期，“南明兄提着他的黑皮包为复建生物系馆奔走的情景，和在简陋平房的小教室里，与清华大学第一届本科生一起上论文选读课的生动场面”。

由此，蒲慕明还说：“20 年来随着中国经济蓬勃的发展、科研环境不断的改善，清华生物系取得了很好的成就，在国内已处于领先地位。但清华生物系作为国内一流学府清华大学的一个院系，还有更艰巨的路要走，使中国生物科学在国际上取得应有的地位。”

蒲慕明先生也曾为 *Nature* 杂志撰文，现身说其感悟：“基于过去 20 年在中国参与建立一些科研机构的经历，我越来越认识到，中国研究机构在国际上取得卓越地位的障碍也许不是来自经济因素，而是文化因素。”

尽管命运多舛，最后在 1986 年蒲慕明不得不选择了离开清华大学，但在该校生物系重建的最初两年中，他还是为生物科学与技术学科的发展打下了坚实基础。基于他从最初创建清华大学生物系，到后来领导上海神经科学研究所的工作，蒲慕明在 2005 年获得了“中华人民共和国国际科学技术合作奖”这一殊荣，他这段弥足珍贵而又特殊难忘的人生经历，无疑也是值得浓墨重彩抒写的重要一笔。

9. 科学书香：创新氛围浓郁的阅览室

2009 年春节过后，由中国科学院武汉分院等研究院所发起，与武汉的高校举行了一个联合报告会，蒲慕明先生欣然应邀在会上作了演讲，讲“科学研究的 ABC”，鼓励学生多阅读一些科学家的传记，多了解科学探索和发现的过程。

报告会即兴提问，许多学生请求蒲慕明先生推荐并开列出一个书单，蒲慕明当场就爽快地回答：只要谁对此有兴趣，回去后我完全可以把书单和书评用电子邮件寄出。

蒲慕明留下了自己的电子邮箱。过后，他收到许多学生的电子邮件，也如约给学生们发送了开列的书单和收集的书评，其中有许多书评就是他亲自为神经科学研究所的学生而写下的。

“我为武汉的学生们开列的 12 本书，其中的第一本，是《创世界的第八天》，讲的是分子生物学革命的历史故事，作者是一位美国的科学记者，名叫 Judson，他在 20 世纪的五六十年代，访问了近 100 位的科学家，写出了从 1940 年至 1960 年分子生物学革命性发展过程中，生物科学家的生动故事。”蒲慕明对《科学时报》记者说：“了解科学发现中所经历的过程，对研究人员掌握方法论无疑是至关重要的，如科学家要如何做实验、在实验出现问题时要如何寻找办法克服。”

“‘科学八股文’现在已成为写论文的标准模式，并没有真实反映科研工作的整个过程，需要花很多力气才能找出来龙去脉。”蒲慕明谈及要认真阅读科学家传记的初衷，甚至不无尖锐地说：“一些 20 世纪初期的科学论文不是这样。作者会诚实地告诉人们，他为什么做这个工作，原先可能希望得到其他结果，但是没有发现他想要的结果，可是在偶然之中得到了现在的发现，整个来龙去脉都讲得一清二楚。但为了简化或者修饰，现在的论文把真实的来龙去脉都修改了。”

《创世界的第八天》(*The Eighth Day of Creation*) 是蒲慕明竭力向学生们推荐的第一本书。该书刚出版时，他还只是美国加州大学的年轻教授，当时他就要求自己所有的学生都仔细读这本书。“想了解重要创新工作的来龙去脉，就要读科学史、科学家传记，要读科学家写的东西。20 世纪生物界最重要的就是分子生物学革命，这是怎样发生的？是谁做的？他们为什么能做出这样的工作？”

蒲慕明常常说，了解分子生物学革命的历史，甚至远比上一门分子生物学课重要，比读 100 篇最新的分子生物学论文重要。在神经科学研究所的阅览室里，放了三本蒲慕明从美国带回来的 *The Eighth Day of Creation*，他希望所有的学生有空都去读读，哪怕每天只读几页也可以，读多少是多少，总会有些许收益。大概是为了《科学时报》记者能在书香中潜移默化，更好地写出科学新闻，蒲慕明先生还赠送了记者一本《创世界的第八天》。

蒲慕明喜欢读，也常常介绍一些著名科学家的传记和科学家撰写的通俗文章。早在台湾清华大学读书期间，他就曾在老师李怡严的鼓励下，翻译了G. Gamow 的《汤普金梦游记——近代物理探奇》，交由徐氏基金会出版。这本科普读物，直到 30 年后还在台湾出版，版权页标明的是“1970 年，清华大学物理系学士蒲慕明译，1993 年再版”，而且在台湾许多书店的书架上都可以找到。

蒲慕明坦陈，过去在美国，凡是由他负责指导的研究生刚进到实验室时，若是学生问他需要看一些什么书、如何准备进入科学生涯，他首先不是指导学生看生物学方面的专业书籍，而是要他们看一些自然科学史方面的书籍，了解世界自然科学史上取得的一些重大成就。如推荐学生看有关卢瑞亚（S. Luria）的《吃角子老虎与破试管》，以及介绍沃森（J. Watson）的《双螺旋——DNA结构发现者的告白》，介绍克里克（F. Crick）的《狂热的追求》等有很好看头的科学传记，“在熟读这些科学家传记书籍之后，学生方可了解科学大问题是如何得以解决的”。

蒲慕明认为，诺贝尔奖得主 Peter Medawar 所写 *Advice to a Young Scientist* 是一本很好的书。这本书中有对年轻科学家的忠告，开卷有益，所以他在 20 年前自己动手还翻译了其中一章，交与国内的一家出版社，建议完成翻译后出版，但因种种原因终于搁浅。

“在我们的阅览室里，还有许多其他不同领域的类似的书，我希望无论是老师还是学生，都能抽出间隙的时间离开实验室，暂时抛开手头繁重的实验工作，花点时间到阅览室去读那些书。”

从某种程度上或许可以说，神经科学研究所这个阅览室的创建历史，就是蒲慕明任所长之后，将科学方法与思想不断传播、渗透的一个缩影。该阅览室是一个自发组织的系统，主要由其使用者、在读研究生负责维护。在过去的近 10 年里，许多研究生对阅览室的管理做了很多工作。现在阅览室由学生管理员负责，由学生志愿者值周进行维护。有学生称，该阅览室是“一把通往未来的钥匙”。

自 2000 年阅览室建立以来，其中大部分的书籍，都是来自蒲慕明本人的慷慨捐赠。建立属于神经科学研究所自己的阅览室，其深层次的原因，自然也可以追溯到蒲慕明作为一名年轻学子，孜孜追求科学真理的时候。

“蒲先生认为，读那些由大科学家写成的书籍可以激发对科学的兴趣，知道如何分辨科学的问题，以及如何解决问题。更加重要的是，读一本好书，就相当于听一场来自大科学家的报告。因此蒲先生向阅览室捐赠了很多由一流科学家写就的书籍，希望神经科学研究所的学生能与他一起分享其中的故事。”阅览室的一位学生志愿者这样写道。而神经科学研究所的管理人员也给予阅览室人力、物力方面的支持，使阅览室有一个舒适的阅读环境。

10. 同行吃惊："Really? You can do it?"

如今，海内外科学界广泛认为，在中国科学院，蒲慕明领导的上海神经科学研究所，是中国科学界一个令人瞩目的典范。

蒲慕明面对《科学时报》记者采访时，回顾自己带领研究所走过的10年历程，和盘托出的问题之一是：目前对神经科学研究所最大的担忧，就是对学生的教育不够扎实，如何教育他们踏实做事，不走所谓的"捷径"，不急功近利，培养优秀的品格。他现在常常与学生交谈的，就是严谨、诚信问题。

"在研究所初期的几年里，我们的人才招聘速度和进展都比较慢，主要精力用于扎实工作、出成果、出文章。我们做出一些成绩之后，国外同行吃惊的成分大于赞赏的成分。其实我内心里很明白，我们的工作没有比他们做得好多少，但是他们就是不相信我们能做出这样的成就。当然，他们也看到了中国的巨大潜力，看到了中国在未来科学发展之路上是个不可忽视的力量。"

"美国同行对我回国这10年的工作评价很高，也很羡慕我在中国开展的工作，最初往往还会吃惊地问我：'Really? You can do it?'因为我除了能做出他们能做的科研工作外，我还能做他们不太可能做得了的事情——架设东西方文化交流的桥梁，探索并推行科研机构的改革——这实在是件很有意义、很值得竭尽全力去认真做的大事。"蒲慕明笑道，"我非常幸运能有机会将我的部分'才干'，投入自己科研工作以外的工作。我在上海的工作机会可以说是天时、地利、人和。如果不是发生在上海，也可能发生在台北或香港，这些地方都是我所熟悉的，我能更好地发挥自己的潜力。"

蒲慕明鞭辟入里地分析：现在美国的科学界有两种观点。第一种观点认为，科学中心依然在美国，但他们对中国怀有浓厚的兴趣，他们看到中国学生的优秀潜质，他们认为中国有很好的学生，能出很好的成果。但是他们并不认为，中国也有能力引领一个学科或者领域的发展。现在年轻的中国科学家还没有达到这种层次。第二种观点认为，将来世界科学发展的重心有可能转移到亚洲，而中国又是亚洲的重心之一，所以，能与中国的科研机构早日合作，到中国的科研机构做事，实在是一件具备战略眼光的事情。

美国冷泉港实验室（Cold Spring Harbor Laboratory）的诺贝尔奖生理学或医学奖获得者沃森认为，将来的科学中心将会转移到亚洲，沃森在走过了亚洲的中、日等几个国家后，最后决定在中国的苏州建立亚洲冷泉港会议中心，因为中国是亚洲的中心。

蒲慕明对《科学时报》记者披露：不久前，沃森又提出建议，希望冷泉港实验室与神经科学研究所建立姐妹关系，开展紧密的科学合作。

面对神经科学研究所的崛起，蒲慕明的态度依旧谦虚而清醒。他对《科学时报》记者说，要想成为国际一流的科研所，必须具备三个条件：

“第一，要能在几个神经科学的重要领域持续地出一流的研究成果，并能引起国际同行的注意。”蒲慕明认为，神经科学研究所已初步具备了第一个条件。

“第二，多数研究组组长在他的研究领域具有一定的国际声誉。国际同行谈起这个领域的工作时，都能想到他这个人。”蒲慕明特别强调，是否能够由重要的国际会议邀请作报告是个重要的标志。仅提交会议论文并不能算是有国际影响，关键是国际最重要的会议能邀请你去作大会报告，这才表明你工作的重要性。

蒲慕明也承认，第二个条件现在神经科学研究所暂时还不具备。“在我们的20多个研究组中，也就只有一两个组长曾被国际重要学术会议邀请作报告。如果我们有1/3的研究组长能常常被重要的国际会议邀请，才算是具备了第二个条件。”

“第三，也是最难的一个条件，就是研究所要能在某些研究领域中，出现作出具有开创性工作的人物。他的工作不但是领域里做得最好的，而且还必须能开创出新的研究领域，或者有非常重大的突破性的发现。他也就是我们常说的大师级的人物，我们若能培养出像这样的领袖人物，就是真正成功了。”

11. “飞人所长”：“我现在的工作是服务”

无论身在美国还是在中国，蒲慕明每周的工作都是7天，每天工作12～14个小时，基本上都没有休假。10年来，蒲慕明平均每月来国内工作一周，人称“飞人所长”。

即便是在美国的时间里，蒲慕明同样也牵挂着神经科学研究所。党委书记王燕介绍说，蒲先生通常是利用晚上的“时间差”，及时处理研究所事务和回复发给他的电子邮件，有时甚至工作到凌晨一两点。

蒲慕明对工作殚精竭虑，身体状况也就并非十分理想。2005年，王燕和神经科学研究所的几位同事凑了8000元钱，购置了一台跑步机，放在蒲慕明的办公室里，但几个月过去，却从来也不见蒲慕明使用。王燕着急了，故意拿话激他：“蒲先生，您怎么就这么懒啊？跑步机都买了有这么一些日子，我们怎么也没见到您运动一下啊！”蒲慕明的回答是：“楼下就是电生理实验室，他们需要安静。”

后来，蒲慕明希望把跑步机送给学生会。但他的一位学生却对王燕说：“蒲先生的跑步机不能动，等我们的新大楼落成之后，一定要给他找个地方，专门放这台跑步机。”

神经科学研究所的很多业余活动，蒲慕明慷慨地自己掏腰包，而不用研究所的钱开销。仅以2009年神经科学研究所组织，包括上海生命科学院其他研究所学生参加的科学夏令营为例，组织了十几位学生去四川，蒲慕明用自己在美国领取的工资，支付了其中3万元学生的机票钱，王燕则是负担了学生们的生活开销。迄今为止的10年里，尽管蒲慕明一身同时跨两边工作，领取的却只有美国加州大学伯克利分校的工资，而在神经科学研究所的工作，他只是领取差旅费和生活补贴。

神经科学研究所的许多学生说，虽然我们都很崇拜蒲先生，但我们却不会过像蒲先生那样的生活——在学生和大多数人看来，那的确是苦行僧一般的生活。

蒲慕明这样一位科学大家，每天的饮食生活却简单到了极点。

只要是身在上海，几乎是每一天的早晨，蒲慕明都会在岳阳路的一个小超市里出现，并很快就买回两三个菜包子。

午饭要么是食堂里的盒饭，要么依旧是菜包子。在蒲慕明办公室的冰箱里，总是会冷藏好几个菜包子，饿了他就用微波炉热一热再吃。

蒲慕明的晚饭，一般是从6点半开始，最常见的"食谱"，是神经科学研究所附近快餐馆里的一碗面条。一个小时后，他准时回来继续上班。而如果他的太太刚好也在上海——这是一位在美国当生物学教授，但却同样在为神经科学研究所"做义工"的华裔——则会与蒲慕明相伴，出双入对地吃这一顿"正餐"。

"他们夫妻俩堪称是一对绝配，不仅对工作是同样地认真和投入，甚至他们俩的性格也十分相似。"一位充满钦佩之情的知情者，这样描述、评价蒲慕明和他的太太。

"也许今后我会全时回来工作，但我认为，即便我'全时'回国了，和现在的工作基本上也不会有太大差别。"蒲慕明对《科学时报》记者坦陈，"我还有许多国际科学界的事情要做。"

蒲慕明兼任很多国际科研单位的学术顾问，同时担任着许多学术刊物编委的职务，"现在我为国际科学界的服务工作，要大于我自己实验室的科研。"的确，对蒲慕明而言，自己的科研工作已经不是重心，虽然他的实验室仍不断有论文发表。他到国内工作的时间越来越多。他最近每次回国的时间已达十余天，日程表里总是排得满满当当。

三年前，蒲慕明在美国的学生（包括博士后）有20多人，现在只剩下5个人，"今年起我在美国已再没有研究生了。在美国这是很小的一个组"。

"我现在所做的工作就是服务。当然，这样的服务对我个人而言，不可能带来别的什么'好处'，即便我做再多这样的服务，也不可能帮助我自己获得更大科学成果。"蒲慕明笑着说，"我只是希望真的能在中国创造一个环境，使许多中国神经科学的学者能在此做出世界一流的工作。”

2009 年 11 月 27 日，神经科学研究所迎来了 10 岁的生日，但并没有举行任何庆祝仪式。在神经科学研究所的网站上，出现了不足 300 字的一段简洁文字：我们的宗旨，是建立一个现代化研究所的机制，提供一个有助于严谨科研工作、高效科研产出、良性科研合作的环境，实现以业绩为准的激励和资助评估系统，以及为研究生和博士后提供高质量的专业训练。

这段简洁的文字，显然是出自蒲慕明的手笔。就像是他在为神经科学研究所，也为他本人作的一幅素描自画像。

潘建伟：在与量子“纠缠”中展示神奇

潘建伟，1970年出生于浙江东阳，1987年考入中国科学技术大学，硕士毕业后留校工作，1999年获奥地利维也纳大学实验物理专业博士学位。现任中国科学技术大学教授、博士生导师。国家杰出青年科学基金获得者，中国科学院“引进国外杰出人才”、教育部“长江学者”、中央组织部首批“千人计划”入选者。

潘建伟教授在量子信息科学技术领域取得了杰出的成就。他和同事们的研究成果分别入选1998年*Science*杂志“年度十大科技进展”；1999年*Nature*杂志“百年物理学21篇经典论文”；欧洲物理学会“年度物理学重大进展”（5次）；美国物理学会“年度物理学重大事件”（4次）；中国“两院”院士评选的“年度中国十大科技进展新闻”(5次)；教育部评选的“年度中国高校十大科技进展”（3次）；科技部评选的“年度中国基础研究十大新闻”（2次）。至今已在包括*Nature*（9篇）、*Nature Physics*（5篇）、*Nature Photonics*（2篇）、*Physical Review Letters*（43篇）在内的国际重要学术刊物上发表SCI论文90余篇。

2008年，中国科学技术大学的潘建伟教授与其同事一起，利用先进的冷原子量子存储技术，在世界上首次实现了具有存储和读出功能的纠缠交换，建立了由300米光纤连接的两个冷原子系统之间的量子纠缠。这种量子纠缠可以被读出并转化为光子纠缠以进行进一步的传输和操作，从而实现了首个“量子中继器”。欧洲物理学会在这一年度的国际物理学十大成就介绍中，评价该成果“借助它量子通信可以达到任意遥远的距离”。*Nature* 杂志则称该成果“扫除了量子通信中的一大绊脚石”。

2009年，潘建伟入选中共中央组织部的第一批“千人计划”。已经回到中国科学技术大学全时工作的潘建伟，带领他的团队再次取得重大突破，在合肥建成了世界上第一个可自由扩充的多节点光量子电话网，这是国际上第一个可升级的全通型量子通信网络和首个城际量子通信网络。这项突破，预示着绝对安全的量子通信会在不久的将来由实验室研究走进人们的日常生活。

“由于在星地量子密钥分发方面的国际竞争异常激烈，中国科学院不囿常规，果断地为我们同时启动了两个知识创新工程重大项目，使得我们有可能在国际上率先实现空地量子通信，在最终实现全球化量子通信方面占据领先地位。这种果断和及时的支持，彰显了国家对支持战略性前沿基础科学研究的敏锐判断力和决策力。”2009年11月1日，潘建伟作为优秀青年科学家的代表，在中国科学院建院60周年纪念大会上发言：“令我们略感自豪的是，目前，我们是国际上首次把绝对安全量子通信距离突破到超过百公里的三个团队之一，是国际上报道绝对安全的实用化量子通信网络实验研究的两个团队之一，是国际上在实用化量子通信方面开展全面、系统性实验研究的两个团队之一，也是国内唯一领衔开展星地量子通信实验研究的科研团队。”

回顾自己领导的实验室在过去几年中的成长历程，潘建伟不由地感言：我们正处在一个不断实现和超越梦想的光荣时代。

潘建伟带领他的团队所开展的科研工作，正是在与量子的不断“纠缠”中，不断展示着梦想一般的神奇力量。

1. 与量子的“纠缠”

正如中国科学技术大学前任校长朱清时院士所言，“潘建伟的基础研究工作，对于一般人来说是难以理解的，不然会感到更强的震撼力”。

在科幻小说《星际旅行》的故事中，星球战士从某一地点突然消失，而瞬间出现在遥远的另一地点。那么，现实生活中是否真的存在这样的过程呢？实际上是存在的，这就是量子隐形传态。在这个过程中，一个物体的状态可以在某地突然消失，而以极快的速度在遥远的某地重现出来。1993年，来自四个国家的六位科学家将这一神奇的现象在理论上揭示出来。在这个科学方案中，量子纠缠起着至关重要的作用。处于量子纠缠的两个粒子，无论分离多远，它们之间都存在一种神秘的关联，这种神秘的关联无论如何都无法用经典的观念去理解，这被爱因斯坦称为“遥远地点间诡异的互动”。量子信息科学家们发现，“量子纠缠”除了神秘之外，还是一种可资利用的超经典力量，它可以成为具有超级计算能力的量子计算机和“万无一失”的量子保密系统的基础。

“随着现代量子物理研究的不断进展，科学家已能够成功地操纵光子和原子。目前，正在对更大的物体并在更远的距离上进行隐形传输研究。假以时日，或许未来能够传输人类本身，《星际旅行》中的科学幻想或许能变成现实。”潘建伟说：“但我们在实现‘星际旅行’前，一切的科学研究都首先需要脚踏实地。”

在过去的10年间，潘建伟同国内及德国、奥地利专家合作，脚踏实地地与量子发生着纠缠。正是在与量子的纠缠不休中，潘建伟不断展示出量子基础科学成果对人类现实生活的神奇作用。

1997年12月，潘建伟与奥地利科学家赛林格和荷兰学者波密斯特等合作，首次实现了量子态的隐形传送，成功地将一个量子态从甲地的光子传送到乙地的光子上。该成果被誉为“量子信息实验领域的突破性进展”，公认其为量子信息实验领域的开山之作，欧洲物理学会将其评为世界物理学的年度十大进展，*Science* 杂志评选将其列为年度全球十大科技进展。1999年该工作同伦琴发现X射线、爱因斯坦建立相对论等影响世界的重大研究成果一起，被 *Nature* 杂志选为“百年物理学21篇经典论文”。那一年，潘建伟才29岁。

在接下来的10年中，潘建伟对量子隐形传态的这一神奇现象开展了更加深入的研究：2003年，首次实现了自由传播光子的隐形传态，使得量子隐形传态能应用在更加广泛的量子通信和量子计算中；2004年，在首次实现五光子纠缠的基础上，实现了一种更新颖的量子隐形传态，即终端开放的量子隐形传态，为奠定分布式量子信息处理的基础作出了贡献；2006年，首次实现了两光子复合系统量子隐形传态；2008年，首次实现了光子比特与原子比特间的量子隐形传态；2010年，实现了最远距离的自由空间量子隐形传态。

1998年，潘建伟使用线性光学手段实现了高精度的纠缠交换，在没有经过任何相互作用的两个光子之间产生了量子纠缠。2001年春，潘建伟意外地发现，可以利用线性光学和参量下转换产生的纠缠光子对实现量子纠缠纯化，从而解决了光子纠缠品质随传输距离增大而下降的难题。线性光学器件本身具有出错率小和实验技术成熟的特点，因此这种纠缠纯化方案是可行的和高效的，可以从根本上解决远距离量子通信中的退相干效应问题。*Nature* 杂志发表了该理论方案，当即受到了科学界的广泛重视。

接下来的两年中，潘建伟及其同事对这一理论方案的实验实现进行了艰苦的探索。

2003年5月20日，对潘建伟和他的同事来说，是一个极不平凡的日子。他们在奥地利多瑙河畔的维也纳大学实验站，终于成功地实现了高精度的量子纠缠纯化及远距离分送，利用线性光学技术，从保真度均为75%的两个光子对中，提取出一个保真度为92%的光子对。量子纠缠交换和纠缠纯化技术的发展，使得实现“量子中继器”成为可能，从而向远距离量子通信的实现迈出重要步伐。

2002年，潘建伟和他的同事们几经努力，在中国科学技术大学实验室成功获得了国际上亮度最高的纠缠态光源，并利用它成功制备出亮度比以往世界纪录高100倍的四光子纠缠光源。在此基础上，他们几乎与日本科学家同时，独立地实现了“纠缠浓缩”，在纠缠纯化研究方面又迈出了一大步。在过去的几年中，潘建伟带领的中国科学技术大学团队先后在世界上首次实现了五光子纠缠和六光子纠缠，最近又成功实现了十个光量子比特间的相干操纵，在光量子纠缠的产生、操纵和鉴别等方向上始终处于国际领先地位。

2005年，潘建伟及其同事们在题为“13公里自由空间纠缠光子分发：朝向基于人造卫星的全球化量子通信”的实验研究论文中，证明了纠缠光子在穿透等效于整个大气层厚度的地面大气后，纠缠仍然能够保持，并可应用于高效、安全的量子通信。人们开始思考实现全球化量子通信的可能性。

2. 这样的“纠缠”就是一种执著

取得这一连串骄人成绩的潘建伟今年才39岁，他的个头并不高，笑谈中无不透着科学家特有的质朴。

出生在浙江东阳的潘建伟，从小是个爱玩的孩子。他喜欢爬山，喜欢满山遍野找野花，喜欢把摘下的兰花带回家，养在自己的床头——那空谷的幽香，激发了他对自然界的热爱。他喜欢在夏天清凉的溪水中捉鱼捉虾，若逢暑期放假，他们家几乎天天有鱼虾下饭。

潘建伟喜欢听故事，喜欢听当过语文老师的父亲讲《聊斋》。父亲送他的《仲夏夜之梦》，带给他一个暑假的精彩体验。他喜欢父亲给他讲诗词、讲李杜，“但他从不要求我一定要记住什么，他认为‘记住’只是知识，不是能力”。父亲是位极其“随性”的人，在潘建伟的高中时期，父亲经常在星期六给他几毛零花钱，允许他做完作业后整个下午都待在书摊上，看他喜欢的小人书。

而母亲却是“好胜”的秉性，尽管潘建伟往往都是全班或者全校第一，但偶尔几次“发挥失常”的考试后，母亲还是会对他“严厉批评”。

父亲的这种无为而治和母亲的严格要求，形成了潘建伟乐观和不怕挫折的个性。

潘建伟说，父母从小就重视对他能力的培养，从不限制他去做什么，他可以做自己感兴趣的事。

到了中国科学技术大学，潘建伟有机会接受全面的大学教育，“我们班有70多人，省状元就有7个，其他的几乎个个都是地、市、县第一名，我算是比较差的，肯定是在40名以后。还好我没有什么压力，当然学习还是比较努力，第一次期中考试考得就不错，高等数学似乎还得了个全班第一”。

潘建伟善于向别人学习，同时保持着良好的心态。潘建伟认为，做自己喜欢的事是需要有耐心的，欲速则不达，“我愿意循序渐进地学习、工作。成功了，当然很高兴；不成功，也不觉得失去什么。我一直很努力，但不拼着命学”。

“有人曾问我：什么是你最大的特点?”潘建伟说，“今天我还是这样说：我比较乐观，而且有耐心，不怕失败。”

早在中国科学技术大学读书时，潘建伟就喜欢爱因斯坦。“我心目中的偶像，或者我从未见面的‘导师’，便是爱因斯坦。记得刚进中国科大时，我得到了一本《爱因斯坦文集》，在爱因斯坦自传的小序里，他讲了一些他对世界的看法。自己看了文章之后，觉得那就像是天籁之音。”潘建伟如此回忆。

“爱因斯坦的散文深刻、优美，坚定了我这辈子研究物理的决心，我感觉到从简单的事实后面可以找到一个规律，现在、将来都不会变。”潘建伟说，“粒子间的相互纠缠，就是哪怕它们距离很远，但它们之间也会发生关系，会有‘剪不断、理还乱’的‘纠缠’产生，这是一个奇怪的物理现象，也是我们物理学家要探究的奥秘。我因为崇敬爱因斯坦，这辈子就和粒子纠缠这项研究工作‘纠缠’上了，越来越喜欢它，和它再也难以分开。也可以说，这样的‘纠缠’就是一种执著。”

1987～1995年，在中国科学技术大学获得物理学士和硕士学位后，潘建伟于1996年来到奥地利维也纳大学攻读博士学位，他的导师是量子力学的世界级大师塞林格。潘建伟如饥似渴，不断地从导师那里获取量子信息前沿领域的最新知识，同时，他敏锐地洞察到这一学科未来必有大的发展，因此及时追踪国际前沿，走出了自己的研究道路。

2003年，由于在量子态隐形传输以及量子纠缠态纯化实验实现上的重要贡献，潘建伟被奥地利科学院授予Erich Schmid奖。此奖为奥地利科学院授予40岁以下的青年物理学家的最高奖，两年一度，每次一人。

3. 建立世界水平的量子信息研究中心

从2001年开始，潘建伟就开始了在国内建设世界级研究中心的步伐，“我在奥地利攻读博士学位时，正是量子信息这门新兴科学开始蓬勃发展的年月。我很快了解到，这门科学可以带来极大的应用价值并具有重大的科学意义，势必会推动整个信息产业的技术革命。因此，我很快将目光投向了国内，迫不及待地希望祖国能很快跟上这个新兴科技领域的发展步伐，在信息技术领域抓住这次赶超发达国家并掌握主动权的机会。”

从1997年开始，潘建伟每年都利用假期回到中国科学技术大学讲学，为我国在量子信息领域的发展提出建议，并带动一批研究人员进入该领域。2001年，潘建伟入选“中国科学院引进国外杰出人才”，并获得了中国科学院知识创新工程重要方向性项目的支持，在中国科学技术大学组建了量子物理与量子信息实验室。

“这个实验室以一批年轻教师和学生为班底，朝气蓬勃。虽然研究工作几乎是从零开始，但因为在组建之初就得到了中国科学院和中国科学技术大学的大力支持，在以后的几年里又陆续得到了国家基金委和科技部等主管部门的大力支持，因此实验室的发展速度非常快。”

2004年，实验室进入中国科学技术大学合肥微尺度物质科学国家实验室，成为量子物理与量子信息研究部，不但科研环境得到了大大改善，一批优秀的年轻人才也在这里得到锻炼和培养，并迅速脱颖而出。关于量子的一项项最新成果在这里向世界公布：首次实现五光子纠缠和终端开放的隐形传态，首次实现六光子纠缠及复合系统量子隐形传态，首次实现突破大气厚度的远距离量子纠缠和量子密钥分发，率先实现绝对安全距离超过上百公里的诱骗态量子密钥分发，首次实现光子比特与原子比特间的隐形传态，首次实现具有存储和读出功能的量子中继器……

实验室自组建至今，已经在国际权威学术期刊 *Nature* 、《自然·物理》、《物理评论快报》发表论文共计40多篇。正如英国著名的科学新闻杂志《新科学家》以封面标题的形式对实验室进行专题报道那样：“中国科大——因而也是整个中国——已经牢牢地在量子计算的世界地图上占据了一席之地。”

“2009年初，我把我在海德堡大学的实验室整体搬回国内，还以中国科学院‘百人计划’等方式，将一批优秀的青年学术骨干引进来，使中国科大的研究力量更加壮大了。”潘建伟高兴地说，“前些年我向相关领导部门请示，为了发展我国的量子存储技术，我能否在国外留一段时间，得到了充分的理解和支持。这一点我很感谢中国科学院。德国的冷原子存储技术很好，但操纵和传输技术比不上我们，我们是优势互补。三年的合作研究，在量子信息存储研究方向上，我的团队已经有了相当的技术积累。比如说，2009年，我们首次将单次激发量子存储时间提高到1毫秒，提高了2个数量级。”

一方面要抓紧国内实验室的建设，另一方面又要在德国学习和发展冷原子存储技术，这种不得不“两头跑”的困顿生活，使得潘建伟患上了严重的神经性胃炎，一旦睡眠不好就会出现强烈的干呕症状，“这就像关在笼子里被人鞭打的感觉”。

2005年，潘建伟的胃炎症状减轻后，又开始受到哮喘的折磨。但最令他感到无奈的，并不是身体上的病痛。夜深人静之时，常常涌上心头的对家人的愧疚，这才是最折磨他的东西。

除了科学上的成就，潘建伟另外的“收获”，就是有了活泼健康的孩子。潘建伟即便工作再忙，他每天也总要抽出时间给家里打电话，对潘建伟来说，女儿“嘟嘟”也是他得意的“成果”，“她什么时候长牙，什么时候走路，都是我关心的”。

当然，就算是他在家人的身边，潘建伟也不能好好地休息放松，每天的“必修课”之一，就是给实验室打电话讨论工作。

“有次我工作了一整天，肚子已经非常饿，就去同事家蹭饭吃，但他家里只有由猪肉和牛肉制成的德国香肠 salami（萨拉米），第二天我给他带了些国内的乌龙茶，啃一口 salami，喝一口乌龙茶，感觉味道相当好。”潘建伟说，“在大部分的时间里，我的早餐基本上是豆浆油条，我妻子在网络上找出炸油条的配方，我负责煎炸，由妻子负责弄面饼。我常常要从菜市场带回家几十千克的菜，够两个星期吃的苦瓜、鲜笋等。我做饭就和做实验一样，先要准备好配方。”

现在，潘建伟偶然也会思念在德国海德堡的日子。在夏日的傍晚，他经常到田野里散步，发现山地里有野荠菜，他又像学生时代那样，一定要捡拾回来吃。潘建伟以自己特有的方式，获取心灵的自由与放松，“我希望自己能够稍微悠闲一些，但是现在力不从心，要做的事太多了”。

4. 一个划时代意义的秘密通话

“长江、长江，我是黄河。”“黄河、黄河，我是长江。”这样的保密通话，并不是谍报战中高潮起伏的紧张一幕，而是2009年8月初，中国科学技术大学在合肥市五个不同地点之间的秘密通话。除了通话者本身，世界上绝对没有其他人知道他们在电话里说了什么。

这个秘密电话无疑是划时代的。就在电话接通的一刹那，中国科学家也让“量子通信”揭开了神秘的面纱，第一次真正展现出它的实用价值。

借助现有的商业光纤网络，潘建伟带领由他的团队组建的可自由扩充的光量子电话网，用户间距达20公里，实现了“电话一拨即通、语音实时加密、安全牢不可破”的实时网络通话。

光量子电话网的核心部件，是他们独立研发的量子程控交换机和量子通信终端。此前接受《科学时报》采访时，潘建伟告诉记者，这种不怕窃听的量子通信，采用的是“一次一密”的加密方式，即便是目前最先进的技术手段也无法监听。为确保绝对安全，两人通话期间，密码机每时每刻都在产生密码，牢牢“锁”住语音信息；而一旦通话结束，这串密码就会立即失效，下一次通话绝不会重复使用。

此前，受量子密码理论的局限，国内外科学家只能在实验室里，反复使用同一组密码模拟量子通信，不具备应用的价值。2003 年，韩国、中国、加拿大等国学者提出了全新的量子密码理论方案，彻底解决了量子通信的安全距离受限问题。如今，潘建伟领导的研究团队继 13 公里自由空间量子纠缠分发、绝对安全距离大于 100 公里的量子保密通信之后，“光量子电话网”的横空问世，是实用化量子通信领域取得的又一国际领先的研究成果。

2009 年 4 月，由潘建伟领导取得的这项突破性的研究成果，发表在光学领域国际著名期刊《光学快递》上，立即被美国 *Science* 杂志以“量子电话”为题进行了报道。正如 *Science* 杂志在评论中所述：“有了这样的演示，量子隐私走进千家万户不会是很遥远的未来。”

此言不虚，这项技术将以密不透风的量子密码机为后盾，在可以预期的未来，使得发送电子邮件、收发传真等日常通信都变得绝对安全。同时，潘建伟小组在标准通用光纤的基础上完成的这些实验工作，所采用的器件大部分是经典光通信中已经发展成熟的器件，并且还自主成功研制了一系列关键器件，主要性能指标已经达到或超过国际同类产品。他们在量子通信实用化及其网络化核心技术方面的相继突破，表明我国实现量子通信技术产业化的时机已经到来。

5.“站在你们团队后面的是整个中国”

潘建伟向《科学时报》记者披露，下一步他们的宏伟目标，是通过卫星真正实现全球化量子通信。“首先要解决的是卫星的高速飞行问题，地面上也需要准确地接受信号，这就要有一个强大的联合团队，才能保障目标的早日实现。”

“好在我们已经组建了联合实验室，联合中国科学院成都光电所、微系统所、上海技术物理所等相关研究所，利用这些战略高技术的储备能够解决问题。这些战略高技术在国内都有长期的积累。”

潘建伟解释说：粒子纠缠至少需要两个光子，如何保证这两个纠缠光子分离上千公里之后，还能够继续相互纠缠呢？有两种可能，一是中间有个发射源，在卫星上。发射源同时发射两个光子，一个往北京，另一个往广州。但这种方案在技术上很复杂，要保证无损耗，还要对准。但有了量子存储技术后，损耗的要求可以大大放松，可以实现光子纠缠上千公里的遥远分发。

工作刚开始，潘建伟曾寻求国外的技术合作，但由于国外的技术封锁等原因，进展得很不顺利。后来潘建伟的团队就在网络上找，看谁在做卫星跟踪技术，一家一家地找，一家一家地谈，“众里寻他千百度；蓦然回首，那人却在灯火阑珊处”。

“后来我们发现了中国科学院的成都光机所，它们的信号跟踪技术已经做得很好。转动技术中国科学院上海技术物理所也做得很好，中国科学院小卫星中心拥有的信号存储技术，也完全能够满足我们的需求。我们经过接洽商谈，都感到很兴奋，它们做了这么久的技术储备，终于能够用于基础科学前沿了。”潘建伟喜不自禁地介绍。

空间大尺度的量子试验，是中国科学技术大学和中国科学院上海分院等单位共同联合、全力推进的项目，已经形成了一个很好的合作团队，现在团队每星期开一次协调会议，“过去我们在全世界转了一圈，现在才发现这些技术国内都有，我们完全可以将基础前沿科学和战略高技术结合在一起”。

潘建伟介绍了合作的来龙去脉：2008 年春天，他了解到成都光机所的跟踪瞄准技术做得很好，正想约该所的所长张雨东等谈谈。当时，潘建伟刚好在上海向中国科学院江绵恒副院长汇报工作，江绵恒副院长也向潘建伟介绍说，成都光机所的工作做得不错，应该过去看一看，潘建伟决定立刻就从上海飞往成都。

“在成都光机所大门口的一家饭店，他们午餐时请我们吃猪蹄汤，当时我的感觉非常好。我已经整整 20 年没有吃过这么好的猪蹄汤。”潘建伟笑言，“当然关键的还不在此，香味扑鼻的猪蹄汤只是个诱因。原来我们很担心量子传输的两个问题，由于大气抖动会损害光斑，他们说这个问题所里早就已经解决了。大气抖动是毫秒量级，只要在大气抖动之前他们就作了反馈。光斑发射后会出现衍射极限，他们的方法可以把光斑减小，这样传输效率可以大大提高。”

“经过认真的商谈，彼此的收获都非常大，都看到了中国科学院发挥综合优势的巨大作用。”潘建伟倾吐肺腑之言，“当晚他们又请我在饭店里吃猪耳朵。我真切地对他们说：‘你们高超的光电技术，和美味的猪蹄汤、猪耳朵属于同一水平’。”

“未来 20 年内量子通信会大规模运用，现在美国、欧盟、日本都非常重视这一前沿科学领域。在原创性研究领域，哪怕做到第二都是失败！我们输不起，中国也不能输。”潘建伟对《科学时报》记者强调。

2009 年春天，在江绵恒副院长的办公室里，江副院长对潘建伟说：“你是首席科学家，你应该记住，站在你们团队后面的是整个中国，支持你们团队的也是整个中国。”

这的确是潘建伟奋斗不止的动力源泉。

颜永红：内心识别的“中国语音”

颜永红，1990年毕业于清华大学，1995年获得美国俄勒冈研究院博士学位，后在该校任教，曾担任OGI口语研究中心的副主任、英特尔微处理器实验室的主任工程师和人机界面总框架师，英特尔中国研究中心的主任和首席研究员，英特尔全球人机界面学术委员会主席。2002年入选中国科学院“百人计划”，任中国科学院声学研究所研究员、博士生导师，中科信利语音实验室主任和所长助理。长期从事人机界面研究工作，目前从事的研究领域有大词表非特定人连续语音识别、多模口语系统、嵌入式系统、多媒体数据检索、系统自适应和快速搜索算法。

从颜永红2002年回国，来到中国科学院声学研究所，创建中科信利实验室开始算起，在短短的八年时间里，他领导的这个年轻的团队，获得的成果可谓硕果累累：获得授权发明专利20项；软件著作权登记40项；有30余项发明专利正在审查中；在国内外各种学术会议和刊物上，已经发表了200多篇高质量的学术文章。

“我们要让中国的语音识别技术更上一层楼，搞好高技术成果的转移与转化，达到最终实现产业化、商品化的根本目的，就不能不重视源头的科技创新，拥有真正属于中国自己的知识产权。”颜永红对《科学时报》记者说。

中科信利实验室众望所归，已然在国际舞台上发出了响亮的“声音”，若要追根溯源加以考量，首先是在其领头人颜永红的内心深处，能够正确地识别出“中国语音”。

1. 集体“跳槽”带来舆论风暴

当年颜永红回到中国之举，曾在业内引起一阵不小的“舆论风暴”。

2002年11月下旬，国内众多媒体曝出了这样一条新闻：曾任英特尔中国研究中心主任、首席研究员的颜永红，和曾是他麾下的六位科研人员，先后集体“跳槽”，来到中国科学院声学研究所，组建了平均年龄只有30岁的科研团队——中科信利语音实验室。

因为英特尔是全球如雷贯耳的跨国大公司，更因为从英特尔先后“跳槽”的，不仅是颜永红一个人，而是曾跟随过他的一个团队，其带来的新闻轰动效应自然不言而喻——著名跨国大公司从中国科研机构或国有企业“挖人”，国民已经见惯不惊，但这一次却是个完全的反例。

颜永红2001年4月离开英特尔中国研究中心，到美国俄勒冈研究院工作了一段时间，2002年1月正式受聘于中国科学院声学研究所。

促成颜永红回国的，有一位关键性的人物，他就是声学研究所所长田静。

颜永红在投奔声学研究所之前，与田静所长从未谋面。最初的一次“接触”，是2001年11月，田静给在美国俄勒冈的颜永红发了封电子邮件，作了自我介绍，并希望他能来声学研究所工作。

此时，原来在颜永红麾下的刘建博士，正准备离开英特尔中国研究中心，到声学研究所工作，他事先已与颜永红打了招呼，并谈了一些共同创业的想法，所以颜永红对此倒也不觉得太突然。田静在电子邮件里和颜永红相约通个电话，“在一小时的电话里，我们基本上达成了共识：一定要有团结协作的团队精神，要有民主宽松的科研环境。”颜永红如此回忆。

颜永红和田静的初次见面，是他从美国回到北京，那是一个周末的雪天的晚上。“未曾料想的是我下了飞机之后，田静竟举着一个写有我名字的接站牌接我。田静到机场接我让我深受感动，我俩均有相见恨晚的感觉。”颜永红说：“如何加盟声学研究所？如何创办中科信利实验室？我们的商谈几乎没有太多周折，几个小时就谈成了。”

虽然颜永红等加盟声学研究所，收入只有在英特尔公司的1/10，但中国科学院和声学研究所已尽可能为他们提供了优厚的条件。中国科学院《关于引进杰出人才的管理办法》规定，只要是杰出人才，在聘期内可获得200万元一次性专项经费资助，同时享受杰出人才岗位津贴，而且聘期内的研究成果在产业化后，还将按国家规定取得相应的产权收益。

“就工资收入而言，自然无法与在英特尔这样的国外跨国大公司相比，但我们可以说，中国科学院和声学研究所已有足够优越的条件吸引我们来这里工作。我们团队的每个人，都会拥有产品开发成功在市场获得效益后的股份，即便是在两年之后，声学研究所停止对实验室筹建之初所提供的必要资金资助，我们相信依靠自己研究工作转化为市场产品，也能获得自身的进一步发展。”颜永红和他所领导的团队成员充满了自信。

“从大里说，我是受中国科学院建立国家知识创新体系的精神感召；从细里说，我是受田静所长为人、做事的精神感召。”颜永红当时对记者说的这一段话，后来受到国内许多媒体的广为援引。

2. 走进语音搜索新时代

集体“跳槽”带来的这股舆论风暴，连颜永红自己也始料未及。其时，颜永红加盟声学所已经10个月，一直在默默地低调做事，只是在2002年11月21日，声学研究所中科信利语音实验室搞了“实验室开放日”，向外界展示了近一年所取得的一些技术成果，完全是在不经意间，他们集体“跳槽”这一举动才为新闻界所披露。

此后，每年一次的“实验室开放日”，也成了中科信利语音实验室的惯例，沿袭并坚持了下来。“我们有必要让公众了解科学，真正理解科学。”颜永红说。

哼唱一段旋律，就能查到与之对应的歌曲；输入一个关键词，就能从一堆音频资料里查到想要的一段话。摆弄着实验室的语音软件，董滨博士对《科学时报》记者说：“这是哼唱检索系统，我们正在和卡拉OK集成商谈这个项目，如果一切都顺利的话，明年春天就可以形成产品，推向市场。”

颜永红强调“眼见为实，耳听为真”，其团队的董滨博士接待《科学时报》记者时，演示了实验室在语音识别方面的一些应用产品。

一个单位，两块牌子。颜永红的名片上印着两家单位的名称：中科信利有限公司和中国科学院声学研究所语音实验室。

颜永红是这个团队的“头”——他既是中科信利公司的董事长，同时兼任语音实验室的主任。声学研究所前任所长田静无不推崇地说，这种两个牌子同一核心团队的模式，应该成为中国科学院高科技产业化的“试点”。

“在国内，真正能够将语音识别产品拿出来，放在国家电信网上使用的，目前只有我们这一家。”颜永红表示。

中科信利有限公司早在2005年，就通过三家增值服务商，将语音技术应用于中国电信、中国网通、中国移动等20个省（直辖市、自治区）的语音呼叫服务上。

在传统的模式下，若打单位里的电话，总是要先转到总机，然后再接转目的地。现在应用了语音识别技术，只要说出接听个人的名字，机器就直接转到相应人的分机上。

手机用户突然听到一首歌曲，旋律很优美，人们如果想马上找到这首歌曲，就可以用手机拨号到服务器上，对着话筒哼出这段旋律，服务台就会告诉歌曲的名字和歌手的名称。这是中科信利已经推出的、基于分布式集群架构的语音处理平台TSE。

一台普通的服务器可以同时支持90线并发应用，识别准确率达到95%以上。TSE现有的主要功能模块包括语音识别、歌词检索、旋律识别、语音搜索，以及特定网站的语音搜索。

“在数年之内的不久的将来，互联网将成为一个浩大的音视频档案库。”颜永红指了一下他桌子上的聊天摄像头。

在浩繁的音视频数据库中，要查找出所需的音视频片断，已经成为困扰互联网搜索的难题——目前的技术主要是搜索音视频的关键词，如音视频的名字或作者，并没有办法搜索音视频内容。而通过语音识别技术，可以把多媒体文件变成可识别的计算机语言，从而有效、快速地实现准确搜索。

“对下一代搜索引擎来说，语音识别技术是关键。”颜永红说。

针对目前的简单应用，语音识别技术已不存在什么问题。比如，中科信利的中文电视广播新闻节目识别系统，就已经被英国Autonomy公司采用，并作为其提供给全国各电视台的数字媒体管理系统中一个核心技术模块。

这个功能强大的中文电视广播新闻节目识别系统，立刻引起了《科学时报》记者的强烈兴趣——当系统“收听”到一段普通的“新闻联播”节目时，系统将自动将节目内容生成文字，并且识别准确率接近百分之百。

“这种技术一旦成熟，我们就不用现场录音，然后回去再整理，一个字、一个字地敲下来了，直接就能变成文字版了！”记者顿时兴致勃勃。

在人机交互中，计算机要真正理解人们那些并不标准的语音，尚有一定的难度。人的语音南腔北调，计算机往往不能准确辨识。“我们还有较长的路途要走。”颜永红笑着说，“但请大家尽管放心，它总有一天会在我们的手中实现。”

说以上这话时，颜永红底气十足。

3. 我们没有在这方面露怯

语音实验室承担着国家科研任务，中科信利有限公司进一步开发出售语音技术产品，这两个牌子的作用互为配合、相得益彰。颜永红介绍说："实用技术的推广应用，不是所有实验室的人员都能够胜任的事情。在科技创新的整个链条上，我们分为概念产生、原理研究、原理性样机研制、产品化、市场推广，总共为五个阶段。语音实验室基本承担前三段，后两段则由中科信利公司完成。"

颜永红介绍说：他们"十一五"期间定下的策略，首先是发展实验室，由公司支持实验室，到"十二五"期间，将大力发展公司。语音实验室发展到今天，下一步需要积极探索的，是通过发展公司带来更多的机会，打破实验室发展的瓶颈。

颜永红讲了这么一个故事：2004 年，英特尔公司推出一款儿童双模计算机，中科信利公司和美国的 ex 语言培训公司合作，在这计算机里装上一款教中国儿童学习英语的软件，竞标时中国只有中科信利这一家公司，"技术上我们是完全通过的，但在报价时，我们比美国的一家公司高报出了 5 美分。有位外国人质问我：'你们凭什么就要高出 5 美分？'我理直气壮地回答：'我们就是要证明，中国人做出来的产品不仅在技术上过硬，同时价格也不能太便宜！'"

董滨补充介绍说：过去香港人学习普通话，一共只有五位有资格的评测员，1997 年香港回归之后，香港人学习普通话的需求大增，仅靠专家评估资源实在有限，五位评测专家如杯水车薪。中科信利公司和香港理工大学合作，教香港人学习普通话，发音评估就是使用中科信利公司提供的软件，语音实验室现在有两个新的学科应用方向：教英语和教汉语。

"如果中国人教汉语也要使用美国人的技术，我们这些做语音识别的人将无地自容，实在是对谁都说不过去。"颜永红说："我们已经以自己的实力已经证明，我们没有在这方面露怯，也大可不必为之汗颜。"

由颜永红带领的团队，在语音识别方面取得的佳绩连连：

2009 年 9 月，在中文信息学会句法评测（CIPS-ParsEval-2009）中，中科信利 HNC 语言处理团队获得汉语事件描述单元识别第一名、汉语功能模块分析第二名的佳绩。该次评测有来自美国、欧洲、中国内地、中国香港地区和台湾地区的共 24 支队伍参加。

2009 年 11 月，在由美国伊利诺伊大学主办的国际音乐信息检索评测比赛中（Music Information Retrieval Evaluation Exchange 2009），中科信利实验室的音乐小组在比赛中获得了三个单项第一和一个单项第二的好成绩。这次比赛有来自美国、欧洲、亚洲共十几只队伍参加了评测。据介绍，这一国际音乐信息检索评测比赛，是目前国际上参与最为广泛的音乐检索领域的评测比赛，比赛每年举办一次，每年都会增加一些新的比赛项目，以适应音乐检索领域的发展和变化。

“少数民族地区的汉语师资力量很缺乏，我们近几年来还开发出多款语音软件，教会少数民族学习汉语。”颜永红强调说：“特别是教会新疆和西藏的少数民族兄弟学习汉语，这对于民族团结和国家安全具有长远的意义。如果将能够听懂他们说的语言看做是治标，那么教会他们懂得汉语，促进各民族之间的文化融合，可能才称得上是治本之道。新疆过去始终没有这方面的好项目，我和新疆科技厅的厅长张小雷，新疆理化所的任迪远、李晓和蒋同海等所领导谈了几次，已经在新疆搞成了两个语音软件项目。”

颜永红自诩自己现在差不多已成了一位新疆人，“有次我甚至在同一天从北京到乌鲁木齐赶一个来回，乘早上最早的一个班机到乌鲁木齐，搭晚上最晚的一个班机回到北京，以赶上第二天在北京的另一个会议”。

好在颜永红不怕长途飞行的时差，“我回美国基本上也不用倒时差，上班时间能跟中国同步。从前在英特尔工作的时候在中美两国之间我一年大约会飞十个来回，一年中的一半处在倒时差的状态，现在我都累积绕地球飞了 40 多圈了。人都是被逼出来的，刚开始很不适应时差，后来就慢慢地习惯了。”颜永红笑着说，“早年我在英特尔工作时，就常常在太平洋两岸之间飞来飞去，总结出了怎么倒时差的经验，最重要的一条就是：头天晚上一定要吃饱饭！”

4. 人生中最值得回忆的精彩

总结已经走过的八年路程，颜永红说，自己人生中最值得回忆的精彩，还是回到中国工作的这八年，“其中我最明显的感觉就是：在国内也能够做大事”。

颜永红所指的大事，就是发展中国自己的语音技术，成立国内第一的语音实验室，创办世界一流的高科技企业。

颜永红不负众望，回国三年之后，在中国科学院 2002 年度“百人计划”入选者终期评估中，就曾一举获得优秀并排名第一。

八年里，颜永红团队又从国外吸引回一批年轻骨干，如张建平博士、付强博士、徐卫群博士、应冬文博士、李军锋博士、周若华博士等，他们选择了与颜永红相同的道路，回国，做一名快乐创业的“海归”。

付强还在美国做博士后期间就和颜永红认识，“当时我就已经知道他的名望，如果他选择继续留在美国，无论在学术还是在名利上，都能够取得很好的成就，但他还是选择了回国干一番大事业”。

颜永红的风范和表率直接影响了付强的回归之路，“老颜回国后，从 2003

年就开始跟我谈，他说的话很坦率，声学所作语音分析处理这个领域的项目，很需要像我这样的人回来，我当时就问了他一句话：‘国内做事情的环境如何?’他说：‘行，不错，你完全可以回来!’我就相信了他的话。那时我手头的项目没有完，不可能马上走人，2004年5月尘埃落定，我就下决心正式回国了”。

“老颜这里的工作环境和文化氛围，都很适合我回国做事情的想法，至于收入等问题对我并非特别重要，而且我回国工作也没联系过其他的地方，不知道其他的地方待遇如何。”付强说，“我做芯片设计的夫人与我一起回国后，选择了到一家企业工作。我的夫人原来也认识老颜，知道老颜的品行和为人，她也很理解和支持我。”

八年过去，语音实验室已是兵强马壮。不但构建了从基础研究到核心技术到平台建设，而且这三个层次的构架已向纵深发展。其中，张建平博士领衔人类听觉感知基础研究，付强博士主攻音频信号处理，赵庆卫博士面向特种语音和搜索研究，等等。如果把语音技术领域比作一盘围棋，颜永红早已运筹帷幄、成竹在胸。

颜永红在八年里也经历了一些艰难的时光，“特别是在刚回国的那些日子，用户单位不清楚、经费渠道不清楚、同行既不了解也不认可，但我知道必须咬牙走下去，这是很多‘海归’都要走过的路”。

语音实验室在“十一五”期间，通过竞争和合作，已经发展成为国内语言声学领域学科最全、规模最大的研究机构。“我们的实验室已经具有较大规模，高级职称就有20人，有人称我们在国内是‘巨无霸’，在国外也比较罕见。但这并非是仅仅靠国家经费支撑，更重要靠团队成员的共同奋斗。”颜永红说。

5. 现在的角色是要当一位好教练

来中科信利实验室的学生，对颜永红几乎都是慕名已久。在圈内人“聚集”的论坛上，你常常能发现这样的对话。

问曰：“声学所的颜老师怎么样？听说他极其敬业。”

回帖曰：“他每年只休息两天，那是在元旦和春节。”

颜永红刚刚回国工作时，从所长田静那里要来一辆老式的自行车，把它当做了可代步上班的坐骑。早上不论多早，晚上不论多晚，人们都能在语音实验室的大楼里看见他忙碌的身影。颜永红是出了名的工作狂，若是要和他比勤快，即便颜永红认了第二，实验室里基本上也没人敢称第一。

董滨是颜永红培养的第二位学生，他在进入实验室之前，早就耳闻颜永红“一年休息两天”之说，“我来了之后才发现，原来颜老师每年只休息一天，就是春节!”董滨说这是他以前完全没有想到的。

另一位学生吴晓，是位轻易都不服输的人。他刚进入实验室读研究生的时候，暗暗地下了决心，起码要在起早摸黑上与颜永红老师一比高低。吴晓每天都是天刚放亮就起床，晚上 12 点还不从实验室回家。但过了两个月之后他才发现，自己即便在这一点上，也永远不可能超过颜永红老师，“只要是颜老师在北京，实验室无论开门、关门，基本上那都是被他包下来的事情”。

“老颜”这个称呼，颜永红已经“受用”了十几年，从他 31 岁创建英特尔中国研究中心开始，“那时很多人的岁数都比我大，但都管我叫‘老颜’，就这样一直叫了十几年。时间过得很快，现在有些我指导过的学生，也会顺着人家的嘴叫我‘老颜’”。

董滨博士在毕业之后，去了国内一家著名的外企工作，但还不到一年，他就被颜永红的一个电话给叫回来了。董滨记得那一天天还很早，他还没起床，就接到了颜永红的电话，“我们都知道，颜老师是一位随着太阳升起而开工的人，早晨六七点就会接到他的电话也很正常，他在电话里没有对我说太多的什么，只是希望我回到声学所工作。”

就在电话的两个月之后，外企的财年结束之时，董滨选择了回到声学所。他的理由也很简单，“一方面我跟了颜老师三年，知道他确实是一位做实事的人；另一方面，科学院这个地方也是做实事的地方”。

的确，在董滨接到颜永红的那个电话里，根本就没有谈及待遇问题，“能够提供高薪的地方或许有很多，但能够提供给我足够大的平台，却只有这一个地方。”董滨说，“人往往都会有自己的追求，但所追求的东西不一样。”

“我觉得自己这个研究室主任当得还行，我想办法给来工作的人要到了房子。这几年我培养的 9 位博士生中，有 4 位拿到了中国科学院的院长奖励，1 位是院优秀毕业生，两位是‘微软学者’。”颜永红说。

“我算是国内作语音识别的还没有退休的人中资格最老的一批了，24 年来都没改过行，一条路走到了今天。现在我培养出来的一些学生，都能独当一面地挑起大梁了。”颜永红言谈中感到了由衷的欣慰，“所以，我现在经常跟学生说：你们在年轻的时候多干点活、多学点本领是应该的，在所有奥运会举重金牌得主的后面，都会有一位负责任的教练，但如果都要教练自己将杠铃举起来的话，那还要举重运动员干什么？”

“如果我培养出来的学生能超越我自己，我会更加有自豪感。现在的实验室条件比我们年轻时好多了，当初我所用的第一台计算机，只有可怜巴巴的 20 兆硬盘，现在大家工作学习所用的计算机，仅仅内存起码都是好几个 G，那些以前连想象都不敢想象的事情，在今天都能得以实现。”颜永红追昔抚今，发出了肺腑之声：“我们当老师的责任，就是要把资质与自己差不多的学生，培养成比自己强得多的人；把资质虽然比自己差一些的学生，培养成起码能力与自己差不多的人。我现在的角色是要当一位好教练。”

6. “世界上最好的爸爸”

颜永红用寥寥一段话，简约地概括了自己的人生：“我在无锡出生，两个姐姐，一个哥哥，待了十年，随父母迁往常州；考取清华大学，毕业两年之后去了美国；2002 年到了中国科学院，2004 年彻底辞去美国的工作回国。”

颜永红从小就是品学兼优的好学生。父亲是位军医，母亲是位工人，现在父亲已八十高龄，二老身体康健。《科学时报》记者采访见到颜永红的那一天，他刚把来北京探亲的父母送到机场返乡。

“父亲很喜欢看书，父母的道德品行对我影响很大。”颜永红讲述起父母时充满了感恩之情，“我一直到现在，也还保留着睡觉之前要看些书的习惯，如果不是看专业书籍，就是看人物的传记，我还算得上是一位军事类书籍的发烧友。”

的确，一些接触颜永红的人，也能感受到他雷厉风行的军人风格。

为人子，颜永红传承美德，恪守孝道；为人父，颜永红自己却多少觉得有点愧疚。

语音实验室和中科信利有限公司，从成立到今天已经八岁。她俩就像是颜永红的一对双胞胎孩子，从出生到成长，乃至于今天的风姿绰约，都是他在牵肠挂肚地一手拉扯。

八年中，他几乎把所有的心思和精力，都放在了这个“特殊的孩子”身上，对自己的两个女儿，今年才 14 岁和 12 岁的 Alice 和 Brenda，他却没有很好地尽到一个称职的父亲责任。

颜永红的妻子和两个宝贝女儿，至今还生活在美国。她们之所以迟迟难以回国与颜永红团聚，究其原因也很现实，“孩子从小就不认识汉字，如果要让她们在北京上国际学校，学费比她们在美国连上学带生活的费用都要高出很多，像我这样的家庭也很难负担得起。好在她们随遇而安，也慢慢习惯了我不在家里的生活”。

颜永红这八年来养成了一种习惯，那就是一大早起来就上网和家人聊天。北京时间的早上 7 点，刚好是美国波特兰下午三点钟，女儿们放学回家的时候，每逢这时颜永红都要打开计算机，和女儿、妻子视频聊天，聊完之后才开始工作。

颜永红最期待的是每年的暑假，妻子、儿女们回国与他团聚。2008 年的夏天，他带着女儿 Alice 和 Brenda 去了趟中国大西北，看了敦煌石窟和新疆大漠。但这么多年来，他始终没有带女儿参观过一次他的实验室，“我不太希望女儿步我的后尘，长大也做我现在做的这些事情。”颜永红说，“我这一路走过来甘苦自知。做计算机和语音科研，往往需要刻苦辛劳十几年，才能登到一定高度的山峰，但稍不努力转瞬之间就会过时。”

2008年父亲节，颜永红收到一份最珍贵的礼物——那是女儿给他买的一个奖杯，上面写着“世界上最好的爸爸”——比起他那些大大小小、各式各样的奖杯和奖状，颜永红打心眼里认为，这已经是一份最为厚重的奖励了。

魏立新：一位汉族科学家的藏药人生

魏立新，博士，研究员，藏药研究专家。1967 年 10 月出生于山西盂县，1991 年毕业于北京农业大学，2001 年获中国科学院研究生院理学博士学位。1991 年至今在中国科学院西北高原生物研究所工作，现任中国科学院藏药现代化研究中心副主任，第九届国家药典委员会委员，中国民族医药协会常务理事，中国药学会高级会员，中国药理学会高级会员，中国科学院兰州分院和青海省青联委员。2004 年以来主持国家及省部级重点研究项目 12 项。作为项目首席科学家主持科技部“十一五”国家科技支撑计划重点项目“民族医药发展关键技术示范研究”，先后主持了“藏药佐太、寒水石特色炮制技术及其安全性评价研究”、“藏药桑蒂苷胶囊新药研究”、“藏药印度獐牙菜引种栽培”、“民族医药科学方法研究”等项目。

1. 10 月 21 日他为研究藏药而生

“我是 1967 年 10 月 21 日出生，收罗世界上 10 月 21 日诞生的人和发生的事件，让我佩服的有三个。第一个是 1833 年 10 月 21 日出生的诺贝尔，他说，我每天都至少有一个想法，一年至少有 365 个想法，当然这些想法绝大部分都失败了，但一年当中只要有几个想法是成功的，我的一年就是很成功的。他让我明白了创新的快乐与挑战的意义。一开始我决定从事藏药研究时，我的导师就曾告诉过我，统一藏药标准几乎是件不可能的事情，但我看到其对藏医药发展的重要意义与创新的机会时，我决定迎难而上。第二个是 1879 年 10 月 21 日，这是托马斯·爱迪生发明电灯的纪念日。爱迪生热爱创新发明，而且是位工作狂。第三个是 1328 年 10 月 21 日出生的明朝开国皇帝朱元璋。人言他虽然不读四书五经，却通四书五经，他在汉族文化与中国建筑风格传播上的贡献，至今仍令人敬仰。”

“我这辈子也许就是为研究藏药而生的吧。”说这句话的人，叫魏立新。

一米八六的大个子，身着棕色的皮夹克，戴一副金丝边眼镜，温文尔雅，中国科学院西北高原生物研究所藏药现代化研究中心研究员，长时间在青藏高原从事藏药研究。

2009 年初，参加完“十一五”“民族医药发展关键技术示范研究”研讨会，魏立新接受了《科学时报》记者的采访，他虽然风尘仆仆却难抑兴奋之情。这一我国民族医药首个单独立项的项目，国家投入 3000 万元，尽管数额并不算很大，但“民族医药”首次作为国家科技支撑计划单独提出，在中国科技史和民族医药史上，都是值得记录的一笔。

之所以值得记录，不仅仅因为它涉及相对比较成熟的藏族、蒙古族、维吾尔族、傣族、壮族、朝鲜族、苗族、彝族、土家族、回族、瑶族、羌族等 12 个民族医药，以及尚未挖掘整理的哈尼族、布朗族、德昂族、傈僳族、怒族、阿昌族等 10 个需要抢救性继承的民族医药，还在于数千年来，我们始终没有形成对民族医药安全性、有效性和可控性的有效评估和支撑，而对这些问题的争论不休，也成为今天限制民族医药发展的瓶颈。

魏立新是这个项目的首席科学家。他的研究领域，专注于和中医药有着同样古老与神秘传统的藏医药。

魏立新本身是汉族，但他却有个宏大的理想，那就是希望自己为之奉献终身的藏医药研究能够造福于中国乃至世界人民的健康事业。

10 月 21 日出生的优秀代表人物，确实当属诺贝尔无疑。若按运命星座的解释，这一天出生的人，往往“聪明，具有雄心大志，喜欢向外扩张和发展；口才极佳，人际关系很好；有迷人的外表和个性，容易受人嫉妒。优点是乐观、开朗，事业心重，能力很强，专业成就高。缺点是喜好批评和争论，自视甚高，容易招忌。”将其套用在魏立新的身上，或许这些评价也能成立。

2. 回答“佐太”炼成1000多年后的问题

“佐太”是藏语音译，“佐”是炼制，“太”指灰粉，“佐太”炮制实际上就是藏药中的炼丹术。这是历代名藏医对剧毒液体水银通过特殊炮制加工方法技术减毒后制成的半成品药品，不但基本消除了水银的剧毒，且具有神奇疗效，被尊为藏药中的至宝。

“佐太”之所以神秘，就在于其能够将有毒的汞，通过与另外的八种金属、八种矿物以及其他几十种原辅料进行复杂配伍、炼制、反应后，变成无毒的药。这种神秘的藏药已经被雪域子民使用了1000多年，但现代人们对“佐太”重金属的内服却存有争议：究竟“佐太”的重金属元素成分是不是的确没有毒副作用？“佐太”临床使用剂量对人体有毒还是无毒？主要的蓄积靶器官是什么？毒效关系如何？

“佐太”炼成1000多年后，以上存在的这些尖锐的问题，将由一位汉族科学家来解答。“许多人都说藏药有毒，但是藏民族的经验却证明藏药并没有显示有毒。”魏立新说，“自己的信仰和成功治疗疾病的经验被世人怀疑，这是藏族同胞最难以接受的事情。”

为了回答这个难题，明辨是非，如果将魏立新查阅过的文献堆垒起来，它们甚至比他的身高还高。迄今为止，他也没有找到确凿的证据，证明以硫化汞为主要成分的“佐太”对人体健康是有害的。魏立新告诉记者：“在那么多文献中，只有几篇记述了朱砂（天然硫化汞）对小鼠大脑可能有影响。没有科学数据证明‘佐太’有毒。”

为验证“佐太”的安全性，需要从传统炮制工艺的辅料规范、炮制技术、质量控制和安全评价等方面入手，这就意味着需要彻底弄清整个炮制工艺的化学过程。而这种丹药的神秘炼制工艺非常复杂、严谨，在中国五大藏区里，掌握“佐太”炮制技术的老藏医仅有十几人。其整个工艺的基本操作，尽管历史流传下来的书中都有一些记载，但那些最为关键性的技术，只能通过历代的藏医直传、单传。“佐太”工艺与藏传佛教分不开，在整个炼制过程中，都要念诵药师佛的经文、驱邪等，这些宗教上的仪式被称为“加持”。因此，千百年来，藏医术并不轻易传给外族，更不用说藏医药中的至宝“佐太”的炮制技术了。

藏族传统中的“佐太”，炼制时要在房间里拉上黑幕布，其炼制的秘诀上记载着，丹药以红色最好，但过去炼制出的丹药基本上都是黑色的。魏立新在详细研究了其化学反应过程之后认为，“在炮制时要拉上窗帘，不仅仅是因为其炼制过程秘而不宣，要避人耳目，其关键之处在于光线的强弱对佐太的最后合成步骤影响很大。”魏立新介绍。

由于历史形成的原因，各地区藏药“佐太”的炮制各自为战，工艺混乱，缺乏质量控制，难以实现安全保障。这一次在“民族医药发展关键技术示范研究”这个大项目中，魏立新首次组织起了西藏、青海、四川、甘肃等地的藏医院及藏医药研究机构，以及清华大学、中国科学技术大学等著名高校对藏药“佐太”的特色传统炮制工艺、质量控制及安全性评价等开展了深入的科学研究。“这是整个项目中的重中之重，也是全国人大副委员长桑国卫院士要求我们重点解决的藏药最急需解决的问题。”魏立新说。

3. 在门口等候几个小时是常事

藏医药领袖人物、西藏藏医学院院长尼玛次仁，非常反感有些人打着研究藏药的旗号，却在毁坏藏药的现在的形象与未来的前途。现在，他已经成为魏立新研究藏药的最强力的支持者。

“‘佐太’是藏药中的绝密技艺，尼玛院长不仅亲自带着我参观了‘佐太’炮制工艺的现场，我临离开的时候，他们还把佐太炮制工艺的藏文复印给我；金子银子做出来的成品和半成品，我都可以拿走用于实验，这是之前无法想象的事情。”魏立新说。

刚开始打交道的时候，魏立新曾几度登门拜访，尼玛院长根本就不见他。与其他许多藏医大师打交道，魏立新基本上每次都会先吃上几回这样的闭门羹，但最后他总是能够成为这些大师们的座上宾。

对魏立新的这等能耐记者感到好奇，他本人的解释是：“我就是有追求‘真经’的耐性，古有程门立雪，跑一次不见，两次不见，我就跑三次、四次，直到他见到我为止。”魏立新的诚意和执著，终于敲开了尼玛次仁院长的这扇门。

魏立新还有一位忘年交，那是四川若尔盖藏医院年近八旬的著名藏医旦科先生。他对这位老藏医仰慕已久，对第一次见到旦科先生的情景记忆犹新，“那是在 2002 年在参加成都中医药国际会议时，那时我还没有正式开始‘佐太’的研究，我跟他探讨了我想研究‘佐太’的想法，他就两个字——支持。他给了我很大的信心”。

“为了表示对旦科老师的尊重，每次我去看他，都会给他送上活佛衣服和一些小礼品，但他只收下一条哈达，而每次我离开时，他反而要给我带上几大袋子的东西。旦科老师说他不是活佛，他只是喜欢给病人看病。他看病的时候门口总是要排上很长很长的队，我绝对不会插队进去打扰他，在他家门口等候几个小时是常事。”魏立新笑道，“这对想追求‘真经’的我来说，也是一种修炼。”

许多藏医大师由于文化隔阂，往往会有先入为主的观点：若是汉人搞藏药就有可能被搞坏。魏立新在他们眼里却是一个例外——这个汉族人做藏药不是为了赚钱牟利，而是实实在在希望解开藏药至宝之谜，让藏医药为世界服务。理解和信任，诚意和执著，魏立新跨越了这道多年来没有人能轻易跨过的鸿沟，创造了一个奇迹。

4. 从冷冻离心机转子擦两圈半开始

中国农业大学（原北京农业大学）毕业的魏立新，本科学的是微生物药物。1987 年夏天，魏立新接到高考成绩单时，他想填的第一志愿是清华建筑系，但当了一辈子建筑工人的父亲对他说了一句话："我都已经砌了一辈子的砖，你就不要再搞什么建筑了。"

魏立新把第一志愿填成了北京农业大学生命学院微生物专业，"直到今天，我都不后悔自己当年的选择，因为我接受了世界一流的科研教育"。

由于家境并不宽裕，魏立新很早就进了实验室做兼职，大学快毕业时，在存下不少钱的同时，他也学到了很多东西。那时候本科生不允许进入实验室，还在读大一时，魏立新就成天磨着高年级的师兄师姐，想跟他们一起做实验，"我对实验室的渴望难以抑制"。凭借执著和耐性，魏立新想方设法终于获得了进实验室的许可。

刚进实验室不久，魏立新就发现，每天早晨都有一位五六十岁的老先生，一身实验工的打扮，拿着毛巾仔细擦拭高速冷冻离心机的转子，动作仔细而优雅，每次都是精确地擦上两圈半。有一天，这位"实验工"把擦拭的毛巾递给了魏立新，魏立新模仿他的样子，仔仔细细地擦了起来，每次也都是擦拭两圈半。"当时，我看到他的嘴角微微露出了笑容。不久后我才知道，这位就是系里大名鼎鼎的院士。也是到了后来我才发现，原来能够在实验室里擦拭离心机，本身就是个很重大的荣誉。"魏立新回忆起师从这位院士进入科学实验大门的经历，觉得无比幸运，"我在本科生学习阶段，就受到了当时微生物界几位院士的直接指导，他们给予了我最严谨的专业训练与宽阔的人生视野"。

1991 年魏立新进入中国科学院西北高原生物研究所工作。后来，魏立新曾在德国马普学会生态化学研究所做了三个月的访问学者。三个月里，他花了一个半月游历欧洲。刚开始，德国导师对他有意见，但他固执地认为：游历欧洲各国，拓展了人生的阅历与眼界，这也许才是真正的收获啊。

魏立新在马普实验室的主要工作，是把某种特殊药物基因转入链霉菌中，培养转基因药物。这是该实验室一个长期以来解决不了的"烂题"，之前有许多人尝试过，但都没有成功。魏立新对付这块硬骨头的方法，依旧是他的执著与细致。

刚开始时，他拿着一个本子跟着其他人做实验，他做的笔记细致到对别人摇晃试管的动作幅度大小和频率均有详尽的描述。他一共观察了四五个人的实验操作，仔细比对他们的试验过程和结果，后来发现，实验的结果的确与摇晃试管的动作幅度和频率有很大的关系。魏立新创造了自己的方法，他把试管放在震动机上，10 秒钟震动之后，他做的 10 个培养皿中有 7 个生长出了转基因成功的链霉菌。

德国导师知道后很高兴，他怎么也没想到，这个之前看起来那么不务正业的学生，怎么能在短短的一个半月内做到他们做了很多年都没有达到的效果。导师问："为什么你大部分时间去玩，基本都不在实验室里，还能完成这项很多人完成不了的事情?"魏立新的回答是："我去游历欧洲，是为了开阔眼界，增长见识，放大人生的格局；做实验的体会吗，则在于能比细致的人还要细致，比勇敢的人更要勇敢。"

5. "塞隆骨"改写了虎骨 2000 多年的入药史

1990 年 6 月，高原鼢鼠骨骼（塞隆骨）被卫生部批准，列为新中国成立以来第一个国家一类动物新药材，但其质量标准却一直未予颁布。1993 年魏立新开始跟随西北高原生物所的张宝琛研究员，作"塞隆骨"的质量标准研究。经过一年多的不懈努力，他大胆创新，使用特有的氨基酸去定量胶原蛋白，使"塞隆骨"的质量标准研究取得了突破性进展。

"塞隆骨"是高原鼢鼠的骨骼。高原鼢鼠，俗称"瞎老鼠"，是青藏高原上常见的一种地下活动的鼠类。魏立新的导师张宝琛早年发现：一些在又湿又冷的藏区长期生活的藏民，他们患风湿病的概率并不高，而他们有时候以高原鼢鼠为食，这是不是和吃鼢鼠有关系？经过多年研究，张宝琛带领的团队终于发现，"塞隆骨"显然有着与虎骨相似的特殊药用功效——虎骨已有 2000 多年的入药史，是治疗风湿的特效药，随着虎骨资源的稀缺，以及虎骨药材被禁用，医学界不得不寻求虎骨的替代品，而"塞隆骨"无意中却成了最好的选择。

魏立新告诉记者，当年他的导师张宝琛经多年研究后，由于研究资金的不足，意欲与省内企业或单位合作研究开发，但没有引起哪家企业和单位的兴趣。后来，张宝琛找到了北京同仁堂，同仁堂立即表示愿意合作，投资仅仅几十万元，科研成果就出来了，至今已经产生了数以亿计的经济效益。"塞隆骨"及其系列产品的研究成果，先后获得了国家科技进步奖三等奖、中国科学院及省科技进步奖一等奖。

6. 一千颗蒂达种子才相当于一粒小麦

如果说"塞隆骨"是魏立新藏药人生的起点，那么起源于印度的藏药材"蒂达"在中国的成功引种栽培，则成为他人生坐标上的重要标记。

"蒂达"是藏语中对印度獐牙菜这种藏药材的称呼，是藏医中用来治疗肝病的首选药物，仅在尼泊尔、印度有分布。藏医用其入药1300多年，一直是靠私人带入国境。《中华人民共和国卫生部藏药标准》收载的200个成方制剂中，有30个处方使用蒂达，占总方剂的15%。但是，近几年随着使用量、使用频率的快速增加，蒂达的野生资源面临枯竭，已于2002年被印度列为一级濒危药材的行列。因此近些年来，国际上开展了蒂达人工栽培的大量研究。但到目前为止，最好的结果仅仅是完成了蒂达细胞组织培养的苗期研究，而人工栽培的种子出苗率等问题尚未解决，成功的人工栽培成株“蒂达”更是无从谈起。

2004年，为了实现在中国对蒂达的引种栽培，魏立新带着团队去尼泊尔寻找蒂达。途经西藏羊八井时，他们遭遇了一场车祸，魏立新和受伤的同事被送往拉萨解放军总医院，医生给魏立新开具的报告单上写着：“严重脑震荡，脖颈、腰部都有挫伤”。但魏立新却只在医院里躺了两天，就把所有的同事留在了医院，自己从床上爬起来只身一人上路。

从拉萨到尼泊尔需要倒五六趟车。在尼泊尔采样时，本来定员60人的班车上，竟然塞了三四百个人，连车顶上都坐满了人，车里人和猪、羊、牲口、行李全都挤在一起。魏立新个子太大，根本挤不进车厢，在他爬上车顶时，班车突然启动，他被震得一个跟头栽下了车，掉落到路边几百米深的悬崖边。峭壁很陡，他用腰里别着的弯刀攀上悬崖，“当时并不知道害怕，爬上来之后往下一看，悬崖很深，后来回想才知道什么叫做恐惧和后怕”。

那次从尼泊尔采回来的种子，现在在温室中已经长到2米高了。魏立新完成了蒂达的种子萌发、土壤出苗、促进抽薹、开花及病虫害防治等温室关键技术研究，在温室和大田环境中，都已完成蒂达从种子—出苗—抽薹—开花—成株—种子这样一个完整生命生活周期，在世界上对该植物完成了首次成功的人工栽培实验。

在魏立新之前，印度对蒂达的人工栽培已进行了十几年，但至今还没有成功。为何栽培难度如此之高？魏立新告诉记者：第一，蒂达的种子之前从没有哪位科研人员见过，许多人只有在书上见过蒂达的花是什么样的。西北高原生物所的研究员何廷农，是龙胆科植物研究的世界级顶级专家，她所见过的蒂达，也仅是从市场上买到的干药材和植物标本。第二，别人栽培蒂达的方法，只是将蒂达种子连叶带花全都撒进土壤。

魏立新则不然。他的秘诀在于把种子一颗颗挑出来。蒂达的种子很小，1000颗种子才相当于一颗小麦粒，也就是说1000粒种子仅有25毫克左右。这么小的种子撒入土中，用肉眼根本无法观察。如果土壤不平整，对于种子来说就相当于落入了万丈深渊，它根本无法生长。“很多人没有种植成功，是因为不知道种子的真实大小。”魏立新说，“天下大事必作于细（老子语），仔细就是你的伟大之处。”

魏立新几度用生命换回的种子，已经突破了蒂达在青藏高原高纬度、高海拔、高寒地区的生长限制。在世界上首先实现大田苗成活两年，并顺利地越冬。蒂达的引种栽培成功，弥补了我国不生产该药材的一个空白，达到了世界领先水平。

7. 藏医比西医的解剖学还早1000多年

“我们西北高原生物研究所立足‘西北’和‘高原’，搞藏药研究的历史也已经有40年，但一直没有形成完整的系统。从到这个研究所工作的那一天开始，我的志向就一直没有改变，就是要统一藏药标准，用现代科学方法解释藏药的有效性，让藏药走向世界。”魏立新说。

2006年，魏立新参加了国家民委举办的民族医药高级研修班，他在课堂上一如既往地不多说话，但是记录本里的文字却密密麻麻，既有对多个民族医药专家意见的集思广益，也有自己多年来对民族医药发展见解的积累和归纳，引起了国家民委领导的高度重视。

2007年，国家民委的相关领导提出，请魏立新作为民委的代表，和国家中医药管理局协商，写出申请国家民族医药科技支撑计划的项目方案，“在每年夏天，我们按照惯例都要出野外，对野外生长的民族药材进行采样，原定7月25日去青海玉树藏族自治州采样。7月23号却突然接到通知来北京开会，结果在北京待了近两个月开会写方案、写本子，等回到西宁已经秋天了”。

方案终于在几经专家论证后得到通过。作为一位汉族科学家，魏立新在民族医药研究方面的造诣，得到了参与论证的各位民族医药专家的首肯，他也把握了人生的一个重要发展契机。

接受《科学时报》采访的前一天，魏立新刚接受了*Science*杂志亚洲主编的专访，“我之所以愿意接受这个采访，是因为我们藏药将来要走向世界。”他说。

“我们现在的民族医药研究，可谓活力四射。民族医药若与中医和西医比较，具有三个明显的特点：一是文化背景，西医文化背景是海商文化，藏蒙医药背景是游牧文化，中医药背景是农耕文化。二是寺院医学，西医有1200年的寺院医学历史，这一点与中医极不相同，而到现在藏医仍保存这个传统。三是西医的特点在于形态解剖、结构观察，中医在于思外揣内、功能观察，藏医在诊脉等方面类似于中医，但解剖学特别发达，比西医的解剖学早了1000多年。这和藏族的天葬习俗有关。在藏医‘曼唐’（医学卷轴画）里，许多对人体结构和解剖的描述就十分清楚。”

魏立新说他的理想，在于解决民族医药和西医并存且相互理解的问题，“今后传统和现代医药的结合点，可能就在矿物药物上。矿物药成分相对简单，易于用西方医学理论进行解释，便于用现代方法技术进行验证，容易被现代社会所接受和认可”。

“互斥并不是矛盾，而有可能是互补。藏医药等传统医药和现代西方医学的关系，就像长江与黄河这两条均发源于我们青海的大河，都东流入海，但却在各自流域养育着亿万生命，也并不需要一定要把它们两条河合并起来。海纳百川，有容乃大，希望世界上的各种医学体系并存，能够互相理解，取长补短，同时造福于人类，这就是我最大的愿望。”魏立新说。